U0903686

税务疑难问答丛书

税务核算疑难问答

徐宇华　主编

经济管理出版社

图书在版编目（CIP）数据

税务核算疑难问答/徐宇华主编. —北京：经济管理出版社，2008.8

ISBN 978-7-5096-0318-5

Ⅰ.税… Ⅱ.徐… Ⅲ.税收会计 Ⅳ.F810.42

中国版本图书馆 CIP 数据核字（2008）第 114154 号

出版发行：经济管理出版社
北京市海淀区北蜂窝 8 号中雅大厦 11 层
电话:(010)51915602　　邮编:100038

印刷:北京亨利达印刷有限公司　　经销：新华书店

组稿编辑：贾晓建　　责任编辑：魏晨红
技术编辑：黄　铄　　责任校对：超　凡

880mm×1230mm/32　　11.5 印张　　325 千字
2008 年 9 月第 1 版　　2008 年 9 月第 1 次印刷
印数：1—8000 册　　定价：25.00 元

书号：ISBN 978-7-5096-0318-5/F·308

前　言

税收是国家组织财政收入的主要形式和工具。国家通过税种的设置以及在税目、税率、加成征收或减免税等方面的规定来调节社会生产、交换、分配和消费，促进社会经济的健康发展。国家政权是税收产生和存在的必要条件，而国家政权的存在又依赖于税收的存在。没有税收，国家机器就不可能有效地运转。税收业务的具体处理需要国家、企业和其他有关方面的共同参与，他们处理税收的具体业务则构成了税务工作。企业从其纳税的角度处理税务的核算，为了合法、合规、合理地纳税，需要对企业税务的各个方面进行筹划；在宏观上对税收业务进行管理。在税务核算、稽核、管理、筹划和代理中存在大量的文件格式与表格的起草、设计与编制等工作，这就形成了税务文书。

1992 年，我国税制进行了较大幅度的改革。为了巩固和完善新税制，近年来，国家根据社会经济的发展变化及新税制运行过程中出现的新情况，陆续对一些税收政策进行了必要的调整。我国的会计制度与会计准则也在不断地改革与完善，尤其是 2007 年实行了新的《企业会计准则》。

我国整个经济体制改革需要会计和税务的改革来奠定基础，因为会计和税务改革的不断深入体现了我国经济体制改革逐渐完善的过程。会计和税务二者是紧密相连的，在改革过程中是相互影响和促进的。在企业中，税务制度的改革，对涉及税金及其相关方面的会计核算的内容、程序和方法等都形成影响；反过来，会计制度的改革，对税务制度有关内容的完善也有促进作用。因此，会计处理与核算不是孤立存在的，而是在特定税务制度下进行的。随着税务制度的不断改革与完善，会计处理与核算的内容和方法等也不断发生着变化。

新《企业会计准则》的实施与税制进一步改革后，学习、理解、掌握与运用这些新行业规范的高潮将会到来。为了指导国家有关部门、企业、社会中介组织及有关单位正确处理税务中的核算、管理、筹划与文书等工作，我们组织从事税务理论和政策研究工作的学者及具有实务工作经验的专家编写了这套“税务疑难问答”丛书。

《税务核算疑难问答》一书介绍了税务核算的基本程序与方法。本书对从事这方面工作的人员具有一定的指导作用。

本书由审计署徐宇华主编，具体编写人员有：刘胜利、李国华、王桂芹、赵世福、赵英、李文英、田英、张海峰、高峰、王淑英、薛春英、晏凤苹、崔鹏、于艳青、刘景瑶、宗印德、崔伶、蒋明月、许好锋、李亚杰、张永苹。

欢迎广大读者对本书提出批评指正。

编　者

2008 年 7 月

目 录

第一章 流转税及核算疑难问答

1. 什么是增值税？增值税具有哪些特点？

答：（1）增值税的概念

增值税是对纳税人生产经营的增值额征收的一种税。增值税是对在我国境内销售货物或提供加工、修理修配劳务以及进口货物的单位和个人，就其货物或劳动的增值额而征收的一种税。

这里，货物是指有形动产，包括电力、热力、气体在内；加工是指受托加工货物，即委托方提供原料及主要材料，受托方按照委托方的要求制造货物并收取加工费的业务；销售货物是指有偿转让货物的所有权。有偿，包括从购买方取得货币、货物或其他经济利益；提供加工、修理修配劳务是指有偿提供加工、修理修配劳务。但单位或个体经营者聘用的员工为本单位或雇主提供加工、修理修配劳务，不包括在内。

（2）增值税的特点

我国现行增值税的特点主要有以下几个方面：

1）普遍征收。现行增值税普遍适用于生产、批发、零售和进口商品及加工、修理修配等领域的各个环节。

2）课税的公平性。按增值额征税，并实行税款抵扣制，有效地避免了重复征税。

3）课税收入的稳定性。增值税的适用范围广，税基合理，有充分可靠的税源保障。

4）价外计税。增值税实行价外计税的办法，即以不含增值税税额的价格为计税依据。销售商品时，增值税专用发票上要分别注明增值税税款和不含增值税的价格，以消除增值税对成本、利润、价格的影响。

需要指出的是：增值税的价外计税不在原销售价格之外再课征增值税，而要求在销售商品时，将原来含税销售款中的商品价格和增值税，分别列于增值税的专用发票上。

2. 增值税的纳税义务人包括哪些?

答：（1）增值税的纳税义务人

增值税的纳税义务人，包括在我国境内销售货物或者提供加工、修理修配劳务以及进口货物的单位和个人。具体为：

1）单位。是指国有企业、集体企业、私有企业、股份制企业、其他企业和行政单位、事业单位、军事团体、社会团体和其他单位。

2）个人。是指个体经营者及其他个人。

3）外商投资企业和外国企业。凡从事货物销售、进口和提供应税劳务的，统一缴纳增值税，为增值税的纳税义务人。

4）承租人和承包人。企业租赁或承包给他人经营的，以承租人或承包人为纳税人。

5）扣缴义务人。境外单位和个人在境内销售应税劳务，但在境内未设有经营机构的，其应纳税款以代理人为扣缴义务人；没有代理人的，以购买者为扣缴义务人。

（2）增值税纳税人的分类

为了便于增值税的征收管理并简化计税，不少国家都是根据其经营规模及会计核算是否健全将增值税纳税人分为一般纳税人和小规模纳税人两类。我国也将增值税纳税人划分为一般纳税人和小规模纳税人。

1）一般纳税人。

①一般纳税人的认定标准和范围。一般纳税人是指年应税销售额

超过规定标准且会计制度核算健全的企业和企业性单位。一般纳税人的认定必须经过主管税务机关批准。

年应税销售额未超过规定标准的小规模企业，会计核算健全，能准确核算并提供销项税额、进项税额的，可申请办理一般纳税人认定手续。

纳税人总、分支机构实行统一核算，其总机构年应税销售额超过小规模企业标准，但分支机构年应税销售额未超过小规模企业标准的，其分支机构可申请办理一般纳税人认定手续。

小规模纳税人会计核算健全，能够提供准确税务资料，准确核算进项税额、销项税额和应纳税额的，经主管税务机关批准，可以不视为小规模纳税人，依照增值税条例的有关规定计算应纳税额。

非企业性单位如果经常发生增值税应税行为，并且符合一般纳税人条件的，可以认定为一般纳税人。

凡应税销售额未超过小规模纳税人标准的企业（简称小规模企业）、个人、非企业性单位，不经常发生增值税应税行为的企业，一律不属于一般纳税人。

②一般纳税人的具体标准。从事货物生产或提供应税劳务的纳税人，在一个公历年度里，年应税销售额超过100万元的。

从事货物批发或零售业务的纳税人，在一个公历年度里，年应税销售额超过180万元的。

以生产货物或提供应税劳务为主，并兼营货物批发或零售（指全部应税销售额中，批发或零售货物的销售额不到50%的纳税人），在一个公历年度里，年应税销售额超过100万元的。

2）小规模纳税人。小规模纳税人是指年销售额在规定标准以下，会计核算不健全，不能按规定报送有关纳税资料的增值税纳税人。

小规模纳税人的认定标准为：

①从事货物生产或提供应税劳务的纳税人，以及以从事货物生产或提供应税劳务为主、兼营货物批发或零售的纳税人，年应纳增值税销售额在100万元以下。

②从事货物批发或零售的纳税人，以及从事货物批发或零售为主、

兼营货物生产或提供应税劳务的纳税人，年应纳增值税销售额在180万元以下。

③年应纳增值税销售额超过小规模纳税人标准的个人、非企业性单位、不经常发生应税行为的企业，视同小规模纳税人。

小规模纳税人一经认定为一般纳税人后，不得再转为小规模纳税人。

3. 增值税的征税范围包括哪些方面?

答：增值税的征税范围是指在我国境内销售货物或者提供加工、修理修配劳务以及进口货物等。

（1）在境内销售货物

在中华人民共和国境内（简称境内）销售货物，是指所销售的货物的起运地或所在地在境内。在境内销售应税劳务，是指所销售的应税劳务发生在境内。

1）销售货物。是有偿提供了货物的所有权。“有偿”是指从购买方取得了包括货币、货物或其他经济利益。这里的销售限定了地域，只限在中国境内。

2）视同销售货物。主要包括以下行为：将货物交付他人代销；销售代销货物；设有两个以上机构并实行统一核算的纳税人，将货物从一个机构移送其他机构用于销售，但相关机构设在同一县（市）的除外；将自产或委托加工的货物用于非应税项目；将自产、委托加工或购买的货物作为投资，提供给其他单位或个体经营者；将自产、委托加工或购买的货物分配给股东或投资者；将自产、委托加工的货物用于集体福利或个人消费；将自产、委托加工或购买的货物无偿赠送他人。

上述行为视同销售征收增值税。一是为了保证增值税税款抵扣制度的实施，不会因发生上述行为而造成税款抵扣环节中断；二是避免因发生上述行为而造成货物销售税收负担不平衡，防止逃避纳税。

3）混合销售行为中的销售货物。一项销售行为既涉及货物又涉及非应税劳务的，称为混合销售行为。非应税劳务是指属于应交营业税的交通运输业、建筑业、金融保险业、邮电通信业、文化体育业、娱乐业、服务业税目征收范围的劳务。

《增值税实施细则》规定，从事货物的生产、批发、零售的企业、企业性单位以及个体经营者的混合销售行为，视为销售货物征收增值税；其他单位和个人的混合销售行为，视为销售非应税劳务，不征增值税。以从事货物的生产、批发和零售为主，并兼营非应税劳务的企业、企业性单位以及个体经营者的混合销售行为，视为销售货物征收增值税。所谓“以从事货物的生产、批发或零售为主，并兼营非应税劳务”，是指纳税人的年货物销售额与非增值税应税劳务营业额的合计数中，年货物销售额超过50%，非增值税应税劳务营业额不到50%。

4）兼营非应税劳务。纳税人的销售行为既涉及货物或应税劳务又涉及非应税劳务的，为兼营非应税劳务。纳税人兼营非应税劳务的应分别计算应税货物和应税劳务及非应税劳务的销售额，不分别核算或不能准确核算的，其经营的非应税劳务与应税货物和应税劳务一并征收增值税。

5）代购货物行为。凡代购货物行为，如果同时具备以下条件的不征收增值税，如果不同时具备以下条件的（无论会计制度规定如何核算）均征收增值税。

①受托方不垫付资金。

②销货方将发票开具给委托方，并由受托方将该项发票转交给委托方。

③受托方按销售方实际收取的销售额和增值税额与委托方结算货款，并另外收取手续费。

代理进口货物的行为，属于代购货物行为，应按增值税代购货物的征税规定执行。

（2）在境内提供加工、修理修配劳务

加工是指受托加工货物，即委托方提供原料及主要材料，受托方按照委托方要求制造加工并收取加工费的业务；修理修配，是指受托对损伤和丧失功能的货物进行修复，使其恢复原状和功能的业务。

无论提供加工还是修理修配劳务，均指有偿提供的加工、修理修配劳务。但是单位或个体经营者聘用的员工为本单位或雇主提供应税劳务不包括在内。

（3）进口货物

进口货物是指纳税人进口的应税产品。报关进口入境的货物无论是进口后自用还是内销，均应于进口环节征收增值税。

（4）征税范围的其他规定

1）特定货物销售。货物期货（包括商品期货和贵金属期货，在期货的实物交割环节计税）应征收增值税。

2）银行销售金银的业务，应当征收增值税。

3）典当业的死当物品销售业务和寄售业代委托人销售寄售物品的业务，均应征收增值税。

4）邮政部门发行报刊，征收营业税，其他单位和个人发行报刊，征收增值税。

5）集邮商品。集邮商品（邮票、首日封、邮折等）的生产、调拨缴纳增值税。邮政部门销售集邮商品不缴纳增值税，邮政部门以外的其他单位和个人销售集邮商品缴纳增值税。

6）销售废品、下脚料。工业企业生产中的废品以及工业企业（含非工业企业）、商业企业的下脚料和废旧包装物等销售时，应一律按销售货物缴纳增值税。

7）因转让著作权或使用权而发生的销售电影母片、录像带母带、录音磁带母带的业务，以及因转让专利技术和非专利技术的所有权或使用权而发生的销售计算机软件的业务，不征收增值税。

8）供应或开采未经加工的天然水（如水库供应农业灌溉用水、工厂开采地下水用于生产），不征收增值税。

9）修理费和“三包”收入。货物的生产企业为搞好售后服务，支付给经销企业的修理费用，作为经销企业为用户提供售后服务的费用支出。对经销企业从货物的生产企业取得的“三包”收入，应按“修理修配”缴纳增值税。

10）基建和建筑安装企业用于本单位的预制件等。基本建设单位和从事建筑安装业务的企业附设的工厂、车间生产的水泥预制件、其他构件或材料，用于本单位或本企业的建筑工程的，应在转移使用时缴纳增值税，但对其在建筑现场制造的预制构件，凡直接用于本单位或本企业建筑工程的则不缴纳增值税。

11）从事运输业务的单位和个人发生的销售货物并负责运输所售货物的混合销售行为，应当征收增值税。

12）行政收费。对国家管理部门行使其管理职能发放的执照、牌照和有关证书等取得的工本费收入不缴纳增值税。

13）罚没物品根据不同情况予以不同处理。

①执法部门和单位查处的属于一般商业部门经营的罚没商品，具备拍卖条件的由执法部门或单位经同级财政部门同意后公开拍卖。其拍卖收入作为罚没收入，由执法部门或单位如数上交财政的，不予缴税。对经营单位购入拍卖物品再销售的，应照章缴纳增值税。

②执法部门或单位查处的属于一般商业部门经营的罚没商品，不具备拍卖条件的，由执法部门、财政部门、国家指定的销售单位会同有关部门按质论价，交由国家指定销售单位纳入正常销售渠道变价处理。执法部门按商定价格所取得的变价收入作为罚没收入，如数上缴财政，不予缴税。国家指定销售单位将罚没商品纳入正常销售渠道销售的，应照章缴纳增值税。

③执法部门或单位查处的属于专管机关管理或专营企业经营的罚没财物，例如金银（不包括金银首饰）、外币、有价证券、非禁止出口文物，应交由专管机关或专营企业收兑和收购。执法部门或单位按收兑或收购所取得的收入作为罚没收入，如数上缴财政的，不予缴税。专管机关或专营企业经营上述物品中属于应缴增值税的货物，应照章缴纳增值税。

4. 增值税的税率及适用范围是如何规定的？

答：（1）基本税率及适用范围

纳税人销售应税货物或者进口货物，基本税率为17%。

纳税人提供加工、修理修配劳务（简称应税劳务），税率为17%。

1）兼营不同税率的货物或者应税劳务的适用税率。纳税人兼营不同税率的货物或者应税劳务，应当分别核算不同税率货物或者应税劳务的销售额。未分别核算销售额的，从高适用税率。

2）兼营应征增值税的非应税劳务的适用税率。纳税人销售不同税率货物或应税劳务，并兼营应属一并征收增值税的非应税劳务，其非应税劳务应从高适用税率。

3）逾期未收回包装物押金的适用税率。纳税人为销售货物而出租出借包装物收取的押金，单独记账核算的，不并入销售额征税。但对因逾期未收回包装物不再退还的押金，应按所包装货物适用的税率征收增值税。

（2）低税率及适用范围

纳税人销售或者进口下列货物，税率为13%：

1）粮食、食用植物油。

2）自来水、暖气、冷气、热水、煤气、石油液化气、天然气、沼气、居民用煤炭制品。

3）图书、报纸、杂志。

4）饲料、化肥、农药、农机、农膜。

5）金属矿采选产品（包括黑色和有色金属矿以及有色金属焙烧矿采选产品）、非金属矿采选产品（包括非金属矿的矿石、矿砂、矿粉和煤炭）。

6）这里的盐是指主体化学成分为氯化钠的工业盐和食用盐，包括海盐、井矿盐和湖盐。

7）经简单加工的粮食复制品。但限于以粮食为原料、经简单加工制作的生食品，如切面、饺子皮、米粉等，不包括挂面和以粮食为原料加工的速冻食品、副食品。

8）音像制品和电子出版物。

音像制品，是指正式出版的录有内容的录音带、录像带、唱片、激光唱盘和激光视盘。

电子出版物，是指以数字代码方式，使用计算机应用程序，将图文声像等内容信息编辑加工后存储在具有确定的物理形态的磁、光、电等介质上，通过内嵌在计算机、手机、电子阅读设备、电子显示设备、数字音/视频播放设备、电子游戏机、导航仪以及其他具有类似功能的设备上读取使用，具有交互功能，用以表达思想、普及知识和积累文化的大众传播媒体。

9）国务院规定的其他货物。

（3）征收率及其适用范围

1）征收率为6%。一般纳税人生产下列货物，可以按照简易办法依照6%征收率计算缴纳增值税，并可由自己开具增值税专用发票，但选择之后至少3年内不能变更。

①县以下小型水力发电单位生产的电力。

②建筑用和生产建筑料所用的砂、土、石料。

③以自己采掘的砂、土、石料或其他矿物连续生产的砖、瓦、石灰。

④原料中掺有煤矸石、石煤、粉煤灰、烧煤锅炉的炉底渣及其他废渣生产的墙体材料。

⑤用微生物、微生物代谢产物、动物毒素、人或动物的血液或组织制成的生物制品。

2）征收率为4%。

①小规模商业企业（包括企业、企业性单位）和商业个体经营者的增值税税率为4%。

②下列特定货物销售行为：

A. 寄售商品代销寄售物品（包括居民个人寄售的物品在内）；

B. 典当业销售死当物品；

C. 销售旧货；

D. 经国务院或国务院授权机关批准的免税商店零售免税货物。

③纳税人销售旧货（包括计划经营单位销售旧货和纳税人销售自己使用过的应税固定资产），无论其是增值税一般纳税人或小规模纳税人，也不论其是否为批准认定的旧货调剂试点单位，一律按4%的征收率减半征收增值税，不得抵扣进项税额。

④纳税人销售自己使用过的属于应征消费税的机动车、摩托车、游艇，售价超过原值的，按照4%的征收率减半征收增值税；售价未超过原值的，免征增值税。

（4）零税率及适用范围

纳税人出口货物，除原油、糖、援外物资和国家禁止出口的货物（目前包括天然牛黄、麝香、铜及铜基合金、白金等）外，税率为零。

5. 一般纳税人的计税销售额是如何确定的？

答：销售额是指纳税人销售货物或应税劳务向购买方收取的全部价款和价外费用，但不包括收取的销项税额。价外费用是指向购买方收取的手续费、补贴、基金、集资费、返还利润、奖励费、违约金（延期付款利息）、包装费、包装物租金、储备费、优质费、运输装卸费、代收款项、代垫款项以及其他各种性质的价外收费。但以下各项不包括在内：向购买方收取的销项税额；受托加工应征消费税的消费品所代收代缴的消费税；属于承运部门开给购货方的运费发票或者纳税人已将该项发票提交给购货方的代垫运费。

（1）折扣方式销售的确定

纳税人采取折扣方式销售货物，即销售货物或应税劳务给予购买者的价格优惠，如果销售额和折扣额在同一张发票上分别注明的，可按折扣后的销售额计算销项税额；如果将折扣额另开发票，不论其在财务上如何处理，均不得从销售额中减除折扣额。

纳税人将自产、委托加工和购买的货物用于实物折扣的，应按增值税的视同销售货物的有关规定纳税。

（2）还本销售方式销售额的确定

采用还本销售方式销售货物的，以实际收到的全部收入确定销售额，不得从销售额中减除还本支出。

还本销售，是指纳税人在销售货物到一定的期限后，由销售方一次或分次退还给购货方全部或部分价款。

（3）以旧换新方式销售额的确定

纳税人采取以旧换新方式销售货物，应按新货物的同期销售价格确定销售额，不扣减旧货物的收购价格，即按货物同期的销售价格计算销售额。

以旧换新，是指纳税人在销售自己的货物时，有偿收回旧货物的行为。

（4）销售退回或折让销售额的确定

销售退回或折让，如果一般纳税人因销货退回或折让而退还给购买方的增值税，应从发生销货退回或折让当期的销项税额中减除。因进货退出或折让而收回的增值税额，应从发生进货退出或折让当期的进项税额中扣减。

（5）以物易物方式销售额的确定

纳税人采取以物易物方式销售的，以物易物双方都应作购销处理，以各自发出的货物核算销售额并计算销项税额，以各自收到的货物按规定核算购货额并计算进项税额。应注意的是：在以物易物活动中，应分别开具合法的票据，如收到的货物不能取得相应的增值税专用发票或其他合法票据的，不能抵扣进项税额。

以物易物是一种较为特殊的购销活动，是指购销双方不是以货币结算，而是以同等价款的货物相互结算，实现货物购销的一种方式。

（6）价款和税款合并收取的销售额的确定

一般纳税人销售货物或者应税劳务采用销售额和销项税额合并定价方法的，应按以下公式计算销售额：

$$销售额=\frac{含税销售额}{1+增值税}$$

（7）价格偏低或无销售额时销售额的确定

纳税人销售货物或应税劳务的价格明显偏低并无正当理由或者视同销售货物行为而无销售额的，由主管税务机关按规定顺序核定销售额。其核定顺序为：

1）根据纳税人当月同类货物的市场销售价核定。

2）根据纳税人最近时期同类货物的平均售价核定。

3）按组成计税价格确定。公式为：

组成计税价格＝成本×（1＋成本利润率）

属于应征消费税的货物其组成计税价格中应加计应缴纳的消费税税额。

组成计税价格中的成本是指：销售自产货物的为实际生产成本；销售外购货物的为实际采购成本或实际商品销售成本。成本利润率由国家税务总局确定，一般为10%，如为应征消费税的货物，其成本利润率按《消费税若干具体问题的规定》办理。

（8）混合销售和兼营非应税劳务销售额的确定

混合销售行为和兼营非应税劳务销售额的确定，是指经国家税务总局所属征收机关确认的混合销售行为和兼营非应税劳务，应按增值税的征税范围计征增值税，其销售额分别为货物与非应税劳务的销售额合计、货物或应税劳务与非应税劳务的销售额合计。

纳税人销售不同税率货物或应税劳务，并兼营应属一并征收增值税的非应税劳务的，其非应税劳务应从高适用税率。

（9）包装物押金销售额的确定

纳税人为销售货物而出租出借包装物收取的押金，单独记账核算的，时间在1年以内，又未过期的，不并入销售额征税。但对因逾期未收回包装物不再退还的押金，应按所包装货物的适用税率征收增值税。这里所说的“逾期”，其期限由税务征收机关确定。

（10）兼营减税、免税项目的销售额的确定

单独进行核算的，按照税法的规定，予以减免后确定销售额；未单独核算的不做减税、免税处理，应一并计算缴纳增值税。

（11）进口货物销售额的确定

进口货物的销售额，按照组成计税价格计算确定。

纳税人进口货物，在报关进口后，由海关代征应纳税款，不得抵扣任何税额。计税额的依据是组成计税价格，其计算公式为：

组成计税价格＝关税完税价格＋关税＋消费税

这里关税完税价格是指以海关审定的正常成交价格为基础的到岸价格。包括货价以及货物运抵我国关境内输入地点起卸前的包装费、运费、保险费、手续费等一切费用；关税是指海关征收的纳税人进口货物缴纳的关税；消费税是指纳税人进口货物中属于应纳消费税货物在报关进口时缴纳的消费税。

(12）外汇结算时销售额的确定

销售额以人民币计算。纳税人以外汇结算销售的，应按外汇市场价格折合人民币计算。折合率可选择销售额发生的当天或当月 1 日的国家外汇牌价（原则上为中间价）。纳税人确定某种折合率后，1 年内不许变更。

6. 小规模纳税人的计税销售额是如何确定的?

答：小规模纳税人销售货物或应税劳务的销售额是计算应纳税额的依据，实行简易办法按规定的征收率征收。

1）小规模纳税人的销售额是指小规模纳税人销售货物或应税劳务向购买方收取的全部价款和价外费用。价外费用与一般纳税人销售额确定时的价外费用基本相同。小规模纳税人采用销售额和应纳税额合并定价的，按下列公式确定销售额。

$$销售额 = \frac{含税销售额}{1 + 征收率}$$

2）小规模纳税人销售货物或劳务的价格明显偏低且无正当理由的，由主管税务机关核定其销售额，核定的顺序与一般纳税人同类情况相似。

3）小规模纳税人因销售折让、销售退回等情况退还给购买方的销售额，应从发生该类业务当期的销售额中扣减。

7. 增值税的起征点是如何规定的?

答：增值税对个人销售额未达到起征点的，免税；超过起征点的，全额纳税。起征点规定具体为：

1）销售货物的起征点为月销售额 2000~5000 元。

2）销售应税劳务的起征点为月销售额 1500~3000 元。

3）每次纳税的起征点为每次（日）营业收入额 150~200 元。

8. 增值税一般纳税人的应纳税额应怎样计算？

答：一般纳税人销售货物或者提供应税劳务，应纳税额为当期销项税额抵扣当期进项税额后的余额。即

应纳税额 = 当期销项税额 – 当期进项税额

如果当期销项税额小于当期进项税额，其不足抵扣的部分可以结转到下期继续抵扣。

（1）销项税额的计算

销项税额是指纳税人销售货物或者应税劳务，按照销售额和规定的税率向购买方收取的增值税额。其计算公式为：

销项税额 = 销售额 × 税率

需要说明的是，这里的计算公式是指纳税人每一笔销售业务在计算销项税额时的公式，某一会计期的汇总销售税额，并不是由销售总额乘以税率计算的，而是根据各专用销售发票上的销项税额加计汇总而成。

（2）进项税额的计算

进项税额是指纳税人购进货物或接受应税劳务所支付或者负担的增值税额。这里包含两层含义：一是进项税额由购进方支付给销售方通过销售方缴纳；二是进项税额应在发票上注明，一般情况下不需购进方再进行计算，而是销货方在销售时计算，登记在专用发票上的。但要注意的是，有些购进业务，除小规模纳税人不开增值税发票不予抵扣外，税法对准予从销项税中抵扣和不允许抵扣的进项税额都做了具体的规定，纳税人必须严格遵守。

1）准予从销项税额中抵扣的进项税额。

①纳税人购进货物或应税劳务，从销货方取得的增值税专用发票上注明的增值税额。

②纳税人进口货物，从海关取得的完税凭证上注明增值税额。

③纳税人购进免税农产品，准予按买价 13%的扣除率进行抵扣。其计算公式为：

进项税额 = 买价 × 扣除率

上式中的买价，包括支付给农业生产者农产品价款和按规定由纳税人代收代缴的税费。

④纳税人外购货物（固定资产除外）所支付的运输费用，以及销售货物所支付的运输费用，按运费金额和 7%的扣除率计算进项税额准予扣除。其计算公式为：

进项税额 = 运费金额 × 扣除率

⑤从事废旧物资经营的一般纳税人收购的废旧物资，按收购金额和 10%的扣除率计算进项税额准予抵扣，其计算公式为：

进项税额 = 收购金额 × 扣除率

⑥混合销售行为和兼营非应税劳务，按规定应征收增值税的，该混合销售行为所涉及的非应税劳务和兼营非应税劳务所用购进货物的进项税额，凡符合从销售方取得的增值税专用发票上注明的增值税额和从海关取得的完税凭证上注明的增值税额规定的，准予从销项税额中抵扣。

⑦对商业企业采取以物易物、以货抵债、以物投资方式交易的，收货单位可以凭以物易物、以货抵债、以物投资书面合同以及与之相符的增值税专用发票和运输费用普通发票，确定进项税额，报经税务征收机关批准予以抵扣。

⑧税控收款机。增值税一般纳税人购置税控收款机所支付的增值税税额（以购进税控收款机取得的增值税专用发票上注明的增值税税额为准），准予在该企业当期的增值税销项税额中抵扣。

增值税小规模纳税人或营业税纳税人购置税控收款机，经主管税务机关审核批准后，可凭购进税控收款机取得的增值税专用发票，按照发票上注明的增值税税额，抵免当期应纳增值税或营业税税额，或者按照购进税控收款机取得的普通发票上注明的价款，依下列公式计算可抵免税额：

可抵免税额 = 价款 ÷（1 + 17%）× 17%

当期应纳税额不足抵免的，未抵免部分可在下期继续抵免。

需要注意以下几个问题：

①运输发票的抵扣问题。

A. 一般纳税人购进或销售货物（东北以外地区固定资产除外）通过铁路运输，并取得铁路部门开具的运输发票，如果铁路部门开具的铁路运输发票托运人或收货人名称与其不一致，但铁路运输发票托运人栏或备注栏注有该纳税人名称的（手写无效），该运输发票可以作为进项税额抵扣凭证，允许计算抵扣进项税额。

B. 一般纳税人在生产经营过程中所支付的运输费用，允许计算抵扣进项税额。

C. 一般纳税人取得的国际货物运输代理业发票和国际货物运输发票，不得计算抵扣进项税额。

D. 一般纳税人取得的汇总开具的运输发票，凡附有运输企业开具并加盖财务专用章或发票专用章的运输清单，允许计算抵扣进项税额。

E. 一般纳税人取得的项目填写不齐全的运输发票（附有运输清单的汇总开具的运输发票除外）不得计算抵扣进项税额。

②关于购进烟叶的增值税抵扣问题。对烟叶税纳税人按规定缴纳的烟叶税，准予并入烟叶产品的买价计算增值税的进项税额，并在计算缴纳增值税时予以抵扣，即购进烟叶准予抵扣的增值税进项税额，按照《烟叶税暂行条例》及《财政部、国家税务总局印发〈关于烟叶税若干具体问题的规定〉的通知》中规定的烟叶收购金额和烟叶税及法定扣除率计算。

烟叶收购金额包括纳税人支付给烟叶销售者的烟叶收购价款和价外补贴，价外补贴统一暂按烟叶收购价款的10%计算。即

烟叶收购金额 = 烟叶收购价款 × (1 + 10%)

③一般纳税人注销时存货及留抵税额的抵扣问题。一般纳税人注销或被取消辅导期一般纳税人资格，转为小规模纳税人时，其存货不作进项税额转出处理，其留抵税额也不予以退税。

④关于纳税人折扣、折让行为开具红字增值税专用发票的规定。

纳税人销售货物并向购买方开具增值税专用发票后，由于购货方

在一定时期内累计购买货物达到一定数量，或者由于市场价格下降等原因，销货方给予购货方相应的价格优惠或补偿等折扣、折让行为，销货方可按现行《增值税专用发票使用规定》的有关规定开具红字增值税专用发票。

⑤关于增值税一般纳税人期货交易的增值税抵扣问题。

A. 增值税一般纳税人在商品交易所通过期货交易销售货物的，无论发生升水或贴水，均按照标准仓单持有凭证所注明货物的数量和交割结算价开具增值税专用发票。

B. 对于期货交易中仓单注册人注册货物时发生升水的，该仓单注销（即提取货物退出期货流通）时，注册人应当就升水部分款项向注销人开具增值税专用发票，同时计提销项税额，注销人凭取得的专用发票计算抵扣进项税额。

发生贴水的，该仓单注销时，注册人应当就贴水部分款项向注销人开具负数增值税专用发票，同时冲减销项税额，注销人凭取得的专用发票调减进项税额，不得由仓单注销人向仓单注册人开具增值税专用发票。注册人开具负数专用发票时，应当取得商品交易所出具的《标准仓单注册升贴水单》或《标准仓单注销升贴水单》，按照所注明的升贴水金额向注销人开具，并将升贴水单留存以备主管税务机关检查。

这里，升水是指按照规定的期货交易规则，所注册货物的等级、重量、类别、仓库位置等相比基准品、基准仓库为优的，交易所通过升贴水账户支付给货物注册方的一定差价金额。发生升水时，经多次交易后，标准仓单持有人提取货物注销仓单时，交易所需通过升贴水账户向注销人收取与升水额相等的金额。贴水是指按照规定的期货交易规则，所注册货物的等级、重量、类别、仓库位置等相比基准品、基准仓库为劣的，交易所通过升贴水账户向货物注册方收取的一定差价金额。发生贴水时，经多次交易后，标准仓单持有人提取货物注销仓单时，交易所需通过升贴水账户向注销人支付与贴水额相等的金额。

2）不准从销项税额中抵扣的进项税额。纳税人购进货物或者应税劳务，未按规定保存增值税扣税凭证，或者增值税扣税凭证上未按规定注明增值税及其他有关事项的，进项税额不得从销项税额中抵扣。

除此之外，以下项目也不准抵扣：

①购进的固定资产。

②用于非应税项目的购进货物或应税劳务。

③用于免税项目的购进货物或者应税劳务。

④用于集体福利或者个人消费的购进货物或者应税劳务。

⑤非正常损失的购进货物。

⑥非正常损失的在产品，产成品所耗用的购进货物或者应税劳务。

⑦已抵扣进项税额的购进货物或应税劳务发生上述②~⑥项所列情况的，应将该项购进货物或应税劳务的进项税额从当期发生的进项税额中扣减，无法核定该项进项税额的，按当期实际成本计算应扣减的进项税额。

⑧纳税人兼营免税项目或非应税项目，而无法准确划分进项税额的，按下列公式计算不得抵扣的进项税额：

$$不得抵扣的进项税额=\frac{当月全部进项税额\times 当月免税项目销售额+非应税项目销售额}{当月全部销售额+营业额}$$

3）进货退出或折让。纳税人因进货退出或折让而收回的增值税额，应从发生进货退出或折让当期的进项税额中扣减。

9. 增值税小规模纳税人的应纳税额应怎样计算?

答：（1）计算公式

小规模纳税人销售货物或应税劳务，实行简易办法计算应纳税额，即按销售额和规定的征收率计算应纳税额，不得抵扣进项税额，其计算公式为：

应纳税额＝销售额×征收率

小规模纳税人的计税额的确定与一般纳税人基本相同，直接用计税额乘以征收率，计算当月的应纳税额。

（2）含税销售额的换算

由于小规模纳税人在销售货物或应税劳务时，只能开具普通发票，取得的销售收入为含税销售额。为了符合增值税作为价外税的要求，小规模纳税人在计算应纳税额时，必须将含税销售额换算为不含税的销售额后再计算应纳税额。小规模纳税人不含税销售额的换算公式为：

不含税销售额 = 含税销售额 ÷ (1 + 税率)

10. 进口货物的应纳税额应怎样计算？

答：纳税人进口货物，按照组成计税价格和规定的税率计算应纳税额，不得抵扣任何税额。应纳税额的计算公式为：

应纳税额 = 组成计税价格 × 税率

$$组成计税价格 = 关税完税价格 + 关税 = \frac{关税完税价格 + 关税}{1 - 消费税税率}$$

11. 税法对增值税一般纳税人的账务处理是怎样规定的？

答：增值税一般纳税人在账务处理上具有两个主要特点：第一是在购进阶段，会计处理时实行价与税的分离，价与税分离的依据为增值税专用发票上注明的价款和增值税，属于价款部分，计入购入货物的成本；属于增值税额部分，计入进项税额。第二是在销售阶段，销售价格中不再含税，如果定价是含税，应还原为不含税价格作为销售收入，向购买方收取的增值税作为销项税额。

(1) 会计科目的设置

企业应交的增值税，在“应交税费”科目下设置“应交增值税”明细科目进行核算。“应交增值税”明细科目的借方发生额，反映企业购进货物或接受应税劳务支付的进项税额、实际已缴纳的增值税额等；贷方发生额，反映销售货物或提供应税劳务应交纳的增值税额、出口货物退税、转出已支付或应分担的增值税等；期末借方余额反映企业尚未抵扣的增值税。“应交税费——应交增值税”科目分别设置“进项税额”、“已交税金”、“销项税额”、“出口退税”、“进项税额转出”、“转出未交增值税”、“转出多交增值税”、“减免税额”、“出口递减内销产品应纳税额”等专栏。

（2）一般纳税人进项税额的账务处理

1）购进货物和发生退货时的账务处理。企业采购货物，按专用发票上注明的增值税额，借记“应交税费——应交增值税（进项税额）”科目，按照发票上应计入采购成本的金额，借记“材料采购”或“原材料”、“制造费用”、“管理费用”等科目，贷记“应付账款”、“应付票据”、“银行存款”等科目。购入货物发生退货时做相反的会计分录。

例 1–1： 某商业批发公司 2 月份购入甲商品一批，取得的专用发票上注明的价款 100000 元，增值税款 17000 元。商品已验收入库，款项均以银行转账支票付讫。则账务处理为：

①支付货款时：

借：物资采购　　100000

　　应交税费——应交增值税（进项税额）　　17000

　　贷：银行存款　　117000

②商品验收入库时：

借：库存商品——甲商品　　100000

　　贷：物资采购　　100000

2）企业接受应税劳务时的账务处理。企业接受加工、修理修配劳务，按照专用发票上注明的增值税额，借记“应交税费——应交增值税（进项税额）”科目，按照专用发票上记载的应计入加工、修理修配等货物成本的金额，借记“委托加工物资”等科目，按应付或实付的金额，贷记“应付账款”或“银行存款”等科目。

例 1–2： 某机床设备厂委托外单位加工某种锻件 100 件。委托加工材料计划成本 80000 元，实际成本 86000 元，支付加工费 22000 元，运费 500 元。加工方开具增值税专用发票注明进项税额 3825 元。该加工件完工入库，计划成本 110000 元。则账务处理为：

①委托加工出库时：

借：委托加工物资——××锻件　　86000

　　贷：材料成本差异　　6000

　　　　原材料　　80000

②支付加工费、运费时：

借：委托加工物资　18675

　　应交税费——应交增值税（进项税额）　3825

　　贷：银行存款　22500

③委托加工材料入库时：

借：原材料——××锻件　110000

　　贷：委托加工物资——××锻件　104675

　　　　材料成本差异　5325

3）企业接受投资时的账务处理。企业接受投资转入的货物，并取得增值税专用发票时，按照增值税专用发票上注明的增值税额，借记“应交税费——应交增值税（进项税额）”、借记“原材料、库存商品”等，按照货物价值和增值税的合计数，贷记“实收资本”等。

例 1-3：甲企业 2007 年 10 月接受乙企业以自产 A 产品 50 万元的实物投资，乙企业开具了增值税专用发票。则甲企业的会计处理为：

借：库存商品　500000

　　应交税费——应交增值税（进项税额）　85000

　　贷：实收资本　585000

4）企业接受捐赠货物时的账务处理。企业接受捐赠转入的货物，按照增值税专用发票上注明的进项税额，借记“应交税费——应交增值税（进项税额）”科目，按照捐赠确认的价值，借记“原材料”等科目，按照货物的价值和增值税额，贷记“营业外收入”科目。

若接受捐赠的货物为固定资产，其进项税额不得抵扣，计入固定资产成本，即按接受捐赠确认的价值和增值税额，借记“固定资产”科目，贷记“营业外收入”科目。

例 1-4：某制造企业接受一合资企业捐赠的原材料一批，取得增值税专用发票，注明材料价值 50000 元，进项税额 8500 元，按该企业同种材料计算，计划成本 48000 元。其会计分录为：

借：原材料　48000

　　应交税费——应交增值税（进项税额）　8500

　　材料成本差异　2000

贷：营业外收入　　58500

5）企业购入固定资产时的账务处理。企业购入固定资产，其专用发票上注明的进项税额计入固定资产的价值，不通过“应交税费——应交增值税（进项税额）”科目核算。

例 1–5：某工业企业购入需安装压模机一台，取得增值税专用发票，注明购进设备价款 200000 元，进项税额 34000 元，购置该设备发生运费 4000 元，安装费 5500 元，目前已调试完毕投入使用。

①购入需安装设备时：

借：在建工程　　243500

　　贷：银行存款　　243500

②调试完毕投入使用时：

借：固定资产　　243500

　　贷：在建工程　　243500

6）企业购入货物或应税劳务用于不得抵扣项目的进项税额时的账务处理。企业购入货物或接受应税劳务直接用于非应税项目、免税项目以及直接用于集体福利或个人消费的，其专用发票上注明的进项税额，计入货物或应税劳务的成本，不得抵扣。

例 1–6：某公司为一般纳税人，当月发生如下业务：

①购进原材料一批，专用发票上注明材料价款 120000 元，增值税额 20400 元，但该企业不慎将发票丢失；

②购进洗涤用品 100 袋用于发放职工福利，该洗涤用品不含税价格为每袋 30 元，增值税额 510 元；

③购进水暖器材 17550 元用于改善职工浴室设备，专用发票注明增值税额为 2550 元；

④从小规模纳税人处购进原材料一批，价值 10000 元，未取得增值税专用发票；

⑤购进不需安装设备一台，专用发票上注明设备价款 60000 元，增值税额 10200 元。

则账务处理为：

①未按规定保存好扣税凭证，其进项税额不得抵扣：

借：原材料 140400

贷：银行存款 140400

②购进货物用于职工福利，其进项税额不得抵扣：

借：应付职工薪酬——福利费 3510

贷：银行存款 3510

③购进材料用于集体福利，其进项税额不得抵扣：

借：应付职工薪酬——福利费 17550

贷：银行存款 17550

④未取得增值税专用发票，其进项税额不得抵扣：

借：原材料 10000

贷：银行存款 10000

⑤企业购进固定资产，其进项税额不得抵扣：

借：固定资产 70200

贷：银行存款 70200

7）购进货物发生非正常损失时的账务处理。购进货物在购进过程中发生的非正常损失，其进项税额不得抵扣。应将损失货物的价值与相应的进项税额一并计入“待处理财产损溢”，即借记“待处理财产损溢——待处理流动资产损溢”科目，按实际入库材料的成本借记“原材料”科目，按实际入库材料应负担的增值税额，借记“应交税费——应交增值税（进项税额）”科目，按全部应付或实际支付的价款贷记“应付账款”、“银行存款”科目。

例 1-7：某机械制造厂发生火灾，烧毁设备 3 台，计划成本 230000 元，材料成本差异率 1%，则会计处理为：

不得抵扣的进项税 = (230000 + 2300) × 17% = 39491（元）

借：待处理财产损溢 271791

贷：原材料 230000

材料成本差异 2300

应交税费——应交增值税（进项税额转出） 39491

8）将自产或委托加工的货物用于非应税项目时的账务处理。纳税人将自产或委托加工的货物用于非应税项目或集体福利、个人消费的应视同销售。在移送时，按移送货物的成本和结算的增值税销项税额，借记“在建工程”、“应付职工薪酬”等科目，按货物成本贷记“库存商品”、“周转材料”等科目，按计算出的销项税额贷记“应交税费——应交增值税（销项税额）”科目。

例 1-8：某公司领用自产 A 产品一批，用于厂房改造，实际成本 120000 元，不含税售价为 150000 元；领用 B 产品一批，用于职工福利，实际成本 40000 元，含税售价为 58500 元。则该公司的会计处理为：

领用产品的销项税额 = 150000 × 17% + 58500 ÷（1 + 17%）× 17% = 34000（元）

借：在建工程 145500

应付职工薪酬——福利费 48500

贷：库存商品——A 120000

——B 40000

应交税费——应交增值税（销项税额） 34000

9）企业进口货物时的账务处理。企业进口货物，按海关提供的完税凭证上注明的增值税额，借记“应交税费——应交增值税（进项税额）”科目，按照进口货物应计入采购成本的金额，借记“材料采购”等科目，按照应付或实际支付的价款，贷记“应付账款”、“银行存款”等科目。

例 1-9：某摩托车企业 2007 年 10 月进口摩托车 100 辆，买价折合人民币 90 万元，支付海关保管费 2 万元，海关代征的消费税 15 万元，向海关提货时海关代征增值税 20 万元，以上结算凭证全部取得。则会计处理为：

借：库存商品 1070000

应交税费——应交增值税（进项税额） 200000

贷：银行存款 1270000

（3）一般纳税人销项税额的核算

1）一般销售业务的会计处理。一般纳税人销售货物及提供应税劳务可以开具增值税专用发票，如果企业销售货物或提供劳务采用销售额和销项税额合并定价方法的，应将含税销售额换算为不含税的销售额，并按不含税的销售额计算销项税额。发生时，按照价税合计的金额，借记“应收账款”等科目，贷记“应交税费——应交增值税（销项税额）”、“主营业务收入”、“其他业务收入”等科目，发生的销货退回，作相反的会计分录。

例 1–10：某企业本月对外销售产品一批，应收取款项 1059600 元，其中，价款 880000 元，税金 149600 元，代垫运输费 30000 元，则会计处理为：

借：应收账款　1059600

　贷：主营业务收入　880000

　　应交税费——应交增值税（销项税额）　149600

　　银行存款　30000

2）将自产、委托加工或购买的货物用于对外投资、无偿赠送他人的账务处理。纳税人将自产、委托加工或购买的货物作为投资，提供给其他单位，或无偿赠送给他人的，应视同销售计算销项税额。在货物移送时，按移送货物的成本和计算的增值税销项税额，借记“长期股权投资”、“营业外支出”、“销售费用”等科目，按货物成本贷记“库存商品”、“原材料”等科目，按移送货物的实际成本或账面原价与重估价值的差额，借记或贷记“资本公积”科目，按计算出的销项税额贷记“应交税费——应交增值税（销项税额）”科目。

例 1–11：某机械厂将本厂生产的冲床设备 1 台投资给甲单位，该设备市场价 120000 元。则会计处理为：

销项税额 = 120000 × 17% = 20400（元）

借：长期股权投资　140400

　贷：库存商品　120000

　　应交税费——应交增值税（销项税额）　20400

3）将自产、委托加工或购买的货物分配给股东或投资者的账务处理。纳税人将自产、委托加工或购买的货物分配给股东或投资者视同销售。在货物移送时，按核定的销售额与增值税销项税额的合计数，借记“应付股利”科目，按核定的销售额，贷记“主营业务收入”科目，按计算出的增值税销项税额，贷记“应交税费——应交增值税（销项税额）”科目。

例 1–12：某股份公司董事会决定，以自产的甲产品作为利润分配给股东，甲产品实际成本为 194500 元，不含税售价为 245000 元。则会计处理为：

销项税额 = 245000 × 17% = 41650（元）

借：应付股利　　　　　　　　　　286650

　　贷：主营业务收入　　　　　　　　　　245000

　　　　应交税费——应交增值税（销项税额）　41650

结转成本时：

借：主营业务成本　　　　　　　　194500

　　贷：库存商品　　　　　　　　　　　　194500

（4）一般纳税人转出多交增值税和未交增值税的会计处理

1）企业上缴当月增值税的，应通过“应交税费——应交增值税（已交税金）”核算，企业当月上交上月应交未交的增值税时，应通过“应交税费——未交增值税”核算。

2）月份终了，企业计算出当月应交未交的增值税，借记“应交税费——应交增值税（转出未交增值税）”科目，贷记“应交税费——未交增值税”科目；当月多交的增值税，借记“应交税费——未交增值税”科目，贷记“应交税费——应交增值税（转出多交增值税）”科目，经过结转后，月份终了，“应交税费——应交增值税”科目的余额，反映企业尚未抵扣的增值税。

例 1–13：某企业本月外购货物，发生允许抵扣的进项税额合计 120000 元，本月初“应交税费——应交增值税”明细账借方余额为 20000 元，本月对外销售货物，取得销项税额合计为 200000 元，则该企业本月应纳增值税 = 200000 –（120000 + 20000）= 60000（元），月末，企业会计处理为：

借：应交税费——应交增值税（转出未交增值税）60000

　　贷：应交税费——未交增值税　　　　　　　60000

次月初，企业依法申报缴纳上月应缴未缴的增值税 60000 元后，应再作如下分录：

借：应交税费——未交增值税　　60000

　　贷：银行存款　　60000

12. 税法对增值税小规模纳税人的会计处理是怎样规定的？

答：小规模纳税企业在购进货物时，无论其是否取得增值税专用发票，其支付的增值税额均不记入进项税额，这不同于一般纳税企业的会计处理。销售货物或者提供应税劳务时，一般情况下，只能开具普通发票，不能开具增值税专用发票。

（1）企业购进货物的会计处理

小规模纳税企业在购进货物时，无论其是否取得增值税专用发票，其支付的增值税额均不记入进项税额，不得由销项税额抵扣，应记入购入货物的成本。按实际支付的全部金额，借记“物资采购”等科目，贷记“银行存款”、“应付账款”等科目。

（2）销售货物和提供劳务的会计处理

小规模纳税企业销售货物，按不含税销售价格贷记“主营业务收入”科目，按照简易办法计算的增值税额贷记“应交税费——应交增值税”科目，按照价税合计数借记“应收账款”、“银行存款”等科目。

（3）上缴增值税的会计处理

小规模纳税企业在上缴增值税的时候，借记“应交税费——应交增值税”科目，贷记“银行存款”科目。

例 1–14：某工业企业核定为小规模纳税人，本期购入原材料，按照增值税专用发票上记载的原材料价款为 100 万元，支付的增值税额为 17 万元，企业开出承兑的商业汇票，材料尚未到达。该企业本期销售产品，销售价格总额为 80 万元（含税），假定符合收入确认条件，货款尚未收到。根据上述经济业务，企业应作如下会计处理：

①购进货物时：

借：物资采购　　1170000

　　贷：应付票据　　1170000

②销售货物时：

不含税价格＝800000÷（1＋6%）＝754717（元）

应交增值税＝754717×6%＝45283（元）

借：应收账款　　　　　　800000

　　贷：主营业务收入　　　　　　754717

　　　　应交税费——应交增值税　　45283

13. 增值税的纳税管理有哪些具体规定?

答：（1）纳税义务发生的时间

1）销售货物或者提供劳务，以收讫销货款或者取得销售凭证的当天作为纳税义务发生的时间。

根据纳税人采用的结算方式的不同，具体规定如下：

①采取直接收款方式销售货物，不论货物是否发出，纳税义务发生时间为收讫销售款或取得索取货款凭证的当天。

②采取赊销和分期收款结算方式的，纳税义务的发生时间为销售合同规定的收款日期的当天。

③采用预收货款结算方式的，为货物发出的当天。

④采取托收承付和委托收款方式销售货物，为发出货物办妥托收手续的当天。

⑤委托其他人代销货物，为收到代销单位销售的代销清单当天。

⑥销售应税劳务，为提供劳务同时收讫销售额或者取得索取销售额凭据的当天。

⑦纳税人按规定视同销售货物行为中，除了将货物交给他人代销和销售代销货物两种情形外，其余各项视同销售行为的纳税义务发生时间，为货物移送当天。

特别规定：

①销售自产货物提供增值税劳务并同时提供建筑业劳务征收增值税，其纳税义务发生时间的确定：

按照《国家税务总局关于纳税人销售自产货物提供增值税劳务并同

时提供建筑业劳务征收流转税问题的通知》规定，纳税人销售自产货物提供增值税劳务并同时提供建筑业劳务应征增值税的，其增值税纳税义务发生时间依照《中华人民共和国增值税暂行条例实施细则》第三十三条的规定执行。

②企业在委托代销货物的过程中无代销清单，其纳税义务发生时间的确定：

纳税人以代销方式销售货物，在收到代销清单前已收到全部或部分货款的，其纳税义务发生时间为收到全部或部分货款的当天。

对于发出代销商品超过 180 天仍未收到代销清单及货款的，视同销售实现，一律征收增值税，其纳税义务发生时间为发出代销商品满 180 天的当天。

2）进口货物的纳税义务的发生时间为报关进口的当天。

3）增值税一般纳税人申请抵扣的防伪税控系统开具的增值税专用发票，必须自该专用发票开具之日起 90 日内到税务机关认证，否则不予抵扣进项税额。

4）增值税一般纳税人认证通过的防伪税控系统开具的增值税专用发票，应在认证通过的当月按照有关规定核算当期进项税额并申请抵扣，否则不予抵扣进项税额。

（2）申报期限

纳税人应按月进行纳税申报，申报期为次月 1 日起至 10 日止，遇最后一日为法定节假日的，顺延 1 日；在每月 1 日至 10 日内有连续 3 日以上法定休假日的，按休假日天数顺延。

（3）纳税地点

为保证纳税人按期申报纳税，税法具体规定了纳税地点：

1）固定业户应当向其机构所在地主管税务机关申报纳税。总机构和分支机构不在同一县（市）的，应当分别向各自所在地主管税务机关申报纳税；经国家税务总局或其授权的税务机关批准，可以由总机构汇总向总机构所在地主管税务机关纳税。

2）固定业户到外县（市）销售货物的，应当向其机关所在地主管税务机关申请开具外出经营活动税收管理证明，向其机构所在地主管税务机关申报纳税。未持有其机构地主管税务机关核发的外出经营活动税收管理证明，到外县（市）销售货物或应税劳务时，应当向销售地主管税务机关申报纳税。未办理申报纳税的，由其机构所在地主管税务机关补征税款。

3）非固定业户销售货物或者应税劳务，应向销售地主管税务机关申报纳税。

4）非固定业户到外县（市）销售货物或应税劳务，未向销售地主管税务机关申报纳税的，由其机构所在地或者居住地主管税务机关补征税款。

5）进口货物由进口人或代理人向报关地海关申报纳税。

14. 税法对出口货物退（免）税是怎样规定的？

答：（1）出口货物退（免）税基本政策

我国的出口货物税收政策分为以下三种形式：

1）出口免税并退税。出口免税是指对货物在出口销售环节不征增值税、消费税，这是把货物出口环节与出口前的销售环节都同样视为一个征税环节；出口退税是指对货物在出口前实际承担的税收负担，按规定的退税率计算后予以退还。

2）出口免税不退税。出口免税与上述第 1）项含义相同。出口不退税实质适用这个政策的出口货物因在前一道生产、销售环节或进口环节是免税的，因此，出口时该货物的价格中本身就不含税，也无须退税。

3）出口不免税也不退税。出口不免税是指对国家限制或禁止出口的某些货物的出口环节视同内销环节，照常征税；出口不退税是指对这些货物出口不退还出口前期所负担的税款。适用这个政策的主要是：税法列举限制或禁止出口的货物，如天然牛黄、白银等。

（2）出口货物退（免）税管理办法

《出口货物退（免）税管理办法》规定：出口商自营或委托出口的货物，除另有规定外，可在货物报关出口并在财务上做销售核算后，凭有关凭证报送所在地国家税务局（以下简称税务机关）批准退还或免征其增值税、消费税。

这里，出口商包括对外贸易经营者、没有出口经营资格委托出口的生产企业、特定退（免）税的企业和人员；对外贸易经营者是指依法办理工商登记或者其他执业手续，经商务部及其授权单位赋予出口经营资格的从事对外贸易经营活动的法人、其他组织或者个人。其中，个人（包括外国人）是指注册登记为个体工商户、个人独资企业或合伙企业；特定退（免）税的企业和人员是指按国家有关规定可以申请出口货物退（免）税的企业和人员。

1）出口企业出口的下列货物，除另有规定外，视同内销货物计提销项税额或征收增值税。

①国家明确规定不予退（免）增值税的货物。

②出口企业未在规定期限内申报退（免）税的货物。

③出口企业虽已申报退（免）税但未在规定期限内向税务机关补齐有关凭证的货物。

④出口企业未在规定期限内申报开具《代理出口货物证明》的货物。

⑤生产企业出口的除四类视同自产产品以外的其他外购货物。

一般纳税人以一般贸易方式出口上述货物计算销项税额公式：

销项税额＝出口货物离岸价格×外汇人民币牌价÷(1＋增值税税率)×增值税税率

一般纳税人以进料加工复出口贸易方式出口上述货物以及小规模纳税人出口上述货物计算应纳税额公式：

应纳税额＝(出口货物离岸价格×外汇人民币牌价)÷(1＋征收率)×征收率

对上述应计提销项税额的出口货物，生产企业如已按规定计算免抵退税不得免征和抵扣税额并已转入成本科目的，可从成本科目转入进项税额科目；外贸企业如已按规定计算征税率与退税率之差并已转入成本科目的，可将征税率与退税率之差及转入应收出口退税的金额转入进项税额科目。

出口企业出口的上述货物若为应税消费品，除另有规定外，出口企业为生产企业的，须按现行有关税收政策规定计算缴纳消费税；出口企业为外贸企业的，不退还消费税。

2）对出口企业按上述规定计算缴纳增值税、消费税的出口货物，不再办理退税。对已计算免抵退税的，生产企业应在申报纳税当月冲减调整免抵退税额；对已办理出口退税的，外贸企业应在申报纳税当月向税务机关补缴已退税款。

3）出口企业代理其他企业出口后，除另有规定外，须在自货物报关出口之日起60天内凭出口货物报关单（出口退税专用）、代理出口协议，向主管税务机关申请开具《代理出口货物证明》，并及时转给委托出口企业。如因资料不齐等特殊原因，代理出口企业无法在60天内申请开具代理出口证明的，代理出口企业应在60天内提出书面合理理由，经地市及以上税务机关核准后，可延期30天申请开具代理出口证明。

代理出口企业须在货物报关之日（以出口货物报关单“出口退税专用”上注明的出口日期为准）起180天内，向签发代理出口证明的税务机关提供出口收汇核销单（远期收汇除外）。签发代理出口证明的税务机关，对代理出口企业未按期提供出口收汇核销单的及出口收汇核销单审核有误的，一经发现应及时函告委托企业所在地税务机关。委托企业所在地税务机关对该批货物按内销征税。

4）下列出口货物的退（免）税。

①企业以实物投资出境的设备及零部件（包括实行扩大增值税抵扣范围政策的企业在实行扩大增值税抵扣范围政策以前购进的设备），实行出口退（免）税政策。

实行扩大增值税抵扣范围政策的企业以实物投资出境的，在实行扩大增值税抵扣范围政策以后购进的设备及零部件，不实行单项退税政策，实行免、抵、退税的政策。

企业以实物投资出境的外购设备及零部件，按购进设备及零部件的增值税专用发票计算退（免）税；企业以实物投资出境的自用旧设备，按照下列公式计算退（免）税：

应退税额＝增值税专用发票所列明的金额（不含税额）×设备折余

价值/设备原值×适用退税率

设备折余价值=设备原值-已提折旧

企业以实物投资出境的自用旧设备，须按照《中华人民共和国企业所得税条例》规定的向主管税务机关备案的折旧年限计算提取折旧，并计算设备折余价值。

②利用外国政府贷款和国际金融组织贷款采取国际招标方式，国内企业中标的机电产品或外国企业中标再分包给国内企业供应的机电产品，凡属于《外商投资项目不予免税的进口商品目录》所列商品的，不予退（免）税；其他机电产品按现行有关规定办理退（免）税。

③出口企业应按照《国家税务总局关于印发〈出口货物退（免）税管理办法（试行）〉的通知》的有关规定办理出口退（免）税认定手续。

出口企业在办理认定手续前已出口的货物，凡在出口退税申报期限内申报退税的，可按规定批准退税；凡超过出口退税申报期限的，税务机关须视同内销予以征税。

④从事进料加工业务的生产企业，应于取得海关核发的《进料加工登记手册》后的下一个增值税纳税申报期内向主管税务机关办理《生产企业进料加工登记申报表》；于发生进口料件的当月向主管税务机关申报办理《生产企业进料加工进口料件申报明细表》；并于取得主管海关核销证明后的下一个增值税纳税申报期内向主管税务机关申报办理核销手续。逾期未申报办理的，税务机关在比照《中华人民共和国税收征收管理法》第六十二条有关规定进行处罚后再办理相关手续。

(3) 出口货物退（免）税的计算

1）一般贸易方式。一般纳税人以一般贸易方式出口上述货物计算销项税额公式：

销项税额=出口货物离岸价格×外汇人民币牌价÷(1+增值税税率)×增值税税率

①当期应纳税额的计算。

当期应纳税额=当期内销货物的销项税额-(当期全部进项税额-当期免抵退税不得免征和抵扣税额)-上期留抵进项税额

其中：

当期免抵退税不得免征和抵扣税额 = 当期出口货物离岸价 × 外汇人民币牌价 ×(出口货物征税率 – 出口货物退税率) – 免抵退税不得免征和抵扣税额和抵减额

免抵退税不得免征和抵扣税额和抵减额 = 免税购进原材料价格 ×(出口货物征税率 – 出口货物退税率)

免税购进原材料包括从国内购进免税原材料和进料加工免税进口料件，其中进料加工免税进口料件的价格为组成计税价格，其组成计税价格的计算公式为：

组成计税价格 = 货物到岸价 + 海关实征关税和消费税

如果当期没有免税购进原材料价格，前述公式中的免抵退税不得免征和抵扣税额抵减额，以及后面公式中的免抵退税额抵减额，就不用再计算了。

②当期免抵退税额的计算。

当期免抵退税额 = 当期出口货物离岸价 × 外汇人民币牌价 × 出口货物退税率 – 免抵退税额抵减额

其中：

免抵退税额抵减额 = 免税购进原材料价格 × 出口货物退税率

③当期应退税额和免抵税额的计算。

A. 如当期期末留抵税额 > 当期免抵退税额，则：

当期应退税额 = 当期免抵退税额

当期免抵税额 = 0

B. 如当期期末留抵税额≤当期免抵退税额，则：

当期应退税额 = 当期期末留抵税额

当期免抵税额 = 当期免抵退税额 – 当期应退税额

当期期末留抵税额根据当期《增值税纳税申报表》中“期末留抵税额”确定。

2）进料加工复出口贸易方式。一般纳税人以进料加工复出口贸易方式出口上述货物以及小规模纳税人出口上述货物计算应纳税额公式：

应纳税额 =(出口货物离岸价格 × 外汇人民币牌价) ÷ (1 + 征收率) × 征收率

例 1–15：某自营出口的生产企业为增值税一般纳税人，出口货物的征税税率为 17%，退税税率为 13%。2007 年 1 月发生的有关经营业务为：

①购进原材料一批，取得增值税专用上注明的价款 400 万元，外购货物准予抵扣的进项税额 68 万元通过认证。上月末留抵税款 48 万元。

②本月内销货物不含税销售额 500 万元，其中 200 万元存入银行。

③本月出口货物的销售额折合人民币 200 万元。

试计算该企业当期的“免、抵、退”税额。

①当期免抵退税不得免征和抵扣税额 = 400 ×（17% – 13%）= 16（万元）

②当期应纳税额 = 500 × 17% –（68 – 16）– 48 = –15（万元）

③出口货物“免、抵、退”税额 = 200 × 13% = 26（万元）

④按规定，如当期期末留抵税额≤当期免抵退税额，则：

当期应退税额 = 当期期末留抵税额

即该企业当期应退税额 = 15（万元）

⑤当期免抵税额 = 当期免抵退税额 – 当期应退税额

当期免抵税额 = 26 – 15 = 11（万元）

例 1–16：某自营出口的生产企业为增值税一般纳税人，出口货物的征税税率为 17%，退税税率为 13%。2007 年 1 月发生的有关经营业务为：

①购进原材料一批，取得增值税专用上注明的价款 400 万元，外购货物准予抵扣的进项税额 68 万元通过认证。上月末留抵税款 60 万元。

②本月内销货物不含税销售额 500 万元，其中 200 万元存入银行。

③本月出口货物的销售额折合人民币 200 万元。试计算该企业当期的“免、抵、退”税额。

A. 当期免抵退税不得免征和抵扣税额 = 400 ×（17% – 13%）= 16（万元）

B. 当期应纳税额 = 500 × 17% –（68 – 16）– 60 = –27（万元）

C. 出口货物“免、抵、退”税额 = 200 × 13% = 26（万元）

D. 按规定，如当期期末留抵税额 > 当期免抵退税额，则：

当期应退税额 = 当期免抵退税额

即该企业当期应退税额 = 26（万元）

当期免抵税额 = 0

特别规定：

（1）对国内采购已经取消出口退税的材料进入出口加工区等海关特殊监管区域，适用下列退税政策

1）对取消出口退税进区并用于建区和企业厂房的基建物资，入区时海关办理卡口登记手续，不退税。上述货物不得离境出口，如在区内未使用完毕，由海关监管退出区外。但自境外进入区内的基建物资如运往境内区外，应按海关对海关特殊监管区域管理的有关规定办理报关纳税手续。此政策适用于所有海关特殊监管区域。

2）对区内生产企业在国内采购用于生产出口产品的并已经取消出口退税的成品革、钢材、铝材和有色金属材料（不含钢坯、钢锭、电解铝、电解铜等金属初级加工产品）等原材料，进区时按增值税法定征税率予以退税。

3）区内生产企业在国内采购上述第二条规定的原材料未经实质性加工，不得转售区内非生产企业（如仓储物流、贸易等企业）、直接出境和以保税方式出区。

违反此规定的，按骗税和偷逃税款的相关规定处理。

上述享受退税的原材料未经实质性加工出区销往国内的照章征收各项进口环节税。

4）区内非生产企业（如保税物流、仓储、贸易等企业）在国内采购进区的上述第二条规定的原材料不享受该政策。

5）上述 2）、3）、4）项措施，仅适用于具有保税加工功能的出口加工区、保税港区、综合保税区、珠澳跨境工业区（珠海园区）和中哈霍尔果斯国际边境合作中心（中方配套区域）。

（2）外贸企业出口视同内销货物征税时的进项税额抵扣问题

1）外贸企业购进货物后，无论内销还是出口，须将所取得的增值税专用发票在规定的认证期限内到税务机关办理认证手续。凡未在规定的认证期限内办理认证手续的增值税专用发票，不予抵扣或退税。

2）外贸企业出口货物，凡未在规定期限内申报退（免）税或虽已申报退（免）税但未在规定期限内向税务机关补齐有关凭证，以及未在规定期限内申报开具《代理出口货物证明》的，自规定期限截止之日的次日起30天内，由外贸企业根据应征税货物相应的未办理过退税或抵扣的进项增值税专用发票情况，填具《进项发票明细表》（包括进项增值税专用发票代码、号码、开具日期、金额、税额等），向主管退税的税务机关申请开具《外贸企业出口视同内销征税货物进项税额抵扣证明》（以下简称《证明》）。

3）已办理过退税或抵扣的进项发票，外贸企业不得向税务机关申请开具《证明》。外贸企业如将已办理过退税或抵扣的进项发票向税务机关申请开具《证明》，税务机关查实后要按照增值税现行有关规定进行处罚，情节严重的要移交公安部门进一步查处。

4）主管退税的税务机关接到外贸企业申请后，应根据外贸企业出口的视同内销征税货物的情况，对外贸企业填开的《进项发票明细表》列明的情况进行审核，开具《证明》。

5）外贸企业取得《证明》后，应将《证明》允许抵扣的进项税额填写在《增值税纳税申报表》附表二第11栏“税额”中，并在取得《证明》的下一个征收期申报纳税时，向主管征税的税务机关申请抵扣相应的进项税额。超过申报时限的，不予抵扣。

6）主管征税的税务机关接到外贸企业的纳税申报后，应将外贸企业的纳税申报表与主管退税的税务机关转来的《证明》进行人工比对，申报表数据小于或等于《证明》所列税额的，予以抵扣；否则不予抵扣。

（3）旧设备出口退（免）税的相关规定

旧设备是指出口企业作为固定资产使用过的设备（以下简称自用旧设备）和出口企业直接购买的旧设备（以下简称外购旧设备）。

出口企业包括增值税一般纳税人、小规模纳税人和非增值税纳税人，出口方式包括自营出口或委托出口。

1）增值税一般纳税人和非增值税纳税人出口的自用旧设备，根据以下公式计算其应退税额：

应退税额＝增值税专用发票所列明的金额（不含税额）×设备折余价值/设备原值×适用退税率

设备折余价值＝设备原值－已提折旧

增值税一般纳税人和非增值税纳税人出口的自用旧设备，须按照有关税收法律、法规规定的向主管税务机关备案的折旧年限计算提取折旧，并计算设备折余价值。主管税务机关接到企业出口自用旧设备的退税申报后，须填写《旧设备折旧情况确认表》交由负责企业所得税管理的税务机关核实无误后办理退税。

2）增值税一般纳税人和非增值税纳税人出口自用旧设备后，应填写《出口旧设备退（免）税申报表》及相关资料向其主管税务机关申请退税。

增值税一般纳税人和非增值税纳税人出口的自用旧设备，凡购进时未取得增值税专用发票但其他单证齐全的，实行出口环节免税不退税（以下简称"免税不退税"）的办法。

3）增值税一般纳税人和非增值税纳税人出口的外购旧设备，实行免税不退税的办法。企业出口外购旧设备后，须在规定的出口退（免）税申报期限内填写《出口旧设备退（免）税申报表》，并持出口货物报关单（出口退税专用）、购买设备的普通发票或进口完税凭证及主管税务机关要求提供的其他资料向主管税务机关申报免税。

4）小规模纳税人出口的自用旧设备和外购旧设备，实行免税不退税的办法。

5）申报退税的出口企业属于扩大增值税抵扣范围企业的，其自获得扩大增值税抵扣范围资格之日起出口的自用旧设备，主管税务机关应核实该设备所含增值税进项税额未计算抵扣后方可办理退税；如经主管税务机关核实，该设备所含增值税进项税额已计算抵扣，则不得办理退税。

6）出口企业出口旧设备后，须在规定的出口退（免）税申报期内，向主管税务机关申报旧设备的出口退（免）税。主管税务机关接到出口企业申报后，须将出口货物报关单同海关电子信息进行核对，对增值税专用发票及认为有必要进行进一步核实的普通发票，通过函调的方式核查其纳税情况。对核查无误的出口旧设备予以退（免）税。

未在规定期限内申报的出口旧设备，凡企业能提供出口货物报关单（出口退税专用）或代理出口货物证明的，实行免税不退税办法；企业不能提供出口货物报关单（出口退税专用）或代理出口货物证明及其他规定凭证的，按照现行税收政策予以征税。

（4）关于停止为骗取出口退税企业办理出口退税的有关规定

自 2008 年 4 月 1 日起，停止为骗取出口退税企业办理出口退税。

1）出口企业骗取国家出口退税款的，税务机关按以下规定处理：

①骗取国家出口退税款不满 5 万元的，可以停止为其办理出口退税半年以上一年以下。

②骗取国家出口退税款 5 万元以上不满 50 万元的，可以停止为其办理出口退税一年以上一年半以下。

③骗取国家出口退税款 50 万元以上不满 250 万元，或因骗取出口退税行为受过行政处罚、两年内又骗取国家出口退税款数额在 30 万元以上不满 150 万元的，停止为其办理出口退税一年半以上两年以下。

④骗取国家出口退税款 250 万元以上，或因骗取出口退税行为受过行政处罚、两年内又骗取国家出口退税款数额在 150 万元以上的，停止为其办理出口退税两年以上三年以下。

2）对拟停止为其办理出口退税的骗税企业，由其主管税务机关或稽查局逐级上报省、自治区、直辖市和计划单列市国家税务局批准后按规定程序作出《税务行政处罚决定书》。停止办理出口退税的时间以作出《税务行政处罚决定书》的决定之日为起点。

3）出口企业在税务机关停止为其办理出口退税期间发生的自营或委托出口货物以及代理出口货物等，一律不得申报办理出口退税。

在税务机关停止为其办理出口退税期间，出口企业代理其他单位出口的货物，不得向税务机关申请开具《代理出口货物证明》。

4）出口企业自税务机关停止为其办理出口退税期限届满之日起，可以按现行规定到税务机关办理出口退税业务。

5）出口企业违反国家有关进出口经营的规定，以自营名义出口货物，但实质是靠非法出售或购买权益牟利，情节严重的，税务机关可以比照上述规定在一定期限内停止为其办理出口退税。

15. 税法对小规模纳税人出口货物免税是怎样规定的?

答：增值税小规模纳税人出口货物免税管理办法自2008年1月1日起执行。

小规模纳税人2008年1月1日后自营或委托出口的货物（以出口货物报关单上注明的“出口日期”为准）应按照本规定向税务机关进行免税或免税核销申报。

（1）相关认定与管理

1）小规模纳税人应在规定期限内填写《出口货物退（免）税认定表》并持有关资料到主管税务机关办理出口货物免税认定。

已办理对外贸易经营者备案登记的小规模纳税人办理出口货物免税认定的期限是办理对外贸易经营者备案登记之日起30日内。

2）已办理出口货物免税认定的小规模纳税人，其认定内容发生变化的，须自有关管理机关批准变更之日起30日内，持相关证件向税务机关申请办理出口货物免税认定变更手续。

3）小规模纳税人发生解散、破产、撤销等依法应当办理注销税务登记的，应首先注销其出口货物免税认定，再办理注销税务登记；小规模纳税人发生其他依法应终止出口货物免税认定的事项但不需要注销税务登记的，应在有关机关批准或者宣告终止之日起15日内向税务机关申请注销出口免税认定。

4）小规模纳税人自营出口货物报关后，应向海关部门申请签发出口货物报关单（出口退税专用），并及时登录“口岸电子执法系统”出口退税子系统，按照《国家税务总局海关总署关于正式启用“口岸电子执法系统”出口退税子系统的通知》（国税发［2003］15号）有关规定提交相关电子数据。

5）小规模纳税人自营或委托出口货物后，须在次月向主管税务机关办理增值税纳税申报时，提供《小规模纳税人出口货物免税申报表》及电子申报数据。

主管税务机关受理纳税申报时，应对《免税申报表》“出口货物免税销售额（人民币）”合计数与同期《增值税纳税申报表》（适用于小规模纳税人）中“出口货物免税销售额”进行核对。经核对相符后，在《免税申报表》（第一联）签章并交小规模纳税人。如核对不符，或者《增值税纳税申报表》中申报了出口货物免税销售额而未报送《免税申报表》，主管税务机关应将申报资料退回小规模纳税人，由其补正后重新申报。

主管税务机关的纳税申报受理部门应在当月 15 日前（逢节假日顺延），将签章的《免税申报表》（第二联）及电子数据转交同级的负责出口退税业务部门或岗位。

6）小规模纳税人应按月将收齐有关出口凭证的出口货物，填写《小规模纳税人出口货物免税核销申报汇总表》、《小规模纳税人出口货物免税核销申报明细表》，并于货物报关出口之日（以出口货物报关单上注明的出口日期为准，下同）次月起四个月内的各申报期内（申报期为每月 1~15 日），持相关资料到主管税务机关（负责出口退税业务的部门或岗位）按月办理出口货物免税核销申报，并同时报送出口货物免税核销电子申报数据。

小规模纳税人无法按规定期限办理免税核销申报手续的，可在申报期限内向主管税务机关提出书面合理理由申请免税核销延期申报，经核准后，可延期 3 个月办理免税核销申报手续。

7）主管税务机关在接受小规模纳税人的免税核销申报后，应当核对小规模纳税人申报的纸质单证是否齐全，审核小规模纳税人提供的纸质单证与《小规模纳税人出口货物免税核销申报明细表》的逻辑关系是否对应，并对小规模纳税人申报的电子数据与出口货物报关单、出口收汇核销单、代理出口证明等相关电子信息进行核对。对审核无误的，在《小规模纳税人出口货物免税核销申报汇总表》、《小规模纳税人出口货物免税核销申报明细表》上签章，经由设区的市、自治州以上（含本级）税务机关根据审核结果批准免税核销（下放出口退税审批权试点地区除外)。

8）小规模纳税人在按规定办理出口货物免税认定以前出口的货物，凡在免税核销申报期限内申报免税核销的，税务机关可按规定审批免税；凡超过免税核销申报期限的，税务机关不予审批免税。

（2）小规模纳税人出口货物应征税额计算方法

1）小规模纳税人出口货物应征税额的范围。小规模纳税人出口下列货物，除另有规定外，应征收增值税。下列货物为应税消费品的，若小规模纳税人为生产企业，还应征收消费税。

①国家规定不予退（免）增值税、消费税的货物。

②未进行免税申报的货物。

③未在规定期限内办理免税核销申报的货物。

④虽已办理免税核销申报，但未按规定向税务机关提供有关凭证的货物。

⑤经主管税务机关审核不批准免税核销的出口货物。

⑥未在规定期限内申报开具《代理出口货物证明》的货物。

2）小规模纳税人出口货物应征税额的计算方法。

①增值税应征税额的计算公式：

增值税应征税额 = (出口货物离岸价 × 外汇人民币牌价) ÷ (1 + 征收率) × 征收率

②消费税应征税额的计算公式：

从量计征出口应税消费品：

消费税应征税额 = 出口应税消费品数量 × 消费税单位税额

从价计征出口应税消费品：

消费税应征税额 = (出口应税消费品离岸价 × 外汇人民币牌价) ÷ (1 + 增值税征收率) × 消费税适用税率

从量计征与从价计征相结合出口应税消费品：

消费税应征税额 = 出口应税消费品数量 × 消费税单位税额 + (出口应税消费品离岸价 × 外汇人民币牌价) ÷ (1 + 增值税征收率) × 消费税适用税率

这里，出口货物的离岸价及出口数量以出口发票上的离岸价或出口数量为准（委托代理出口的，出口发票可以是委托方开具的或受托方开具的），若出口价格以其他价格条件成交的，应扣除按会计制度规定允许冲减出口销售收入的运费、保险费、佣金等。若出口发票不能真实反映离岸价或出口数量，小规模纳税人应当按照离岸价或真实出口数量申报，税务机关有权按照相关规定予以核定。

16. 什么是营业税？营业税具有哪些特点？

答：（1）营业税

营业税是以在我国境内提供应税劳务、转让无形资产和销售不动产的行为为课税对象征收的一种税。营业税涉及国民经济中的众多行业，只要是在我国境内发生了这些应税行为，取得了营业收入就必须依法缴纳营业税。

（2）营业税的特点

营业税与其他商品劳务相比，具有以下特点：

1）多环节全额课税。营业税按照商品流转环节征税，每经过一个环节，有一次营业行为取得一次营业收入，就要以营业收入为计税依据征收一次税，具有多环节征税的特点。

2）实行行业差别比例税率或幅度比例税率，税负较低。营业税实行普遍征收，现行营业税征税范围为增值税征税范围之外的所有经营业务，因而税率设计的总体水平一般较低。但由于各种经营业务盈利水平高低不同，因此，在税负设计中，一般实行同一行业同一税率，不同行业不同税率。

3）计算简便、便于征管。营业税对征税范围、征税对象、税率档次规定的界限清楚，税额计算简单明确，易于征纳。

17. 营业税的纳税义务人包括哪些？

答：（1）营业税的纳税义务人

1）营业税纳税义务人的概念。在中华人民共和国境内提供应税劳务、转让无形资产或者销售不动产的单位和个人，为营业税的纳税义务人。

单位，是指国有企业、集体企业、私有企业、股份制企业、外商投资企业、外国企业、其他企业、行政单位、事业单位、军事单位和社会团体等。

个人，是指个体工商户以及其他有经营行为的中国公民和外国公民。

构成纳税“单位和个人”，必须同时具备以下三点：

①提供应税劳务、转让无形资产或者销售不动产必须发生在中华人民共和国境内。

②必须是有偿或视同有偿提供应税劳务，转让无形资产或不动产的所有权。有偿，包括取得货币、货物或其他经济利益。

③提供的应税劳务、转让的无形资产或者销售的不动产必须属于营业税征税范围。

2）营业税纳税义务人的一些特殊规定。

①企业租赁或承包给他人经营的，以承租人或承包人为纳税人。

②从事水陆运输、航空运输、管道运输或其他陆运运输业务并负有营业税纳税义务的单位，为从事运输业务并计算盈亏的单位。

③中央铁路运营业务的纳税人为铁道部；合资铁路运营业务的纳税人为合资铁路公司；地方铁路运营业务的纳税人为地方铁路管理机构；基建临管线运营业务的纳税人为基建临管线管理机构。

④金融保险业纳税人，包括：

A. 银行，包括人民银行、商业银行、政策性银行。

B. 信用合作社。

C. 证券公司。

D. 金融租赁公司、证券基金管理公司、财务公司、信托投资公司、证券投资基金。

E. 保险公司。

F. 其他经中国人民银行、中国证监会、中国保监会批准成立且经营金融保险业务的机构等。

（2）营业税的扣缴义务人

在现实生活中，有些具体情况难以确定纳税人，为了便于征收管理，防止税款流失，税法规定了扣缴义务人。

营业税的扣缴义务人主要包括以下几种：

1）委托金融机构发放贷款的，其应纳税款以受托发放贷款的金融机构为扣缴义务人；金融机构接受其他单位或个人的委托，为其办理委托贷款业务时，如果将委托方的资金转给经办机构，由经办机构将资金贷给使用单位和个人，由最终将贷款发放给使用单位或个人并取得贷款利息的经办机构代扣委托方应纳的营业税。

2）建筑安装业务实行分包或者转包的，其应纳税款以总承包人为扣缴义务人。

3）境外单位或者个人在境内发生应税行为而在境内未设有机构的，其应纳税款以代理人为扣缴义务人；没有代理人的，以受让者或者购买者为扣缴义务人。

4）单位或者个人进行演出，由他人售票的，其应纳税款以售票者为扣缴义务人；演出经纪人为个人的，其办理演出业务的应纳税款以售票者为扣缴义务人。

5）分保险业务，其应纳税款以初保人为扣缴义务人。

6）个人转让条例规定的其他无形资产的，其应纳税款以受让者为扣缴义务人。

7）财政部规定的其他扣缴义务人。

负有营业税纳税义务的单位为发生应税行为并向对方收取货币、货物或其他经济利益的单位，包括独立核算的单位和不独立核算的单位。

18. 营业税的征收范围包括哪些方面？

答：营业税的征收范围，包括在我国境内提供应税劳务、转让无形资产和销售不动产三种经营行为。具体包括：

(1) 提供应税劳务

提供应税劳务是指除加工、修理和修配以外的所有应纳营业税的劳务，但单位或个体经营者聘用的员工为本单位或雇主提供应税劳务的，不包括在内。提供应税劳务包括交通运输业、建筑业、金融保险业、邮电通信业、文化体育业、娱乐业和服务业。

1）交通运输业。交通运输业是指使用运输工具或人力、畜力将货物或旅客送达目的地，使其空间位置得到转移的业务活动。按其运输方式和运输工具的不同，又分为陆路运输、水路运输、航空运输、管道运输、装卸搬运等，凡属运营业务以及与运营业务有关的各项劳务活动，均属本项目征税范围。

①陆运运输是指通过陆路（地上或地下）运送货物或旅客的运输业务，包括铁路运输、公路运输、缆车运输、索道运输及其他陆路运输。

②水路运输是指通过江、河、湖、川等天然、人工水道或海洋航道运送货物或旅客的运输业务。由于打捞与水路运输有着密切的关系，所以打捞比照水路运输的办法征税。

③航空运输是指通过空中航线运送货物或旅客的运输业务。与航空直接有关的通用航空业务、航空地面服务业务也比照航空运输业务征税。

通用航空业务，是指为专业工作提供飞行服务的业务，如航空摄影、航空测量、航空勘探、航空护林、航空吊挂飞播、航空降雨等。

航空地面服务业务，是指航空公司、飞机场、民航管理局、航站向在我国境内航行或在我国境内机场停留的境内外飞机或其他飞行器提供的导航等劳务性地面服务的业务。

④管道运输是指通过管道设施输送气体、液体、固体物资的运输业务。

⑤装卸搬运是指使用装卸搬运工具或人力、畜力将货物在运输工具之间、装卸现场之间或运输工具与装卸现场之间进行装卸和搬运的业务。例如，搬家业务是搬家公司利用运输工具或人力实现了空间位置的转移的业务，它具有装卸搬运的特征。因此，对搬家业务收入，

应按“交通运输业”税目中的“装卸搬运”征收营业税。

2）建筑业。建筑业是指建筑、安装、修缮、装饰和其他工程作业。

①建筑是指新建、改建、扩建各种建筑物、构筑物的工程作业，包括与其相关联的各种设备支柱、操作平台的安装或装配工程作业以及各种炉窖和金属结构的工程作业在内。

②安装是指生产设备、动力设备、起重设备、运输设备、传动设备、医疗实验设备以及其他各种设备的装配安装工程作业以及与其相连的工作台、梯子、栏杆的装设工程作业和被安装设备的绝缘、防腐、保温、油漆等各种作业在内。

③修缮是指对建筑物、构筑物进行修补、加固、养护、改善，使其恢复原来的使用价值或延长其使用期限的工程作业。

④装饰是指对建筑物、构筑物进行修饰，使之美观或具有特定用途的工程作业。

⑤其他工程作业是指上述工程以外的工程作业，如代办电信工程、水利工程、疏浚、钻井（打井）工程、拆除建筑物或构筑物、平整工地、搭脚手架、爆破等工程。

⑥管道煤气集资费（初装费）业务。管道煤气集资费（初装费），是指用于管道煤气工程建设和技术改造，在报装环节一次性向用户收取的费用。

需要注意的是：

①建筑业中的“修缮”与增值税中“修理修配”的区别主要是看修理（或修缮）的对象是什么，如果修缮的对象是建筑物、构筑物等不动产，则应当征收营业税；如果是对货物进行的修理，则应当征收增值税。

②关于自建行为的征税。其一，自建自售建筑物，除了按照销售不动产征收营业税外，还应征收一道“建筑业”营业税。其二，自建自用建筑物，根据现行税法规定，其自建行为不是“建筑业”营业税的纳税人，不征收营业税，但仅限于施工单位自建建筑物后自用，对附属于企业、行政、事业单位的内部施工单位，承担其隶属单位的建筑安装工程，应视具体情况确定是否征收营业税。如果属于独立核算

单位，均应征收营业税；如果是非独立核算单位，承担其他单位建筑安装业务的，应当征收营业税；而承担本单位的建筑安装业务是否应当缴纳营业税，则要看其与本单位之间是否结算工程价款。凡同本单位计算工程价款的，均应征收营业税；凡不与单位结算工程价款的，不征收营业税。

③工程承包公司的征税。工程承包公司对工程的承包有两种形式，其一，由工程承包公司同建设单位签订承包合同，然后将设计、采购等项工作分别转包给其他单位，工程承包公司只负责各环节的协调与组织，工程承包公司参与施工或不参与施工，此时按照“建筑业”税目征收营业税。其二，工程合同由施工单位同建设单位签订，工程承包公司只负责设计及对建设单位承担质量保证，并向施工单位按工程总额的一定比例收取管理费，此时按照“服务业”中的“代理服务”征收营业税。

3）金融保险业。金融保险业是指经营金融和保险的业务。

①金融是指经营货币资金融通活动的业务。包括贷款、融资租赁、金融商品转让、金融经纪业务和其他金融业务。

贷款是将资金有偿贷与他人使用（包括以贴现、押汇方式）的业务。以货币资金投资但收取固定利润或保底利润的行为，也属于这里所称的贷款业务。按资金来源不同，贷款分为外汇转贷业务和一般贷款业务两种。外汇转贷业务是指金融企业直接向境外借入外汇资金，然后再贷给国内企业或其他单位、个人。各银行总行向境外借入外汇资金后，通过下属分支机构贷给境内单位或个人使用的，也属于外汇转贷业务。一般贷款业务指除外汇转贷以外的各种贷款。

融资租赁（也称金融租赁），是指经中国人民银行或对商务部批准可从事融资租赁业务的单位所从事的具有融资租赁性质和所有权转移特点的设备租赁业务。

金融商品转让，是指转让外汇、有价证券或非货物期货的所有权的行为，包括股票转让、债券转让、外汇转让、其他金融商品转让。

金融经纪业务和其他金融业务，指受托代他人经营金融活动的中间业务，如委托业务、代理业务、咨询业务等。

②保险是指通过契约形式集中起来的资金，用以补偿被保险人因自然灾害等意外事故造成的经济损失的一项经济业务。按保险的范围分为财产保险、人身保险、保证保险和责任保险等。有下列情形之一的，为在境内提供保险劳务：境内保险机构提供的保险劳务，但境内保险机构为出口货物提供保险除外；境外保险机构以在境内的物品为标的提供的保险劳务。

③对我国境内外资金融机构从事离岸银行业务，属于在我国境内提供应税劳务的，征收营业税。离岸银行业务是指银行吸收非居民的资金，服务于非居民的金融活动，包括外汇存款、外汇贷款、同业外汇拆借、国际结算、发行大额可转让存款证、外汇担保、咨询、见证业务以及国家外汇管理局批准的其他业务。

需要注意的是：

①人民银行对金融企业的贷款不征收营业税。

②银行买卖金银业务，征收增值税。

③存款和购入金融商品的行为，不征收营业税。

④金融机构销售支票等金融物品的行为，征收营业税。

4）邮电通信业。邮电通信业是指专门办理信息传递的业务活动，包括邮政、电信两大类。

①邮政是指传递实物信息的业务，包括传递函件或包件、邮汇、报刊发行、邮务物品销售、邮政储蓄及其他邮政业务。

②电信是指用各种电传设备传递语言的业务及相关的业务，包括有线电话、无线电话、寻呼电话，出租电话电路设备、代维修或出租广播电视、电视信息等业务。

邮政电信业务的征税范围是邮电部门及其他单位和个体经营者，从事邮电通信业务以及与邮政电信相关的业务所得的收入。

电信业务，包括基础电信业务和增值电信业务。基础电信业务是指提供公共网络基础设施、公共数据传送和基本语音通信服务的业务，具体包括固定网国内长途及本地电话业务、移动通信业务、卫星通信业务、互联网及其他数据传送业务、网络元素出租出售业务、电信设备及电路的出租业务、网络接入及网络托管业务，国际通信基础设施国际电信业务、无线寻呼业务和专售的基础电信业务。增值电信业务是指利用公共网络设施提供的电信与信息服务的业务，具体包括固定电话网增值电信业务、移动电话网增值电信业务、卫星网增值电信业务、互联网增值电信业务、其他数据传送网络增值电信业务等服务。

需要注意的是：

①单位和个人从事快递业务，按“邮电通信业”税目征收营业税。

②公用电话代办人取得的劳务费，应按照“服务业”中的“代理服务”项目征收营业税；取得的话费收入，按照“邮电通信业”税目征税。

5）文化体育业。文化体育业是指经营文化和体育的业务活动，包括文化业和体育业。

①文化业，是指以演出或实物向人们提供各种文化艺术表演的活动。包括表演、播映和其他文化业。

②体育业，是指举办各种体育比赛和为体育比赛或体育活动提供场所的业务。

文化体育业的征税范围，是从事文化体育业的单位和个人所取得的营业收入，以租赁方式为文化活动、体育比赛提供场所，不按本税目征税。

需要注意的是：

①对经营游览场所销售门票的收入，按“文化体育业”税目征税，不包括这些场所举办的其他游艺活动或其他经营活动。

②以租赁方式为文化活动、体育比赛提供场所取得的收入，按“服务业”中的“租赁业”征税。

③广告播映收入，按照“服务业”中的“广告业”征税。

6）娱乐业。娱乐业是指以娱乐设备或演技供人视、听、唱，以达到观赏、娱乐身心的业务。

娱乐业征税范围，包括经营歌厅、舞厅、卡拉OK歌舞厅、音乐茶座、台球、高尔夫球、保龄球场、游艺场等娱乐场所以及为顾客进行娱乐活动提供服务的业务取得的营业收入。

需要注意的是：

①娱乐场所在顾客进行娱乐活动的同时提供饮食服务取得的收入，按照“娱乐业”征税。

②饭馆、餐厅及其他饮食场所为顾客就餐时进行的自娱自乐形式的歌舞活动所取得的收入，按照“娱乐业”税目征税。

③单位和个人开办的“网吧”取得的收入，按“娱乐业”税目征税。

7）服务业。服务业是指利用工具、场所、信息或技能为社会提供服务的业务活动。服务业征税范围广泛，包括代理业、旅店业、饮食业、旅游业、仓储业、广告业、租赁业、其他服务业。

①代理业，是指代委托人办理委托事项的业务，包括代购代销货物、代办出口、介绍服务、其他代理服务。

②旅店业，是指提供住宿服务的业务，包括旅社、宾馆、招待所、客店、饭店等提供住宿以及与住宿相关的服务业务。

③饮食业，是指同时提供饮食和饮食场所的方式为顾客提供饮食消费服务的业务，包括餐厅、餐馆、冷饮、热饮、风味小吃、承办筵席和一般饮食业务。

④旅游业，是指为旅游者安排食宿、交通工具和提供导游服务的业务。

⑤仓储业，是指利用仓库、场地代客贮放、保管货物的业务。

⑥广告业，是指利用各种媒介如图书、报刊广播、电视、路牌、电影等介绍商品、经营服务、文体节目或通告、声明事项所做的宣传提供劳务服务的业务。

⑦租赁业，是指在约定时间内将场地、房屋、物品、设备或设施租给承租人使用的业务（不包括融资租赁）。

⑧其他服务业，是指除上述列举以外的沐浴、理发、印染、照相、美术、裱画、打字、誊写、设计、制图、化验、复印、录像、录音、勘探、测绘、计算、测试、打包、咨询以及其他服务等。

需要注意的是：

①航空联运公司从事传递业务，按照“服务业”征税。

②铁路保安公司提供保安服务，按照“服务业”中的“其他服务”

征税。

③过路费和过桥费的收入，按照“服务业”中的“其他服务”征税。

④对物业企业代收的水、电、煤等手续费收入，按“服务业”征税。

⑤对广播电台、电视台、报纸等媒体取得的赞助费收入，按照“服务业”中的“广告业”征税。

⑥单位和个人在旅游景点经营索道取得的收入，按照“服务业”中的“旅游业”征税。

（2）转让无形资产

转让无形资产，是指转让无形资产的所有权和使用权的行为。无形资产是指不具有实物形态，但能带来经济利益的资产。转让无形资产的业务包括转让土地使用权、商标权、专利权、非专利技术、著作权、商誉等行为。

（3）销售不动产

销售不动产，是指有偿转让不动产所有权的行为。不动产是指不能移动，移动后会引起性质和状态改变的财产，它包括建筑物、构筑物及其他土地附着物。

1）销售建筑物或构筑物，是指有偿转让建筑物、构筑物的所有权的行为。以转让有限产权或永久使用权方式销售建筑物、构筑物，视同销售建筑物、构筑物。

2）销售其他土地附着物，是指有偿转让除建筑物、构筑物以外的附着于土地上的其他不动产的行为。

单位将不动产无偿赠与他人，视同销售不动产。

在销售不动产时，连同不动产土地使用权一并转让的行为，比照销售不动产征税。

营业税征收范围的一些特殊规定：

在实际经济活动中，纳税人往往从事多种经营，可以同时是几个税种的纳税人，也可以是一个税种中多种应税项目的纳税人。例如，建筑公司既搞建筑安装，又销售建筑材料，前者缴纳营业税，后者缴纳增值税。又如，宾馆饭店既从事餐厅、客房业务，又从事卡拉 OK 业务等，对于不同的经营行为，其税务处理也不同。

（1）兼营不同税目的应税行为

纳税人从事两个或两个以上税目应税行为的，按规定，应分别核算不同税目的营业额、转让额和销售额；未分别核算的，从高适用税率。例如，餐厅既经营饮食业又经营娱乐业，如果未分别核算饮食业和娱乐业的营业额，就不能按饮食业 5%的税率计征，而按娱乐业最高税率 20%计征。

（2）混合销售行为

纳税人发生的销售行为，如果既涉及应税劳务又涉及货物的，为混合销售行为。从事货物的生产、批发或零售的企业、企业性单位及个体经营者的混合销售行为，视为销售货物，不征收营业税；其他单位和个人的混合销售行为，视为提供应税劳务，应当征收营业税。纳税人的销售行为是否属于混合销售行为，由国家税务总局所属征收机关确定。

（3）兼营应税劳务与货物或非应税劳务行为

纳税人兼营应税劳务与货物或非应税劳务行为的，应分别核算应税劳务的营业额与货物或非应税劳务的销售额。不分别核算或者不能准确核算的，其应税劳务与货物或非应税劳务一并征收增值税，不征收营业税。

纳税人兼营的应税劳务是否应当一并征收增值税，由国家税务总局所属征收机关确定。纳税人兼营免税、减税项目的，应当单独核算免税、减税项目的营业额；未单独核算营业额的，不得免税、减税。

发生混合销售行为都是针对一项销售行为而言的，也就是说，从事一项应税劳务的，连带发生了销售货物的行为。例如，一个生产企业为了销售产品同时连带发生了运输劳务，货物销售额与应税劳务营业额合在一起缴纳增值税，营业额部分不缴纳营业税。反之，一个建筑企业承担一项工程，既包工又包料，也属于混合销售行为，应将其工、料收入合在一起缴纳营业税，销售材料的收入不缴纳增值税。

19. 税法对营业税的税目、税率是如何规定的?

答:(1)税目

现行营业税，根据行业的性质和经营特点，共设置了九个税目，即交通运输业、建筑业、金融保险业，邮电通信业、文化体育业、娱乐业、服务业、转让无形资产、销售不动产。

(2)税率

营业税按照行业、类别的不同分别采用不同的比例税率，具体内容如表 1–1 所示。

表 1–1 营业税税目、税率表

税目	征收范围	税率(%)
一、交通运输业	陆路运输、水路运输、航空运输、管道运输、装卸搬运	3
二、建筑业	建筑、安装、修缮及其他工程作业	3
三、金融保险业	金融业、保险业	5
四、邮电通信业	邮政业、通信业	3
五、文化体育业	文化业、体育业	3
六、娱乐业	歌厅、舞厅、卡拉 OK 厅、歌舞厅、音乐茶座、台球、高尔夫球、保龄球、游艺	5~20
七、服务业	代理业、旅店业、饮食业、旅游业、仓储业、广告业、租赁业及其他服务业	5
八、转让无形资产	转让土地使用权、专利权、商标权、著作权、商誉、非专利技术	5
九、销售不动产	销售建筑物及其他土地附着物	5

营业税的税目和税率依照《营业税税目税率表》执行，税目和税率的调整，由国务院确定。

经营娱乐业的纳税人适用的是弹性税率，具体适用的税率由省、市、自治区人民政府在规定的幅度内确定。

纳税人兼有不同税目应税行为的，应当分别核算不同税目的营业额、转让额、销售额（简称营业额）；未分别核算营业额的，从高适用税率。

20. 营业税的纳税起征点是如何规定的？

答：对于经营营业税应税项目的个人，营业税规定了起征点。营业额达到或超过起征点即照章全额计算纳税，营业额低于起征点则免予征收营业税。税法规定的起征点为：

1）按期纳税的，起征点为月营业额1000~5000元。

2）按次纳税的，起征点为每次（日）营业额100元。

21. 如何确定营业税的应纳税额，应注意哪些问题？

答：营业税的应纳税额，一般指提供应税劳务的营业额、转让无形资产的转让额或者销售不动产的销售额。它是纳税人向对方收取的全部价款和价外费用。价外费用是指向对方收取的手续费、基金、集资费、代收款项、代垫款项以及其他各种性质的价外收费。价外费用无论会计制度规定如何核算，均应并入营业额计征营业税。

纳税人取得的营业额和应纳税额均以人民币计算。纳税人以外汇结算营业额的，应当按外汇市场价格折合成人民币计算。人民币折合率的选择，既可以选择营业额当天的国家外汇牌价，也可以选择营业额发生当月1日的国家外汇牌价（原则上选择中间价）。但是金融保险企业营业额的人民币折合率为上年度决算报表取得的汇率。纳税人应在事先确定采用何种折合率，取得后1年内不得变更。

计算营业额要注意以下几个问题：

（1）关于对“境内”的规定

在我国境内提供应税劳务，转让无形资产或者销售不动产，必须具有下列情形之一的，才能作为“境内”对待：

1）所提供的劳务发生在境内。

2）在境内载运旅客或货物出境。

3）在境内组织旅客出境旅游。

4）所转让的无形资产在境内使用。

5）所销售的不动产在境内。

6）境内保险机构提供的保险劳务（为出口货物提供保险除外）或者境外保险机构以境内的物品为标的提供的保险劳务。

（2）纳税人提供应税劳务、转让无形资产或者销售不动产必须是“有偿”的

所谓“有偿”，是指取得货币、货物或者其他经济利益。但要注意：

1）单位或者个体经营者所用劳动力为本单位或雇主提供的劳务，不包括在内。

2）单位或个人自建建筑物后销售，其自建行为视同提供应税劳务。

3）转让不动产有限产权或永久使用权，以及单位将不动产无偿赠与他人，视同销售不动产。

（3）纳税人提供的应税劳务、转让无形资产、销售不动产价格明显偏低而无正当理由的，主管税务机关有权核定其营业额

核定的顺序为：

1）按纳税人当月提供的同类应税劳务或者销售的不动产的平均价格核定。

2）按纳税人最近一个时期提供的同类应税劳务或者销售的同类不动产的平均价格核定。

3）按下列公式核定计税价格：

$$计税价格=\frac{营业成本（或工程成本）\times(1+成本利润率)}{1-营业税税率}$$

公式中的成本利润率，由省、自治区、直辖市人民政府所属税务机关确定。

22. 提供应税劳务的计税依据以及应纳税额应怎样计算？

答：（1）交通运输业

交通运输业的计税营业额是指客运收入、货运收入、装卸搬运收入及其他各种收入。具体是指：

1）交通运输业的营业额应包括保险费收入和随同票价、货运价向客户收取的各种建设基金。

2）运输企业从事联运业务的以其实际取得的营业额为应纳税额。

3）运输企业自中华人民共和国境内运输旅客或者货物出境，在境外改由其他运输企业承运乘客或者货物的，以全程运费减去付给该承运企业运费后的余额为营业额。交通运输业营业税的计算公式为：

交通运输业应纳营业税税额 = 交通运输业计税营业额 × 3%

（2）建筑业

建筑业的计税营业额是指建筑安装企业向建设单位收取的工程价款及工程价款外收取的各种费用。工程价款一般由直接费用、间接费用、计划利润和税金组成。

1）纳税人从事建筑、修缮、装饰工程作业，无论与对方如何结算，其营业额均应包括工程所用原材料及其他物资和动力的价款在内。

2）纳税人从事安装工程作业，凡以安装的设备价值作为安装工程产值的，其营业额应包括设备的价款在内。

3）建筑业的总承包人将工程分包或者转包给他人的，以工程的全部承包额减去付给分包人或者转包人的价款后的余额为营业额。建筑业营业税的计算公式为：

建筑业应纳营业税税额 = 建筑业计税营业额 × 3%

（3）金融保险业

金融业的计税营业额是指贷款利息收入、融资租赁收益、金融商品转让收益、金融经纪业的手续费收入和其他金融业取得的收入。保险业的计税营业额是指利息收入、保费收入以及其他收入。具体是指：

1）转贷业务以贷款利息减去借款利息后的余额为营业额。

2）贷款业务以发放贷款所得利息收入的全额为计税营业额。

3）金融机构（含银行和非银行金融机构）从事外汇、有价证券、期货买卖业务，以卖出价减去买入价后的余额为营业额。

所称外汇、有价证券、期货买卖业务，是指金融机构从事的该类业务，非金融机构和个人买卖外汇、有价证券或期货，不征收营业税。

期货是指非货物期货。货物期货，不征收营业税。

4）融资租赁以其向承租者收取的全部价款和价外费用（包括残值）减去出租方承担的出租货物的实际成本后的余额，以直线法折算出本期的营业额。金融保险业营业税的计算方法为：

本期营业额 =（应收取的全部价款和价外费用 - 实际成本）×（本期天数 ÷ 总天数）

以上所称出租货物的实际成本，包括由出租方承担的货物的购入价、关税、增值税、消费税、运杂费、安装费、保险费和贷款的利息（包括外汇借款和人民币借款利息）。

5）金融企业买卖金融商品（包括股票、债券、外汇及其他金融商品，下同），可在同一会计年度末，将不同纳税期出现的正差和负差按同一会计年度汇总的方式计算并缴纳营业税。如果汇总计算应缴的营业税税额小于本年已缴纳的营业税税额，可以向税务机关申请办理退税，但不得将一个会计年度内汇总后仍为负差的部分结转下一会计年度。

金融商品的买入价，原则上应按加权平均价核算，也可以采用财务制度允许的其他方式核算。但选定后一年内不得变更。

①股票转让。营业额为买卖股票的价差收入，即营业额 = 买入价 - 卖出价。股票买入价原则上按照实际成本加权平均法进行核算。计算方法为：

某种股票加权平均单位成本 =（期初结存股票的实际成本 + 本期买进股票的实际成本）÷（期初结存库存股票数量 + 本期买进股票数量）

本期卖出该种股票实际成本 = 本期卖出该种股票加权平均单位成本 × 卖出股票数量

②债券转让。营业额为买卖债券的价差收入，买入价原则上按照实际成本加权平均法进行核算。计算方法为：

某种债券加权平均单位成本 =（期初结存债券的实际成本 + 本期买进债券的实际成本）÷（期初结存债券数量 + 本期买进债券数量）

本期卖出该种债券实际成本 = 本期卖出该种债券加权平均单位成本 × 卖出债券数量

③外汇转让。营业额为买卖外汇的价差收入，买入价原则上按照实际成本加权平均法进行核算。计算方法为：

某种外汇加权平均单位成本 =（期初结存外汇的实际成本 + 本期买进外汇的实际成本）÷（期初结存外汇数量 + 本期买进外汇数量）

本期卖出该种外汇实际成本 = 本期卖出该种外汇加权平均单位成本 × 卖出外汇数量

④其他金融商品转让。营业额为转让金融商品的价差收入，买入价原则上按照实际成本加权平均法进行核算。计算方法为：

某种金融商品加权平均单位成本=（期初结存金融商品的实际成本 + 本期买进金融商品的实际成本）÷（期初结存金融商品数量 + 本期买进金融商品数量）

本期卖出该种金融商品实际成本 = 本期卖出该种金融商品加权平均单位成本 × 卖出金融商品数量

6）金融经纪业务和其他金融业务（中间业务）营业额为手续费（佣金）类的全部收入。

金融企业从事受托收款业务，如代收电话费、水电煤气费、信息费、学杂费、寻呼费、社保统筹费、交通违章罚款、税款等，以全部收入减去支付给委托方价款后的余额为营业额。

7）保险业以收取的全部保费为营业额。保险业实行分保险的，初保业务以全部保费收入减去付给分保人的保费后的余额为营业额。

金融保险业应纳营业税税额 = 金融保险业计税营业额 × 8%

（4）邮电通信业

邮电通信业的计税营业额包括邮政业务的营业额、邮政储蓄业务的营业额和电信业务的营业额。

邮政业务的营业额是指函件、包件、汇费、出售各种邮务物品的收入、发行报刊的收入以及其他邮政业务的收入。

邮政储蓄业务的营业额是指邮局从事储蓄业务实际取得的营业额。包括储蓄业务的利差收入、储蓄异地存取汇费、电传费及查询费收入。

电信业务的营业额是指电报、电话、电传、电话机安装及出售电信物品等电信业务收入。

邮电通信业应纳营业税税额 = 邮电通信业计税营业额 × 3%

（5）文化体育业

文化体育业的计税营业额为从事文化、体育业而取得的营业收入额。

单位或个人进行演出，以全部票价收入或者包场收入减去付给提供演出场所的单位、演出公司或者经纪人的费用后的余额为营业额。

经营游览场所的营业额为取得的门票收入。

文化体育业应纳营业税税额 = 文化体育业计税营业额 × 3%

（6）旅游业

旅游业的营业额为纳税人提供各种旅游服务而取得的收入。

旅游企业组织旅游团在境内旅游的，以全部收费减去为旅游者支付给其他单位的食、宿、交通费后的余额为营业额。

旅游企业组织旅游团到中华人民共和国境外旅游，在境外改由其他旅游企业接团的，以全程旅游费减去付给该接团企业的旅游费后的余额为营业额。

旅游业应纳营业税税额 = 旅游业计税营业额 × 5%

（7）娱乐业

娱乐业的营业额为经营娱乐业向顾客收取的各项费用，包括门票收费、台位费、点歌费、烟酒饮料费及经营娱乐的其他各项收费。

娱乐业应纳营业税税额 = 娱乐业计税营业额 × 适用税率

（8）服务业

服务业的计税营业额是指各种服务业的营业额，包括纳税人提供代理业、旅店业、饮食业、旅游业、仓储业、租赁业、广告业或其他服务业的应税劳务向对方收取的全部价款和价外费用。具体是指：

1）广告业的营业额为纳税人提供广告服务而取得的收入。

2）代理业的营业额为纳税人从事代理业务向委托方实际收取的报酬。

3）饮食业的营业额为纳税人提供饮食服务所收取的全部收入。

4）租赁业、仓储业等其他服务业的营业额均为向客户收取的全额费用。

服务业应纳营业税税额 = 服务业计税营业额 × 5%

23. 如何计算销售不动产、转让无形资产的应纳税额？

答：(1) 销售不动产

销售不动产业务的计税营业额是指纳税人销售不动产所取得的销售额，即向对方收取的全部价款及价外费用。

1）将不动产无偿赠与他人，视同销售不动产。

2）代收代付费用。房地产开发公司销售商品时，要代当地政府及其职能部门收取一些资金，如代收城市基础设施配套费、集资兴建锅炉增容费等。对此类代收资金及费用，房地产开发公司在财务处理上不是作为自己的营业收入，而是作为代收费用处理的。根据《营业税暂行条例》中关于营业额为纳税人从对方所取得全部价款和价外费用的规定，对此类费用，不论其财务上如何核算，均应全部计入销售不动产的营业额中征收营业税。

3）合作建房营业税计征依据的确定。合作建房的方式有两种，一是纯粹的"以物易物"，二是货币资金与土地使用权合股。

①"以物易物"，即双方以各自拥有的土地使用权和房屋所有权相互交换。具体的交换方式也有两种：以房换地，以地换房；租地建房，以房抵租。

A. 以房换地的营业额的确定。例如，甲方投资 1200 万元在乙方提供的土地上建造房屋，房屋建成后按协议甲与乙按 6∶4 的比例分配房屋。由此可以推知，乙方提供的土地使用权价值为 800 万元。房屋建成后，其价值为甲方投资的 1200 万元再加上乙方提供的土地使用权价值 800 万元，合计为 2000 万元。双方按 6∶4 的比例分配房屋，分别取得 1200 万元和 800 万元，从表面上看双方均未获得任何增值价值。但分析其内涵可以发现，甲方取得的 1200 万元是由 720 万元（1200 × 60%）的房屋价值和 480 万元（800 × 60%）的土地使用权价值组成的；乙方取得的 800 万元是由 480 万元（1200 × 40%）的房屋价值和 320 万元（800 × 40%）的土地使用权价值组成的。其实质是建房单位甲用价值480万元的房屋换取了有土地使用权单位乙价值480万元的土地使用权，即发生了销售不动产和有偿转让土地使用权的行为。那么，建房单位甲应以480万元作为销售不动产的计税依据，土地使用权的提供方乙应以480万元作为有偿转让无形资产的计税依据。

B.以出租土地使用权换取房屋所有权应税营业额的确定。例如，甲方租用乙方土地使用权若干年，由甲方在该土地上建造建筑物并使用，租赁期满后，甲方将所建建筑物连同土地使用权一并归还乙方。在这一经营过程中，甲方是以建筑物为代价换得若干年使用权，乙方是以出租土地使用权为代价换取建筑物，则甲方发生了销售不动产行为，应对其按“销售不动产”税目征收营业税；乙方发生了出租土地使用权的行为，应对其按“服务业——租赁业”税目征收营业税。

②甲方以货币资金、乙方以土地使用权合股，成立合营企业，合作建房。以此种形式的合作建房，要视具体情况确定如何征税：

A. 房屋建成后，如果双方采取风险共担，利润共享的分配方式，按照营业税“以无形资产投资入股，参与投资方的利润分配、共同承担投资风险的行为，不征营业税”的规定，对乙方向合营企业提供的土地使用权，视为投资入股，不征营业税；只对合营企业销售房屋取得的收入按销售不动产征税；对双方分得的利润不征营业税。

B. 房屋建成后，乙方如果采取按销售收入的一定比例提成的方式参与分配，或提取固定利润，则不属于营业税所称的“投资入股不征营业税”的行为，而属于乙方将土地使用权转让给合营企业的行为。那么对乙方取得的固定利润或从销售收入中按比例提取的收入按“转让无形资产——转让土地使用权”税目征收营业税；对合营企业则以全部房屋的销售收入按“销售不动产”税目征收营业税。

C. 如果房屋建成后，双方按一定比例分配房屋，则此种经营行为，也未构成营业税所称的“无形资产投资入股，共同承担风险，不征营业税”的行为。因此，首先，对乙方向合营企业转让的土地，按“转让无形资产——转让土地使用权”税目征税；其次，对合营企业的房屋，在分配给甲、乙方后，如果各自销售，则再按“销售不动产”征税。

4）外商投资企业从事城市住宅小区建设，就其取得的营业额计税。对偿还面积与拆迁面积相等的部分，由税务机关按同类住宅房屋的成本价核定计税；对最终转让时未作价结算的住宅区配套公共设施（如居委会用房、车棚、托儿所等），凡转让收入已包含在住宅房屋转让价格中，并已征收营业税的，不再计征营业税。

5）房地产开发企业与包销商签订合同售房情况的营业额确定。房地产开发企业与包销商签订合同，将房产交给包销商根据市场自订价格进行销售，由房地产开发企业向客户开具房产销售发票，包销商收取价差或手续费，在合同期满后未售出的房地产由包销商进行收购。在这种情况下，在合同期内包销商是代理房地产开发企业进行销售，所取得的手续费收入或者价差应按“服务业——代理业”税目征收营业税。同时，应对房地产开发企业取得的收入按“销售不动产”全额征收营业税；在合同期满后，未售出房屋由包销商进行收购，其实质是房地产开发企业将房屋销售给包销商，对房地产开发企业应按“销售不动产”征收营业税；包销商将房地产再次销售的，对包销商也应按“销售不动产”征收营业税。

6）不动产抵押情况下营业税计税依据的确定。银行贷款给单位或个人，借款人以房屋作抵押。如果期满后，借款者无力归还贷款，抵押的房屋被银行收来偿还贷款本息，这表明房屋的所有权被借款者有偿转让给银行，应对借款者按“销售不动产”税目征收营业税。银行如果将收归其所有的抵押房屋销售，也应按“销售不动产”税目征收营业税。

7）以“还本”方式销售建筑物的营业额的确定。以“还本”方式销售建筑物，是指商品房经营者在销售建筑物时许诺若干年后可将房屋价款归还购房者，这是经营者为了加快资金周转而采取的一种促销手段。对这种行为，应按向购买者收取的全部价款和价外费用征收营业税，不得减除所谓“还本”支出。

8）关于个人销售拆迁住房的营业税的确定。对城镇房屋拆迁中的个人所得税和契税问题，财税［2005］45号文件已有明确规定。由于城市房屋拆迁中的形式多样，不仅涉及货币化补偿，还涉及产权调换的问题。这里就涉及产权调换下，房地产企业补偿给被拆迁人的房屋如何征收营业税，个人通过产权调换新取得的房屋再转让时如何征收营业税的问题。国家税务总局在国税函［2007］768号文件中给了明确解答。

首先，房地产开发公司对被拆迁户实行房屋产权调换时，其实质是以不动产所有权为表现形式的经济利益的交换。房地产开发公司将所拥有的不动产所有权转移给了被拆迁户，并获得了相应的经济利益，根据现行营业税的有关规定，应按“销售不动产”税目缴纳营业税。由于产权调换没有现金交易，只涉及应交营业税计税营业额的确认问题，国家税务总局《关于外商投资企业从事城市住宅小区建设征收营业税问题的批复》（国税函发［1995］549号）的规定，对偿还面积与拆迁建筑面积相等的部分，由当地税务机关按同类住宅房屋的成本价核定计征营业税。对最终转让时未作价结算的住宅区配套公共实施（如居委会用房、车棚、托儿所等），凡转让收入中已包括在住宅转让价格中并已征收营业税的，不再征收营业税。

其次，被拆迁人取得的拆迁补偿住房再转让时，5年时间的计算应根据国税发［2005］89号文件规定，以新房的契税税票的填开时间或房产证办理时间孰先为原则来确认，而不是以被拆迁房屋原始的契税税票的填开时间或房产证办理时间来确认。

销售不动产应纳营业税税额 = 销售不动产的计税营业额 × 5%

（2）转让无形资产

转让无形资产的计税营业额为转让无形资产所取得的全部收入，包括货币资金、实物和其他经济利益。

1）从事转让土地使用权、商标权、专利权、非专利技术、著作权和商誉等项目，以取得的转让收入额为计税营业额。

2）以无形资产投资入股，参与受资方的利润分配且共同承担投资风险，其无形资产的转让行为不征营业税；但转让该股权时，其股权转让额应作为计税营业额计征营业税。

3）转让无形资产的同时发生的货物销售行为，按规定一并征收营业税。

转让无形资产应纳营业税税额 = 转让无形资产的计税营业额 × 5%

24. 企业为职工提供住房应如何纳税?

答: 企业为职工提供住房，也就是以房屋的形式为职工提供非货币性福利，常见有下列几种方式：以企业自建或外购的房屋奖励给有突出贡献的职工；企业将自有房屋无偿提供给职工使用；企业从外部租赁房屋无偿由职工使用等。

(1) 企业将自建或外购的房屋奖励给职工

有些企业从自身的发展需要考虑将自有房屋无偿奖励给职工。在这种方式下，企业往往与职工签订协议，约定职工为企业服务的年限，职工若在约定年限内离职，房屋由企业收回。

1) 企业应当缴纳营业税。《营业税暂行条例实施细则》规定，单位将不动产无偿赠与他人，视同销售不动产，应当缴纳营业税，计税营业额按同类房产的公允价值计价。该条例同时指出，如果企业确定的计税价格明显偏低而无正当理由的，主管税务机关有权核定其营业额。如果该房产是企业外购的，则在计算缴纳营业税时，按照《财政部国家税务总局关于营业税若干政策问题的通知》(财税 [2003] 16 号)“单位和个人销售或转让其购置的不动产或受让的土地使用权，以全部收入减去不动产或土地使用权的购置或受让原价后的余额为营业额”。

2) 企业应当缴纳企业所得税。《企业所得税法实施条例》第二十五条规定：“企业发生非货币性资产交换，以及将货物、财产、劳务用于捐赠、偿债、赞助、集资、广告、样品、职工福利或者利润分配等用途的，应当视同销售货物、转让财产或者提供劳务，但国务院财政、税务主管部门另有规定的除外。”据此，企业将自有房产无偿奖励给职工，应当缴纳企业所得税。企业所得税计税依据为房屋的公允价值与计税成本之差。对于该房产的净值，应作为“工资、薪金支出”在税前扣除。

3) 职工应当缴纳个人所得税。《个人所得税法实施条例》第八条规定：“税法第二条所说的各项个人所得的范围：(一) 工资、薪金所得，是指个人因任职或者受雇而取得的工资、薪金、奖金、年终加薪、劳动分红、津贴、补贴以及与任职或者受雇有关的其他所得……”第十条规定：“个人所得的形式，包括现金、实物、有价证券和其他形式的经济利益。所得为实物的，应当按照取得的凭证上所注明的价格计算应纳税所得额；无凭证的实物或者凭证上所注明的价格明显偏低的，参照市场价格核定应纳税所得额。所得为有价证券的，根据票面价格和市场价格核定应纳税所得额。所得为其他形式的经济利益的，参照市场价格核定应纳税所得额。”根据上述规定，企业将房屋奖励给职工，职工应按上述规定依“工资、薪金所得”税目缴纳个人所得税，税款由企业代扣代缴。

该项个人所得税的计算，可依据《国家税务总局关于外商投资企业和外国企业以实物向雇员提供福利如何计征个人所得税问题的通知》（国税发［1995］115号）等文件执行：“个人取得实物所得应在取得实物的当月，按照有关凭证上注明的价格或主管税务机关核定的价格并入其工资、薪金所得征税。考虑到个人取得的前述实物价值较高，且所有权是随工作年限逐步取得的，经研究，我局意见，对于个人取得前述实物福利可按企业规定取得该财产所有权需达到的工作年限内（高于五年的按五年计算）平均分月计入工资、薪金所得征收个人所得税。”

（2）企业将自有房屋无偿提供给职工使用

企业将自有房产无偿提供给职工使用的，应当根据受益对象，将该住房每期应计提的折旧计入相关资产成本或当期损益，同时确认应付职工薪酬。会计处理为：借记“管理费用”等科目，贷记“应付职工薪酬”科目，借记“应付职工薪酬”科目，贷记“累计折旧”。

在税务处理上，该房产每期应计提的折旧不应计入相关资产成本或当期损益税前扣除，应作纳税调整。对于职工个人来说，无偿使用企业房产，相当于基于任职或受雇原因而取得的其他形式的经济利益，应当按照公允价格缴纳个人所得税，税款由企业代扣代缴。

（3）企业从外部租赁房屋无偿由职工使用

企业从外部租赁房屋无偿由职工使用，应当根据受益对象，将每期应付的租金计入相关资产成本或当期损益，并确认应付职工薪酬。会计处理为：借记“管理费用”等科目，贷记“应付职工薪酬”科目，借记“应付职工薪酬”科目，贷记“银行存款”。

在税务处理上，租赁住房供职工无偿使用的，每期应付的租金不应计入相关资产成本或当期损益，应作纳税调整。对于职工个人来说，无偿使用企业房产，相当于基于任职或受雇原因而取得的“其他形式的经济利益”，应当按照公允价格缴纳个人所得税，税款由企业代扣代缴。

如果职工以发票形式向企业报销住房租赁费用，在个人所得税的处理上应当区分外籍个人和非外籍个人两种不同情况。国家税务总局《关于外籍个人取得有关补贴免征个人所得税执行问题的通知》（国税发［1997］54号）规定，外籍个人以非现金或实报实销形式取得的住房补贴、伙食补贴等补贴，免征个人所得税。对企业支付给非外籍个人的住房租赁费用，根据《个人所得税法实施条例》第十条的规定，应当并入其当月工资、薪金所得，依法计算扣缴个人所得税。

另外，对企业实报实销的住房租赁费用，如果是合理的支出，在企业所得税方面，根据企业所得税法及实施条例规定，企业发生的合理的工资、薪金支出，是准予在税前扣除的。

25. 受让在建项目开发后再转让的营业税如何处理？

答：甲、乙房地产开发公司联合开发一项在建项目，后乙公司因某些原因将其已立项施工但尚未完工的项目转让给甲公司（双方没有办理立项人和土地使用人更名手续），由甲公司继续修建该项目并将其对外销售，此时的营业税处理为：

根据《财政部、国家税务总局关于营业税若干政策问题的通知》（财税［2003］16号）的规定：单位和个人转让在建项目时，不管是否办理立项人和土地使用人的更名手续，其实质是发生了转让不动产所有权或土地使用权的行为。对转让在建项目行为应按以下办法征收营业税：

1）转让已完成土地前期开发或正在进行土地前期开发，但尚未进入施工阶段的在建项目，按“转让无形资产”税目中“转让土地使用权”项目征收营业税。

2）转让已进入建筑物施工阶段的在建项目，按“销售不动产”税目征收营业税。

因此，乙公司将已经立项建设尚未完工的房产转让给甲公司，虽然没有办理过户手续，但实质上是发生了不动产的转让行为，所以需要按照“销售不动产”缴纳营业税。

该文件还规定，单位和个人销售或转让其购置的不动产或受让的土地使用权，以全部收入减去不动产或土地使用权的购置或受让原价后的余额为营业额。营业额减除项目支付款项发生在境内的，该减除项目支付款项凭证必须是发票或合法有效凭证。

因此，甲公司购入不动产后，继续施工并对外销售，应当按照实际销售额扣除支付给对方房产公司的价款后的余额计缴营业税。

26. 营业税的账务处理是怎样的？

答：（1）提供应税劳务的账务处理

企业提供应税劳务在取得应税收入时，借记“银行存款”、“应收账款”科目，贷记“主营业务收入”科目；计算应缴纳的营业税时，借记“营业税金及附加”科目，贷记“应交税费——应交营业税”科目；实际缴纳营业税时，借记“应交税费——应交营业税”科目，贷记“银行存款”科目。

1）建筑施工业应交营业税的账务处理。建筑安装企业实行转包或分包形式的，由总承包人代扣代缴营业税。总承包人收到承包款项时，借记“银行存款”科目，扣除应支付给分承包人或转包人的部分，贷记“主营业务收入”科目，支付给分包人或转包人的部分，贷记“应付账款”科目。根据扣除后的工程结算收入计算的应交税费，以及应付给分保人或转包人的部分计算的代扣营业税金，分别借记“营业税金及附加”和“应付账款——应付分包款项”科目，贷记“应交税费——应交营业税”科目。

例 1-17：某建筑公司承包一幢住宅楼，总预算 8000000 元，将其中水暖工程分包给甲水暖安装队，分项预算 800000 元。主体工程完工时，公司取得工程收入 6000000 元，按合同应付甲水暖安装队工程结算收入 500000 元，营业税率 3%，其有关的会计分录为：

①建筑公司取得工程收入时：

借：银行存款　　6000000

　　贷：主营业务收入　　5500000

　　　　应付账款　　500000

②建筑公司应交营业税和代扣水暖安装队营业税时：

借：应收账款　　15000

　　贷：其他应付款——应代交营业税　　15000

借：营业税金及附加　　165000

　　贷：应交税费——应交营业税　　165000

③水暖安装队收到公司分项工程付款通知及营业税代扣通知时：

借：应收账款　　500000

　　贷：主营业务收入　　500000

借：营业税金及附加　　15000

　　贷：应交税费——应交营业税　　15000

④水暖安装队收到建筑公司分项工程款 485000 元及 15000 元的代交营业税完税通知时：

借：银行存款　　485000

　　应交税费——应交营业税　　15000

　　贷：应收账款　　500000

2）金融企业委托发放贷款的账务处理。金融企业接受其他企业委托发放贷款，收到委托贷款利息，借记“银行存款”科目，贷记“应付账款——应付委托贷款利息”科目；计算代扣的营业税，借记“应付账款——应付委托贷款利息”科目，贷记“应交税费——应交营业税”科目。代缴营业税时，借记“应交税费——应交营业税”科目，贷记“银行存款”或“财政性存款”等科目。

3）运输业应交营业税的账务处理。从事运输业务的企业，其取得全程运费后，借记“银行存款”科目，对于本企业确认的收入，贷记“主营业务收入”科目，应支付给其他企业的运费，贷记“其他应付款”科目；支付给其他企业运费时，借记“其他应付款”科目，贷记“银行存款”科目；计算应缴纳的营业税时，借记“营业税金及附加”科目，贷记“应交税费——应交营业税”科目。

4）非应税行业提供应税劳务的账务处理。对于非应税行业，如工商企业，在从事主营业务之外，提供应税劳务所获收入，也应缴纳营业税。缴纳的营业税应作为“其他业务成本”处理，即取得劳务收入时，借记“银行存款”、“应收账款”科目，贷记“其他业务收入”科目；计算应交营业税时，借记“其他业务成本”科目，贷记“应交税费——应交营业税”科目；实际缴纳营业税时，借记“应交税费——应交营业税”科目，贷记“银行存款”科目。

（2）转让无形资产的账务处理

企业所拥有的无形资产可以依法出售，出售无形资产实质上是将对无形资产的占有、使用、收益及处置的权利转让给受让方。出售无形资产时，应将所得款项存入银行，按已计提的累计摊销，借记“累计摊销”科目；按应支付的相关税费及其他费用，贷记“应交税费”、“银行存款”等科目；按其账面余额，贷记“无形资产”科目；按其差额，贷记入“营业外收入——处置非流动资产利得”或借记“营业外支出——处置非流动资产损失”科目。

例 1–18：甲公司将某专利的所有权出售给乙公司，该专利的入账价值为 80000 元，累计摊销 6000 元，已计提的无形资产减值准备为 10000 元，转让收入为 100000 元，款项已存入银行。应交的营业税为 5000 元。

甲公司编制会计分录为：

借：银行存款　　　　　　　　100000

　　无形资产减值准备　　　　10000

　　累计摊销　　　　　　　　6000

　　贷：无形资产　　　　　　　　　　80000

应交税费——应交营业税 5000
营业外收入——处置非流动资产利得 31000

(3) 销售不动产的账务处理

销售不动产计算应交的营业税作为固定资产清理支出处理。借记“固定资产清理”等科目，贷记“应交税费——应交营业税”科目。

例 1-19：甲公司出售一座厂房，原始价值 3000000 元，已提折旧 500000 元，该厂房已计提固定资产减值准备 100000 元，支付清理费用 40000 元，出售收入为 2900000 元，营业税税率为 5%。

编制会计分录：

①注销固定资产原值和已提折旧时：

借：固定资产清理 2500000
累计折旧 500000
贷：固定资产 3000000

②结转固定资产减值准备时：

借：固定资产减值准备 100000
贷：固定资产清理 100000

③支付清理费用时：

借：固定资产清理 40000
贷：银行存款 40000

④收回出售价款时：

借：银行存款 2900000
贷：固定资产清理 2900000

⑤计算应缴纳的营业税（2900000 × 5%）：

借：固定资产清理 145000
贷：应交税费——应交营业税 145000

⑥结转固定资产清理后的净收益：

借：固定资产清理 315000
贷：营业外收入 315000

27. 营业税的纳税管理有哪些规定?

答:(1)营业税纳税义务发生的时间

营业税按规定在取得营业收入额、转让额、销售额时缴纳税款。纳税义务的发生时间,主要包括以下几种:

1)营业税的纳税义务发生时间一般为纳税人收讫营业收入款项或者索取营业收入款项凭据的当天。

2)纳税人转让土地使用权或销售不动产,采用预收款方式的,其纳税义务发生时间为收到预收账款的当天。

3)纳税人将不动产无偿赠与他人,其纳税义务发生时间为不动产转移的当天。

4)纳税人将自己新建建筑物销售的,其纳税义务发生时间,为其销售自建建筑物并收讫营业额或取得索取营业额凭证的当天。

5)对俱乐部、交易所或类似的会员制经济、文化、体育组织,在会员入会时收取的会员费、席位费、资格保证金和其他类似费用,其纳税义务发生时间为会员组织收讫上述费用或者取得索取这些费用款项凭据的当天。

6)对建筑业纳税义务发生时间进行了新的规定:

①纳税人提供建筑业应税劳务,施工单位与发包单位签订书面合同,如合同明确规定付款(包括提供原材料、动力和其他物资,不含预收工程价款)日期的,按合同规定的付款日期为纳税义务发生时间;合同未明确付款(同上)日期的,其纳税义务发生时间为纳税人收讫营业收入款项或者取得索取营业收入款项凭据的当天。

②纳税人提供建筑业应税劳务,施工单位与发包单位未签订书面合同的,其纳税义务发生时间为纳税人收讫营业收入款项或者取得索取营业收入款项凭据的当天。

③纳税人自建建筑物,其建筑业应税劳务的纳税义务发生时间为纳税人销售自建建筑物并收讫营业收入款项或取得索取营业收入款项凭据的当天。纳税人将自建建筑物对外赠与,其建筑业应税劳务的纳

税义务发生时间为该建筑物产权转移的当天。

④对预收工程价款，其纳税义务发生时间为工程开工后，主管税务机关根据工程形象进度按月确定纳税义务发生时间。

预收工程价款是指工程项目尚未开工时收到的款项，即只有在工程开工前施工单位收到的款项是预收款，工程开工后收到的款项都应视为结算款项，按规定缴纳营业税。且工程开工前施工单位收到的款项是预收款，在工程开工后也要按形象进度确认营业税纳税义务发生时间。

7）扣缴义务发生时间为扣缴义务人代纳税人收讫营业收入款项或者索取营业收入款项凭据的当天。

具体地说：

1）融资租赁业务，纳税义务发生时间为取得租金收入或取得索取租金收入价款凭据的当天。

2）金融商品转让业务，纳税义务发生时间为金融商品所有权转移的当天。

3）贷款业务。金融企业发放的贷款逾期（含展期）90 天（含 90 天）尚未收回的，纳税义务发生时间为纳税人取得利息收入权利的当天。原有的应收未收贷款利息逾期 90 天以上的，该笔贷款新发生的应收未收利息，其纳税义务发生时间均为实际收到利息的当天。

4）金融经纪业和其他金融业务，纳税义务发生时间为取得营业收入或取得索取营业收入价款凭据的当天。

5）金融企业承办委托贷款业务营业税的扣缴义务发生时间，为受托发放贷款的金融机构代委托人收讫贷款利息的当天。

6）保险业务，纳税义务发生时间为取得保费收入或取得索取保费收入价款凭据的当天。

7）电信部门销售有价电话卡的纳税义务发生时间，为售出电话卡并取得售卡收入或取得索取售卡收入凭据的当天。

（2）营业税的纳税地点

1）纳税人提供应税劳务，应当向应税劳务发生地的主管税务机关申报纳税。纳税人从事运输业务的，应当向其机构所在地主管税务机关申报纳税。

2）纳税人转让土地使用权，应当向土地所在地主管税务机关申报纳税。纳税人转让其他无形资产，应当向其机构所在地的主管税务机关申报纳税。

3）纳税人销售不动产，应向不动产所在地主管税务机关纳税。

4）纳税人提供的应税劳务发生在外县（市），应当向劳务发生地主管税务机关申报纳税而未申报纳税的，由其机构所在地或其居住地主管税务机关补征税款。

具体地说：

1）交通运输业的纳税地点：

①中央铁路运营业务的纳税地点为北京。

②地方合资铁路的纳税地点为合作铁路公司所在地。

③地方铁路公司纳税地点为地方铁路机构所在地。

2）建筑业的纳税地点：

①纳税人承包的工程未跨省、自治区、直辖市的，应向应税劳务发生地即工程所在地主管税务机关申报纳税。

②纳税人承包的工程跨省、市、自治区、直辖市的，向其机构所在地主管税务机关申报纳税。

③纳税人承包本省、自治区、直辖市范围内的跨县（市）工程的，其纳税地点有省、自治区、直辖市人民政府所属税务机关确定。

3）扣缴义务人应当向其机构所在地主管税务机关申报其扣缴的营业税税款。

（3）纳税期限

营业税的纳税期限，由主管税务机关根据纳税人应纳税额的大小分别核定为 5 日、10 日、15 日或者 1 个月；金融业（不包括典当业）的纳税期限为 1 个季度；保险业的纳税期限为 1 个月。不能按固定期限纳税的，可以按次纳税。

纳税人以 1 个月为一期纳税的，自期满后 10 日内申报纳税；以 5 日、10 日、15 日为一期纳税的，自期满后 5 日内预交税款，于次月 1 日起 10 日内申报纳税并结清上月应纳税款。

扣缴义务人的解缴税款期限，比照上述规定执行。

28. 什么是消费税？消费税具有哪些特点？

答：消费税是对我国境内从事生产、委托加工应税消费品的单位和个人就其应税消费品的销售额或销售数量征收的一种税。消费税是对特定消费品、消费行为征税的一种流转税。与其他税种相比，消费税主要有以下几个特点：

1）征收范围具有选择性。消费税只选择了一部分消费品和消费行为征收。

2）征收环节具有单一性。消费税只对消费品的生产、流通或消费的某一环节征收，避免重复征税。

3）税率和税额的差别性。消费税的税率、税额根据征收对象的种类、档次以及价格和市场供求状况设计了高低不同的档次，充分体现了国家消费政策和产业政策。

4）税负具有转嫁性。消费税是对特定的消费品和消费行为征收的一种间接税，无论在哪个环节征收，消费品中所含的消费税额都要转嫁到消费者身上，具有明显的转嫁性。

5）征收方法具有灵活性。根据征税对象的不同，采用了不同的征收方法。如对价格差异大，供求矛盾突出，计量单位不规范的，采用比例税率从价计征；而对计量单位规范的，供求基本平衡，价格差异不大的采用从量计征。

29. 消费税的纳税人包括哪些？

答：消费税的纳税人是指在我国境内生产、委托加工和进口本条例规定的消费品的单位和个人，为消费税的纳税义务人。这里的“单位”是指国有企业、集体企业、私有企业、股份制企业、其他企业和行政单位、事业单位、军事单位、社会团体和其他单位；“个人”是指个体经营者和其他个人；在我国境内，是指生产、委托加工、进口属于应税消费品的起运地或所在地在我国境内。具体说，消费税的纳税人有四种类型：

1）生产应税消费品的单位和个人，以生产并销售应税消费品的单位和个人为纳税人。

2）委托加工应税消费品的单位和个人，以受托单位和个人为代扣代缴义务人。

3）自产自用应税消费品的单位和个人，以生产并自用应税消费品的单位和个人为纳税人。

4）进口应税消费品的单位和个人，以进口应税消费品的报关单位和个人为纳税人。

30. 消费税的税目、税率和征收范围包括哪些方面?

答：现行消费税征收的范围，是根据我国经济发展状况、产业政策、消费政策以及人民消费水平和消费结构以及国家财政的需要，并借鉴了国外成功经验和通行惯例而确定的。消费税暂行条例共设置了十四个税目，大体可划为五类：

第一类：特殊消费品。这些消费品若消费过度会危害人类健康、社会秩序和生态环境，如烟、酒、鞭炮、焰火等。

第二类：非生活必需的奢侈品。这类消费品系非生活所必需，生产原料又稀有昂贵，主要有金银首饰、珠宝玉石、化妆品等。

第三类：不可再生和替代的稀缺资源消费品，如汽油、柴油等。

第四类：高档且又高能耗的消费品。这类消费品如小汽车、摩托车等。

第五类：税基宽广、消费普遍、征税后不影响居民基本生活并具有一定财政意义的消费品，如汽车轮胎等。

(1) 消费税的税目及征收范围

消费税的税目是按照消费税的征收范围的选择而设置的，共设置了14个税目，采取了列举法和概括法的方法。

1）烟。凡是以烟叶为原料加工生产的产品，不论使用何种辅料，均属于本税目的征收范围，包括卷烟（进口卷烟、白包卷烟、手工卷烟和未经国务院批准纳入计划的企业及个人生产的卷烟）、雪茄烟和烟丝。

关于卷烟的征收范围，按照以下规定办理：

①纳税人销售的卷烟因价格放开经常发生上下浮动的，应以该牌号规格卷烟当月的加权平均销售价格确定征税类别和适用税率。但有以下情况之一的，不得列入加权平均计算：销售价格明显偏低而无正当理由的；无销售价格的。

在实际执行中，月初可按上月或者离销售当月最近月份的征税类别和适用税率预缴税款，月份终了再按实际销售价格确定征税类别和适用税率，并结算应纳税额。

②卷烟由于安装过滤嘴，改变包装或其他原因提高售价后，应按新的销售价格确定征税类别和适用税率。

③纳税人自产自用的卷烟应当按照纳税人生产的同牌号规格的卷烟销售价格确定征税类别和适用税率。没有同牌号卷烟销售价格的，一律依45%的最高税率征税。

④委托加工的卷烟按照受托方同牌号规格卷烟的征税类别和适用税率征税。没有同牌号规格卷烟的，一律依45%的最高税率征税。

⑤次品卷烟应按照同牌号规格正品卷烟的征税率征税。

⑥属于进口卷烟、白包卷烟、手工卷烟以及未经国务院批准纳入计划的企业和个人生产的卷烟，不分类别一律依45%的税率征税。

对出口卷烟按照以下税收政策办理：

自2008年1月1日起：

①卷烟出口企业购进卷烟出口的，卷烟生产企业将卷烟销售给出口企业时，免征增值税、消费税，出口卷烟的增值税进项税额不得抵扣。

②有出口经营权的卷烟生产企业按出口计划直接出口自产卷烟，免征增值税、消费税，出口卷烟的增值税进项税额不得抵扣。

③卷烟生产企业委托卷烟出口企业按出口计划出口自产卷烟，在委托出口环节免征增值税、消费税，出口卷烟的增值税进项税额不得

抵扣。

2）酒及酒精。酒是指酒精度在1度以上的各种酒类饮料。酒精是指用蒸馏或合成方法生产的酒精度在95度以上的无色透明液体。酒包括粮食白酒、薯类白酒、黄酒、啤酒、果啤和其他酒。酒精包括各种工业酒精、医用酒精和食用酒精。

关于酒的征收范围，按照以下规定办理：

①外购酒精生产的白酒，应按酒精所用原料确定白酒的适用税率。凡酒精原料无法确定的，一律按照粮食白酒的税率征收。

②外购两种以上酒精生产的白酒，一律从高确定税率征收。

③以外购白酒加浆降度，或外购散酒装瓶出售，以及外购白酒以曲香、香脂调香调味的白酒，按照外购白酒所用原料确定适用税率。凡白酒所用原料无法确定的，一律按照粮食白酒的税率征税。

④以外购的不同品种白酒勾兑的白酒，一律按粮食白酒的税率征税。

⑤对用粮食和薯类、糠麸等多种原料混合生产的白酒，以粮食白酒为酒基的配置酒、泡制酒，以白酒或酒精为酒基，凡酒基所用原料无法确定的配置酒、泡制酒，一律按照粮食白酒的税率征税。

⑥对用薯类和粮食以外的其他原料混合生产的白酒，一律按照薯类白酒的税率征税。

⑦对饮食业、商业、娱乐业举办的啤酒屋（啤酒坊）利用啤酒生产设备生产的啤酒应当征收消费税。

3）化妆品。本税目征收范围包括各类美容、修饰类化妆品、高档护肤类化妆品和成套化妆品。

美容、修饰类化妆品是指香水、香水精、香粉、口红、指甲油、胭脂、眉笔、唇笔、蓝眼油、眼睫毛以及成套化妆品。

舞台、戏剧、影视演员化妆用的上妆油、卸装油、油彩，不属于本税目的征收范围。

高档护肤类化妆品征收范围另行制定。

4）贵重首饰及珠宝玉石。包括：凡以金、银、白金、宝石、珍珠、钻石、翡翠、珊瑚、玛瑙等高贵稀有物质以及其他金属、人造宝石等制作的各种纯金银首饰及镶嵌首饰和经采掘、打磨、加工的各种珠宝玉石。对出国人员免税商店销售的金银首饰征收消费税。

5）鞭炮、焰火。包括各种鞭炮、焰火。体育上用的发令纸、鞭炮药引线，不按本税目征收。

6）成品油。本税目包括汽油、柴油、石脑油、溶剂油、航空煤油、润滑油、燃料油七个子目。

7）小汽车。汽车是指由动力驱动，具有四个或四个以上车轮的非轨道承载的车辆。

本税目征收范围包括含驾驶员座位在内最多不超过 9 个座位（含）的，在设计和技术特性上用于载运乘客和货物的各类乘用车和含驾驶员座位在内的座位数在 10~23 座（含 23 座）的在设计和技术特性上用于载运乘客和货物的各类中轻型商用客车。

用排气量小于 1.5 升（含）的乘用车底盘（车架）改装、改制的车辆属于乘用车征收范围。用排气量大于 1.5 升的乘用车底盘（车架）或用中轻型商用客车底盘（车架）改装、改制的车辆属于中轻型商用客车征收范围。

含驾驶员人数（额定载客）为区间值的（如 8~10 人；17~26 人）小汽车，按其区间值下限人数确定征收范围。

电动汽车不属于本税目征收范围。

8）高尔夫球及球具。高尔夫球及球具是指从事高尔夫球运动所需的各种专用装备，包括高尔夫球、高尔夫球杆及高尔夫球包（袋）等。

高尔夫球是指重量不超过 45.93 克、直径不超过 42.67 毫米的高尔夫球运动比赛、练习用球；高尔夫球杆是指被设计用来打高尔夫球的工具，由杆头、杆身和握把三部分组成；高尔夫球包（袋）是指专用于盛装高尔夫球及球杆的包（袋）。

本税目征收范围包括高尔夫球、高尔夫球杆、高尔夫球包（袋）。高尔夫球杆的杆头、杆身和握把属于本税目的征收范围。

9）汽车轮胎。包括的汽车轮胎是指用于各种汽车、挂车、专用车和其他机动车上的内、外轮胎。不包括农用拖拉机、收割机、手扶拖拉机的专用轮胎。自 2001 年 1 月 1 日起，子午线轮胎免征消费税，翻新轮胎停止征收消费税。

10）摩托车。包括轻便摩托车和摩托车两种。对最大设计车速不超过 50km/h，发动机气缸总工作容量不超过 50ml 的三轮摩托车不征收消费税。

11）高档手表。高档手表是指销售价格（不含增值税）每只在 10000 元（含）以上的各类手表。

本税目征收范围包括符合以上标准的各类手表。

12）游艇。游艇是指长度大于 8 米小于 90 米，船体由玻璃钢、钢、铝合金、塑料等多种材料制作，可以在水上移动的水上浮载体。按照动力划分，游艇分为无动力艇、帆艇和机动艇。

本税目征收范围包括艇身长度大于 8 米（含）小于 90 米（含），内置发动机，可以在水上移动，一般为私人或团体购置，主要用于水上运动和休闲娱乐等非牟利活动的各类机动艇。

13）木制一次性筷子。木制一次性筷子，又称卫生筷子，是指以木材为原料经过锯段、浸泡、旋切、刨切、烘干、筛选、打磨、倒角、包装等环节加工而成的各类一次性使用的筷子。

本税目征收范围包括各种规格的木制一次性筷子。未经打磨、倒角的木制一次性筷子属于本税目征税范围。

14）实木地板。实木地板是指以木材为原料，经锯割、干燥、刨光、截断、开榫、涂漆等工序加工而成的块状或条状的地面装饰材料。实木地板按生产工艺不同，可分为独板（块）实木地板、实木指接地板、实木复合地板三类；按表面处理状态不同，可分为未涂饰地板（白坯板、素板）和漆饰地板两类。

本税目征收范围包括各类规格的实木地板、实木指接地板、实木复合地板及用于装饰墙壁、天棚的侧端面为榫、槽的实木装饰板。未经涂饰的素板属于本税目征税范围。

（2）税率

消费税的税率设计采取比例税率和定额税率两种形式。对一些供求基本平衡，价格差异不大，计量单位规范的消费品，选择定额税率；对供求矛盾突出，价格差异较大，计量单位不规范的消费品，选择比例税率；对烟、粮食白酒、薯类白酒实行定额税率和比例税率复合征收。

消费税的具体税率（税额）如表 1-2 所示。

需要注意以下几点：

（1）关于若干油品的征税范围

1）重整生成油、拔头油、戊烷原料油、轻裂解料（减压柴油 VGO 和常压柴油 AGO）、重裂解料、加氢裂化尾油、芳烃抽余油均属轻质油，根据《汽油、柴油消费税征收范围注释的通知》（以下简称《通知》）石脑油征收范围的注释，属于石脑油征收范围。

2）蜡油、船用重油、常压重油、减压重油、180CTS 燃料油、7 号燃料油、糠醛油、工业燃料、4-6 号燃料油等油品的主要用途是作为燃料燃烧，根据《通知》关于燃料油征收范围注释，属于燃料油征收范围。

3）橡胶填充油、溶剂油原料，根据《通知》关于溶剂油征收范围的注释，属于溶剂油征收范围。

4）以植物性、动物性和矿物性基础油（或矿物性润滑油）混合掺配而成的"混合性"润滑油，不论矿物性基础油（或矿物性润滑油）所占比例高低，均属润滑油的征税范围。

（2）关于沙滩车等车辆的征税范围

沙滩车、雪地车、卡丁车、高尔夫车不属于消费税征收范围，不征收消费税。

（3）关于中轻型商用客车和征税范围

车身长度大于 7 米（含），并且座位在 10~23 座（含）以下的商用客车，不属于中轻型商用客车征税范围，不征收消费税。

应税消费品与非应税消费品以及适用不同税率的应税消费品组合制品出售，应按组合该制品的销售金额和组合中的各种应税消费品的最高适用税率计算应纳税额。

表 1–2 消费税税目、税率（税额）表

税 目	征收范围	计税单位	税率或税额
一、烟			
1. 卷烟定额税率		每标准箱（50000 支）	150 元
比例税率		每标准条（200 支）对外调拨价格在 50 元（含）以上的	45%
		每标准条对外调拨价格在 50 元以下的	30%
2. 雪茄烟			25%
3. 烟丝			30%
二、酒及酒精			
1. 粮食白酒定额税率		每 500 克	0.5 元
比例税率			20%
2. 薯类白酒定额税率		每 500 克	0.5 元
比例税率			20%
3. 黄酒		吨	240 元
4. 啤酒		每吨出厂价格（含包装物及包装物押金）在 3000 元以上的	250 元
		每吨出厂价格（含包装物及包装物押金）在 3000 元以下的	220 元
		娱乐业和饮食业自制的每吨	250 元
5. 其他酒			10%
6. 酒精			5%
三、化妆品	包括成套化妆品		30%
四、贵重首饰及珠宝玉石	包括各种金、银、珠宝首饰及珠宝玉石		生产环节10% 零售环节 5%
五、鞭炮、焰火			15%
六、成品油			

续表

税目	征收范围	计税单位	税率或税额
1. 汽油（无铅）		升	0.2 元
汽油（含铅）		升	0.28 元
2. 柴油		升	0.1 元
3. 石脑油		升	0.2 元
4. 溶剂油		升	0.2 元
5. 润滑油		升	0.2 元
6. 燃料油		升	0.1 元
7. 航空煤油		升	0.1 元
七、小汽车			
1. 乘用车			
气缸容量（排气量，下同）在 1.5 升（含）以下的			3%
气缸容量在 1.5 升以上至 2.0 升（含）的			5%
气缸容量在 2.0 升以上至 2.5 升（含）的			9%
气缸容量在 2.5 升以上至 3.0 升（含）的			12%
气缸容量在 3.0 升以上至 4.0 升（含）的			15%
气缸容量在 4.0 升以上的			20%
2. 中轻型商用客车			5%
八、高尔夫球及球具			10%
九、汽车轮胎			3%
十、摩托车			
气缸容量在 250 毫升（含）以下的			3%
气缸容量在 250 毫升以上的			10%
十一、高档手表			20%
十二、游艇			10%
十三、木制一次性筷子			5%
十四、实木地板			5%

31. 从量定额计征的应纳税额是如何确定的?

答: 在从量定额计算方法下，应纳税额的计算取决于应税消费品的销售数量和单位税额两个因素。其计算公式为:

应纳税额 = 应税消费品的销售数量 × 单位税额

(1) 销售数量的确定

销售数量是指纳税人生产、加工和进口应税消费品的数量。具体规定为:

1) 销售应税消费品的，为应税消费品的销售数量。

2) 自产自用应税消费品的，为应税消费品的移送使用数量。

3) 委托加工应税消费品的，为纳税人收回的应税消费品数量。

4) 进口的应税消费品，为海关核定的应税消费品进口征税数量。

(2) 计量单位的换算标准

《消费税暂行条例》和《财政部国家税务总局关于调整和完善消费税政策的通知》规定，黄酒、啤酒是以吨为税额单位；汽油、柴油是以升为税额单位的。为了规范不同产品的计量单位，以准确计算应纳税额，吨与升两个计量单位的换算标准为:

啤酒 1 吨 = 988 升
黄酒 1 吨 = 962 升
汽油 1 吨 = 1388 升
柴油 1 吨 = 1176 升
航空煤油 1 吨 = 1246 升
石脑油 1 吨 = 1385 升
溶剂油 1 吨 = 1282 升
润滑油 1 吨 = 1126 升
燃料油 1 吨 = 1015 升

32. 从价定率计征的应纳税额是如何确定的?

答: 在从价定率计算方法下，应纳税额的计算取决于应税消费品的销售额和适用税率两个因素。其基本计算公式为:

应纳税额 = 应税消费品的销售额 × 适用税率

（1）销售额的确定

销售额是指纳税人销售应税消费品向购买方收取的全部价款和价外费用。所谓价外费用是指在价格以外向购买方收取的手续费、补贴、基金、集资费、返还利润、奖励费、违约金（延期付款利息）、包装费、包装租金、储备费、优质费、运输装卸费、代收款项、代垫款项及其他各种性质的价外费用。但下列款项不包括在内：承运部门的运费发票开具给购货方的；纳税人将该项发票转交给购货方的。其他价外费用，无论是否属于纳税人的收入，均应并入销售额计算征税。

销售额的确定需注意下列问题：

1）纳税人销售卷烟或粮食白酒，计税价格显著低于产地市场零售价的，应由主管税务机关逐级上报核实计税价格，按税务总局核定的计税价格作为计税依据。

2）纳税人销售的应税消费品，以外汇结算销售额的，应当按外汇市场价格折合成人民币计算应纳税额。其销售额的人民币折合率可以选择结算的当天或者当月 1 日的国家外汇牌价（原则上为中间价）。纳税人应在事先确定采取何种折合率，确定后 1 年内不得变更。

3）纳税人用于换取生产资料和消费资料，投资人入股或抵偿债务等方面的应税消费品，应当以纳税人同类消费品最高售价作为计税依据计算消费税。

4）纳税人通过自设非独立核算门市部销售的自产应税消费品，应当按门市部对外销售额或销售数量征收消费税。

（2）含增值税销售额的换算

销售额不包括向购买方收取的增值税款。如果纳税人应税消费品的销售额中未扣除增值税款或者因不得开具增值税专用发票而发生价款和增值税税款合并收取的，在计算消费税时，应当换算为不含增值税税款的销售额。其公式为：

$$\text{应税消费品销售额} = \frac{\text{含增值税税款的销售额}}{1 + \text{增值税税率或征收率}}$$

上述公式中，如果消费税纳税人向购货方开具的是增值税专用发票，则按该产品适用的增值税税率（所有应税消费品都适用 17%税率）进行换算；如果不能向购货方开具增值税专用发票，则按照 6%或 4%的征收率进行换算。

（3）核定应税消费品计税价格的权限

纳税人的计税价格无正当理由又明显偏低的，税务机关有权核定其计税价格，并以核定后的计税价格作为计税额计算应纳税金。暂行条例对核定应税消费品的计税价格规定的权限如下：

1）卷烟和粮食白酒的计税价格由国家税务总局规定。

2）其他应税消费品的计税价格由国家税务总局所属的税务分局核定。

3）进口的应税消费品的计税价格由海关核定。

33. 从价定率和从量定额混合计算方法的应纳税额是如何确定的？

答：现行消费税的征税范围中，只有卷烟、粮食白酒、薯类白酒采用混合计算方法。其基本计算公式为：

应纳税额 = 应税销售数量 × 定额税率 + 应税销售额 × 比例税率

粮食白酒、薯类白酒从量定额计税依据为实际销售商品重量，如果实际销售商品是按体积标注计量单位的，应按 500 毫升为 1 斤换算，不得按酒度折算。

进口、委托加工、自产自用卷烟、粮食白酒、薯类白酒从量定额计税依据分别为海关核定的进口征税数量、委托方收回数量、移送使用数量。

需要注意的是：

1）卷烟从价定率计税方法的计税依据为调拨价或核定价格。调拨价格是指卷烟生产企业通过卷烟交易市场与购货方签订的卷烟交易价格。计税调拨价格由国家税务总局按照中国烟草交易中心和各省烟草交易会 2000 年各牌号、规格卷烟的调拨价格确定。核定价格是指由税务机关按其零售价倒算一定比例的办法核定计税价格。核定价格的计算公式为：

某牌号规格卷烟核定价格 = 该牌号规格卷烟市场零售价格 ÷（1 + 35%）

2）实际销售价格高于计税价格和核定价格的卷烟，按实际销售价格征收消费税；实际销售价格低于计税价格和核定价格的卷烟，按计税价格或核定价格征收消费税。

3）非标准条包装卷烟应当折算成标准条包装卷烟的数量，依其实际销售收入计算确定其折算成标准条包装后的实际销售价格，并确定适用的比例税率。

34. 外购应税消费品已纳税款允许扣除吗？

答： 由于某些应税消费品是用外购已缴纳消费税的应税消费品连续生产出来的，在对这些连续生产出来的应税消费品计算征税时，税法规定应按当期生产领用数量计算准予扣除外购的应税消费品已纳的消费税税款。扣除范围包括：

（1）准予扣除外购应税消费品已交的消费税税款

按规定，下列应税消费品准予扣除外购应税消费品已交的消费税税款：

1）外购已税烟丝生产的卷烟。

2）外购已税化妆品生产的化妆品。

3）外购已税珠宝玉石生产的贵重首饰及珠宝玉石。

4）外购已税鞭炮焰火生产的鞭炮焰火。

5）外购已税汽车轮胎生产的汽车轮胎。

6）外购已税摩托车生产的摩托车（如用外购两轮摩托车改装的三轮摩托车）。

（2）准予从应纳税额中扣除原料已纳消费税税款

按照规定，下列应税消费品准予从应纳税额中扣除原料已纳消费税税款：

1）以外购或委托加工收回的已税杆头、杆身和握把为原料生产的高尔夫球杆。

2）以外购或委托加工收回的已税木制一次性筷子为原料生产的木制一次性筷子。

3）以外购或委托加工收回的已税实木地板为原料生产的实木地板。

4）以外购或委托加工收回的已税石脑油为原料生产的应税消费品。

5）以外购或委托加工收回的已税润滑油为原料生产的润滑油。

上述当期准予扣除外购应税消费品已纳消费税税款的计算公式为：

当期准予扣除的外购应税消费品已纳税款＝当期准予扣除的外购应税消费品买价×外购应税消费品的适用税率

当期准予扣除外购应税消费品买价＝期初库存的外购应税消费品买价＋当期购进应税消费品的买价－期末库存应税消费品的买价

外购已税消费品的买价是指购货发票上注明的销售额（不包含增值税税款）。

需要说明的是，纳税人用外购的已税珠宝玉石生产的改在零售环节征收消费税的金银首饰（镶嵌首饰），在计税时一律不得扣除外购珠宝玉石的已纳税款。

对自己不生产应税消费品，而是购进后再销售应税消费品的工业企业，其销售的化妆品、鞭炮焰火和珠宝玉石，凡不能构成最终消费品直接进入消费品市场，而需进一步生产加工的，应当征收消费税，同时允许扣除上述外购应税消费品的已纳税款。

允许扣除已纳税款的应税消费品只限于从工业企业购进的应税消费品和进口环节已缴纳消费税的应税消费品，对从境内商业企业购进应税消费品的已纳税款一律不可扣除。

35. 委托加工应税消费品应纳税额应怎样计算？

答：委托加工的应税消费品，是指由委托方提供原料和主要材料，受托方只收取加工费或代垫部分辅助材料加工的应税消费品。对于受托方提供原材料生产的应税消费品或者受托方先将原材料卖给委托方，然后再接受加工的应税消费品，不论纳税人在财务上是否作销售处理都不得作为委托加工应税消费品，而应按销售自制应税消费品缴纳消费税。

委托加工的应税消费品，由受托方向委托方交货时代收代缴消费税。委托加工的应税消费品直接销售的不再征收消费税。消费税暂行条例规定，委托加工的应税消费品，按照受托方同类消费品的销售价格作为计税额，没有同类消费品销售价格的，以组成计税价格作为计税额。公式如下：

$$组成计税价格 = \frac{材料成本 + 加工费}{1 - 消费税税率}$$

应纳税额 = 组成计税价格 × 适用税率

这里：

1）同类消费品销售价格是指代收代缴义务人当月销售的同类消费品的销售价格，如果当月同类消费品各期销售价格高低不同，应按销售数量加权平均计算。

如果当月无销售或当月未完结，应按同类消费品上月或最近月份的销售价格计算纳税。

2）材料成本是指委托方提供加工材料的实际成本。其材料实际成本必须在委托加工合同中注明，凡未提供材料成本的，受托方所在地税务机关有权核定其材料成本。

3）加工费是指受托方加工应税消费品收取的全部费用。包括代垫辅助材料的实际成本以及收取的加工费等。

36. 自产自用应税消费品应纳税额应怎样计算？

答：纳税人自产自用的应税消费品，用于连续生产应税消费品的不纳税，即作为最终应税消费品的直接材料并构成最终产品实体的应税消费品不纳税。除此之外，用于其他方面的应税消费品应纳消费税。包括用于生产非应税消费品和在建工程、管理部门、其他非生产机构、提供劳务，以及用于馈赠、赞助、集资、广告、样品、职工福利、奖励等非生产方面，虽然没有取得销售收入，从性质上仍视同销售，予以征税。计税额按纳税人生产同类消费品的销售价格计算；没有销售价格的，按组成计税价格计算，其计算公式为：

$$组成计税价格 = \frac{成本 + 利润}{1 - 消费税税率}$$

应纳税额 = 组成计税价格 × 适用税率

这里：

1）同类消费品的销售价格是指纳税人当月销售的同类消费品的销售价格。如果当月同类消费品各期销售价格高低不同，应按销售数量加权平均计算。

如果当月无销售或当月未完结的，应按照同类消费品上月或最近月份的销售价格计算纳税。

2）成本是指应税消费品产品的生产成本，利润是根据应税消费品的全国平均利润率计算的利润。国家税务总局规定的平均成本利润率如表 1–3 所示。

表 1–3 应税消费品平均成本利润率明细表

应税消费品	平均成本利润率（%）	应税消费品	平均成本利润率（%）
卷烟	10	游艇	10
雪茄烟	5	木质一次性筷子	5
烟丝	5	实木地板	5
粮食白酒	10	乘用车	8
薯类白酒	5	中轻型商用客车	5
酒精及其他酒	5	鞭炮焰火	5
化妆品	5	贵重首饰及珠宝玉石	6
高尔夫球及球具	10	汽车轮胎	5
高档手表	20	摩托车	6

37. 进口应税消费品应纳税额应怎样计算？

答： 进口应税消费品消费税的纳税义务人为进口或代理进口应税消费品的单位和个人。

进口应税消费品以进口商品总值为课税对象。这是因为应税消费品报关进口后，还没有实现销售，不可能根据实际销售收入征税；如果以到岸价格为征税对象，就会使进口应税消费品与国内生产的同种应税消费品的征税依据不一致。所以，以进口商品总值为课税对象，可以使进口应税消费品与国内生产的同种应税消费品的征税依据一致，税负基本平衡，从而有利于防止盲目进口，保护国内经济的发展。

（1）进口一般应税消费品应纳税额的计算

1）进口的应税消费品，实行从价定率办法计算应纳税额的，按照组成计税价格计算纳税。

组成计税价格计算公式：

组成计税价格 =（关税完税价格 + 关税）÷（1 – 消费税税率）

应纳税额计算公式为：

应纳税额 = 组成计税价格 × 消费税税率

2）进口的应税消费品，实行从量定额办法计算应纳税额的，其应纳税额的计算公式为：

应纳税额 = 应税消费品数量 × 消费税单位税额

其中，进口的应税消费品数量，为海关核定的应税消费品进口征税数量。

3）实行从价定率和从量定额混合征收办法的，其应纳税额的计算公式为：

应纳税额 = 组成计税价格 × 消费税税率 + 应税消费品数量 × 消费税单位税额

（2）进口卷烟应纳消费税的计算

计算进口卷烟消费税组成计税价格和应纳消费税税额为：

1）进口卷烟消费税组成计税价格 =（关税完税价格 + 关税 + 消费税定额税）÷（1 – 进口卷烟消费税适用比例税率）。

2）应纳消费税税额 = 进口卷烟消费税组成计税价格 × 进口卷烟消费税适用比例税率 + 消费税定额税。

其中，消费税定额税 = 海关核定的进口卷烟数量 × 消费税定额税率，消费税定额税率为每标准箱（50000 支）150 元。

税法规定进口的应税消费品，于报关进口时缴纳消费税，其消费税由海关代为征缴。进口的应税消费品，由进口人或者其代理人向报关地海关申报纳税。纳税人进口应税消费品，应当自海关填发税款缴纳证的次日起15日内缴纳税款。

38. 出口应税消费品退（免）税有哪些规定？

答：纳税人出口应税消费品与已纳增值税出口货物一样，国家都是给予退（免）税优惠的。出口应税消费品同时涉及退（免）税增值税和消费税，且退（免）消费税与出口货物退（免）增值税在退（免）税范围的限定、退（免）税办理程序、退（免）税审核及管理上都有许多一致的地方。

税法规定，对于出口应税消费品，免征消费税；国务院另有规定的除外（国家限制出口的应税消费品）。

（1）出口退税率的规定

计算出口应税消费品应退消费税的税率或单位税额，依据《消费税暂行条例》所附《消费税税目税率（税额）表》执行。这是退（免）消费税与退（免）增值税的一个重要区别。当出口的货物是应税消费品时，其退还增值税要按规定的退税率计算；其退还消费税则是按应税消费品所使用的消费税税率计算。企业应将不同消费税税率的出口应税消费品分开核算和申报，凡划分不清适用税率的，一律从低适用税率计算应退消费税税额。

（2）出口应税消费品退（免）税政策

出口应税消费品退（免）消费税在政策上分为以下三种情况：

1）出口免税并退税。适用这个政策的是：由出口经营权的外贸企业购进应税消费品直接出口，以及外贸企业受其他外贸企业委托代理出口应税消费品。这里需要重申的是，外贸企业只有受其他外贸企业委托，代理出口应税消费品才可办理退税，外贸企业受其他企业委托，代理出口应税消费品是不予退（免）税的。这与增值税的出口退（免）税政策规定一样。

2）出口免税不退税。由出口经营权的生产性企业自营出口或生产企业委托外贸企业代理出口自产的应税消费品，依据其实际出口数量免征消费税，不予办理退还消费税。这里，免征消费税是指对生产性企业按其实际出口数量免征生产环节的消费税。不予办理退还消费税，是指因已免征生产环节的消费税，该应税消费品出口时，已经不含消费税，因而也无须办理退还消费税了。这项政策规定与生产性企业自营出口或委托代理出口自产货物退免增值税的规定是不一样的。其政策区别的原因是，消费税仅在生产企业的生产环节征收，生产环节免税了，出口的应税消费品就不含有消费税了；而增值税却在货物销售的各个环节征收，生产企业出口货物时，其已缴纳的增值税就须退还。

3）出口不予免税不退税。除生产企业、外贸企业外的其他企业，具体是指一般商贸企业，这类企业委托外贸企业代理出口应税消费品一律不予退（免）税。

（3）出口应税消费品退税额的计算

外贸企业从生产企业购进货物直接出口或受其他外贸企业委托代理出口应税消费品的应退消费税税款，分两种情况处理：

1）属于从价定率计征消费税的应税消费品，应依照外贸企业从工厂购进货物时征收消费税的价格计算应退消费税税款，其退税公式为：

应退消费税税款 = 出口货物的工厂销售额 × 税率

公式中的“销售额”为不含增值税的销售额，如果是含增值税销售额，应换算为不含增值税销售额。

2）属于从量定额计算消费税的应税消费品，应以货物购进和报关出口的数量计算应退消费税税款，其退税公式为：

应退消费税税款 = 出口数量 × 单位数额

（4）出口应税消费品办理退（免）税后的管理

出口的应税消费品办理退税后，发生退关，或者国外退货进口时予以免税的，报关出口者必须及时向其所在地主管税务机关申报补缴已退的消费税税款。

纳税人直接出口的应税消费品办理免税后，发生退关或国外退货进口时已予以免税的，经所在地主管税务机关批准，可暂不办理补税，待其转为国内销售时，再向其主管税务机关申报补缴消费税。

（5）在消费税应纳税额的计算中，需要注意以下几点

1）以外购或委托加工收回石脑油为原料生产乙烯或其他化工产品，在同一生产过程中既可以生产出乙烯或其他化工产品等非应税消费品，同时又生产出裂解汽油等应税消费品的，外购或委托加工收回石脑油允许抵扣的已纳税款计算公式如下：

当期准予扣除外购石脑油已纳税款＝当期准予扣除外购石脑油数量×收率×单位税额×30%

其中：

收率＝当期应税消费品产出量÷生产当期应税消费品所有原料投入数量×100%

当期准予扣除的委托加工成品油已纳税款＝当期准予扣除的委托加工石脑油已纳税款×收率

其中：

收率＝当期应税消费品产出量÷生产当期应税消费品所有原料投入数量×100%

2）对当期投入生产的原材料可抵扣的已纳消费税大于当期应纳消费税情形的，在目前消费税纳税申报表未增加上期留抵消费税填报栏目的情况下，采用按当期应纳消费税的数额申报抵扣，不足抵扣部分结转下一期申报抵扣的方式处理。

39. 金银首饰的消费税政策主要包括哪些内容？

答：（1）纳税义务人、纳税范围及适用税率

1）纳税义务人。在我国境内从事金银首饰零售业务的单位和个人，为金银首饰消费税的纳税人。委托加工（另有规定者除外）、委托代销金银首饰的，受托方是纳税人。

2）纳税范围。

①金银首饰的征税范围具有严格的规定，仅限于金、银和金基、银基合金首饰，以及金、银和金基、银基合金的镶嵌首饰。

②不属于上述范围的应征消费税的首饰，如镀金（银）、包金（银）首饰，以及镀金（银）、包金（银）的镶嵌首饰，仍在生产销售环节征收消费税。

③对既销售金银首饰，又销售非金银首饰的生产、经营单位，应将两类商品划分清楚，分别核算销售额。凡划分不清楚或不能分别核算的，在生产环节销售的，一律从高适用税率征收消费税；在零售环节销售的，一律按金银首饰征收消费税。

④金银首饰与其他产品组成成套消费品销售的，应按销售额全额征收消费税。

3）适用税率。由生产销售环节征收改为零售环节征收消费税的金银首饰，适用消费税税率为5%。

（2）应纳税额的计算

金银首饰应纳税额的计算比较简单，其计税依据也是不含增值税的销售额，有同类金银首饰的销售价格的，按其确定计税依据征收消费税；没有同类金银首饰销售价格的，按照组成计税价格计算纳税。

1）计税依据的确定。

①纳税人销售金银首饰，其计税依据为不含增值税的销售额。如果纳税人销售金银首饰的销售额中未扣除增值税税款，在计算消费税时，应换算为不含增值税税款的销售额：

金银首饰的销售额 = 含增值税的销售额 ÷（1 + 增值税税率或征收率）

②金银首饰连同包装物销售的，无论包装是否单独计价，也无论会计上如何核算，均应并入金银首饰的销售额，计征消费税。

③带料加工的金银首饰，应按受托方销售同类金银首饰的销售价格确定计税依据征收消费税；没有同类金银首饰销售价格的，按照组成计税价格计算纳税。组成计税价格的计算公式为：

组成计税价格 =（材料成本 + 加工费）÷（1 − 金银首饰消费税税率）

④纳税人采用以旧换新（含翻新改制）方式销售的金银首饰，应按实际收取的不含增值税的全部价款确定计税依据征收消费税。

⑤生产、批发、零售单位用于馈赠、赞助、集资、广告、样品、

职工福利、奖励等方面的金银首饰，应按纳税人销售同类金银首饰的销售价格确定计税依据征收消费税；没有同类金银首饰销售价格的，按照组成计税价格计算纳税。组成计税价格的计算公式为：

组成计税价格＝购进原价×(1＋利润率)÷(1－金银首饰消费税税率)

纳税人为生产企业时，公式中的“购进原价”为生产成本；公式中的“利润率”一律定为6%。

⑥金银首饰消费税改变纳税环节以后，用已税珠宝玉石生产的征税范围内的镶嵌首饰，在计税时一律不得扣除买价或已纳的消费税税款。

2）应纳税额的计算：

应纳税额＝不含增值税销售额×适用税率

或者：应纳税额＝组成计税价格×适用税率

40. 葡萄酒消费税政策主要包括的内容有哪些?

(1) 纳税义务人、税目及适用税率

在中华人民共和国境内生产、委托加工、进口葡萄酒的单位和个人，为葡萄酒消费税纳税人。

葡萄酒是指以葡萄为原料，经破碎（压榨）、发酵而成的酒精度在1度（含）以上的葡萄原酒和成品酒（不含以葡萄为原料的蒸馏酒）。

葡萄酒消费税适用《消费税税目税率（税额）表》“酒及酒精”税目下设的“其他酒”子目，税率为10%。

(2) 应纳税额的计算

应纳税额＝应税销售额×税率＝应税销售额×10%

(3) 税额抵减

以进口葡萄酒为原料连续生产葡萄酒的纳税人，实行凭《海关进口消费税专用缴款书》抵减进口环节已纳消费税的管理办法。

以进口葡萄酒为原料连续生产葡萄酒的纳税人，准予从当期应纳消费税税额中抵减《海关进口消费税专用缴款书》注明的消费税。如当期应纳消费税不足抵减的，余额留待下期抵减。

(4) 纳税管理

1）境内从事葡萄酒生产的单位或个人（以下简称生产企业）之间销售葡萄酒，实行《葡萄酒购货证明单》（以下简称证明单）管理。证明单由购货方在购货前向其主管税务机关申请领用，销货方凭证明单的退税联向其主管税务机关申请已纳消费税退税。

生产企业将自产或外购葡萄酒直接销售给生产企业以外的单位和个人的，不实行证明单管理，按消费税暂行条例规定申报缴纳消费税。

2）生产企业销售葡萄酒，无论纳税申报当期是否收到主管税务机关转交的证明单退税联，均应按规定申报缴纳消费税。

41. 纳税人兼营不同税率应税消费品应如何进行税务处理？

答：兼营是指纳税人生产销售的应税消费品，如果不是单一经营某一税率的产品，而是经营多种不同税率的产品。《消费税暂行条例》中共列出了十四个税目以及不同的税率，纳税人在兼营不同税率应税消费品时，就要按不同的核算方式分别规定税务处理方法，以加强税务管理，避免因核算方式不同而出现税款流失的现象。

税法规定，纳税人兼营不同税率的应税消费品，应分别核算不同税率应税消费品的销售额和销售数量；不能分别核算的，或者将不同税率的应税消费品组成成套消费品销售的，从高适用税率。

另外，纳税人将自产的应税消费品与外购或自产的非应税消费品或应税消费品组成套装销售的，以套装产品的销售额（不含增值税）为计税依据。

42. 消费税的账务处理是怎样的？

答：(1) 会计科目设置

缴纳消费税的企业，应在“应交税费”科目下，增设“应交消费税”明细科目，企业按规定将应交的消费税记入贷方；实际缴纳或待扣的消费税记入借方；期末贷方余额，反映未交的消费税；借方余额表示企业多交的消费税。

同时设置“营业税金及附加”科目。实际核算消费税时，除上述科目外，还涉及“长期投资”、“在建工程”、“营业外支出”、“固定资产”、“材料采购”等科目。

（2）消费税会计处理的一般规定

1）企业销售生产的应税消费品应纳消费税的核算。纳税人销售应税消费品，在销售确认时，按取得的销售收入和增值税额，借记“银行存款”、“应收账款”科目，贷记“主营业务收入”、“应交税费——应交增值税（销项税额）”科目；同时，结转成本并结算提取消费税金，借记“营业税金及附加”科目，贷记“应交税费——应交消费税”科目；按规定期限缴纳税金时，借记“应交税费——应交消费税”科目，贷记“银行存款”科目；月末结转销售税金时，借记“本年利润”，贷记“营业税金及附加”科目。

发生销货退回或退税时，作相反的分录。

例 1-20：某化妆品公司 2007 年 3 月初以分期收款方式发出一批商品，该批商品实际成本 200000 元，不含税销售收入 500000 元，合同约定对方于 6 月 30 日和 9 月 30 日等额付款。该化妆品消费税税率为 30%。则该化妆品公司的会计处理为：

①3 月份发出商品时：

借：发出商品　　200000

　　贷：库存商品　　200000

②6 月 30 日收到货款时：

借：银行存款　　292500

　　贷：主营业务收入　　250000

　　　　应交税费——应交增值税（销项税额）　　42500

③计提应纳消费税时：

借：营业税金及附加　　75000

　　贷：应交税费——应交消费税　　75000

④结转成本时：

借：主营业务成本 100000
　　贷：发出商品 100000

⑤缴纳消费税时：

借：应交税费——应交消费税 75000
　　贷：银行存款 75000

⑥9 月 30 日会计处理同上。

2）委托加工应税消费品应纳消费的核算。

委托加工应税消费品，由受托方代扣代缴消费税（除受托加工或翻新改制金银首饰按规定由受托方缴纳消费税外）。如果应税消费品收回后直接对外销售，委托方缴纳的消费税计入委托加工成本，该商品销售时不再缴纳消费税；如果应税消费品收回后用于连续生产应税消费品的，委托方缴纳的消费税按规定准予抵扣，记入“应交税费——应交消费税”账户的借方，待最终商品销售时再全额缴纳消费税。

例 1-21：2007 年 12 月，乙公司委托甲公司加工一批原材料（非金银首饰）。原材料的成本为 400000 元，支付的加工费用为 100000 元。由受托方代收代缴的消费税为 10000 元，材料已经加工完毕，加工费用尚未支付。假设乙公司采用实际成本核算存货，不考虑其他相关税费。

则乙公司应编制的会计分录为：

①如果乙公司收回加工的材料用于继续生产应税消费品时：

借：委托加工物资 400000
　　贷：原材料 400000

借：委托加工物资 100000
　　应交税费——应交消费税 10000
　　贷：应付账款——甲公司 110000

借：原材料 500000
　　贷：委托加工物资 500000

②如果乙公司收回加工的材料直接用于销售：

借：委托加工物资 400000
　　贷：原材料 400000

借：委托加工物资　　　　110000
　　贷：应付账款——甲公司　　　　110000
借：原材料　　　　510000
　　贷：委托加工物资　　　　510000

生产应税消费品的企业，于销售产品时按规定计算应缴的消费税，编制会计分录：

借：营业税金及附加
　　贷：应交税费——应交消费税

按规定缴纳消费税时：

借：应交税费——应交消费税
　　贷：银行存款

3）企业自产自用消费品应纳消费税的核算。

A. 纳税人自产自用的应税消费品用于连续生产应税消费品的，不缴纳消费税，只进行实际成本核算。

B. 纳税人自产自用的应税消费品用于连续生产非应税消费品的，在领用时借记"生产成本"科目，贷记"库存商品"、"应交税费——应交消费税"科目。

C. 纳税人自产自用用于其他方面的是指企业将生产的应税消费品用于在建工程、非生产机构、馈赠、赞助、集资、集体福利等方面的应税消费品。企业将自产自用用于其他方面应视同销售。按规定应缴纳的消费税，借记"固定资产"、"在建工程"、"营业外支出"、"应付福利费"等科目，贷记"库存商品"、"应交税费——应交消费税"、"应交税费——应交增值税（销项税额）"科目。

例 1-22：某轿车生产企业将自产的小轿车自用，该车销售价 220000 元，适用税率 8%；同时，该企业还将自产的汽车轮胎 100 个用于企业更新项目，轮胎每个售价 1200 元，适用税率 10%。计算该企业应纳的消费税，并作会计处理。

应纳消费税 = 220000 × 8% + 1200 × 100 × 10% = 29600（元）

借：固定资产　　　　17600
　　在建工程　　　　12000

贷：应交税费——应交消费税 29600

4）企业以生产的商品作为股权投资等应纳消费税的核算。

企业以生产的商品作为股权投资，用于在建工程、非生产机构等，按规定应借记“长期股权投资”、“固定资产”、“在建工程”、“营业外支出”等科目，贷记“应交税费——应交消费税”科目。

例 1–23：某工业企业，将所生产的应税消费品用于对外投资，该产品的成本价为 200000 元，计税价格为 300000 元。该产品的增值税率为 17%，消费税税率为 5%。编制有关会计分录：

应交增值税 = 300000 × 17% = 51000（元）

应交消费税 = 300000 × 5% = 15000（元）

借：长期股权投资 251000

贷：应交税费——应交增值税（销项税额） 51000

库存商品 200000

同时：

借：长期股权投资 15000

贷：应交税费——应交消费税 15000

5）包装物应纳消费税纳税核算。

A. 随同商品销售且不单独计价的包装物，其收入随同所销售的产品一起计入商品销售收入。所以，包装物销售应缴纳的消费税计入“营业税金及附加”科目或其他有关税金科目。

B. 随同商品销售但单独计价的包装物，其收入计入“其他业务收入”科目，应缴纳的消费税计入“其他业务成本”科目。

C. 出租、出借包装物收取的押金，借记“银行存款”科目，贷记“其他应付款”科目；包装物按期返还退回押金时，作相反的会计处理；包装物逾期没收的押金，借记“其他应付款”科目，贷记“其他业务收入”、“应交税费——应交增值税（销项税额）”科目；没收押金应缴纳的消费税计入“其他业务成本”科目。

例 1–24：某酒厂出售自制酒的同时，出售单独计价塑料包装箱 500 个，每个 12 元，适用税率为 10%，则应交消费税 600 元，其分录为：

借：其他业务成本　　　　　　　　　600
　　贷：应交税费——应交消费税　　　　　　　600

假若塑料酒箱不随同商品销售，而采用出租，购货单位交押金5000元，但购货单位有50个塑料酒箱逾期未还，没收其押金500元，应缴纳消费税50元。其分录为：

借：其他应付款　　　　　　　　　500
　　贷：其他业务收入　　　　　　　　　500

借：其他业务成本　　　　　　　　50
　　贷：应交税费——应交消费税　　　　　50

若包装物已作价随同产品出售，但为了尽快收回，另外加收押金500元，应缴消费税125元，包装物逾期未收回，没收其押金，其分录为：

借：其他应付款　　　　　　　　　50
　　贷：应交税费——应交消费税　　　　　50

借：其他应付款　　　　　　　　　450
　　贷：营业外收入　　　　　　　　　　450

6）免征出口应税消费品消费税纳税核算。

A. 生产性企业直接出口或通过外贸企业出口应税消费品的，按规定可以直接予以免税的，可不计算应交消费税。之后发生退货或退关的，也可以暂不办理补税，待其转为国内销售时，再申报缴纳消费税。

B. 通过外贸企业出口应税消费品的，如按规定实行先征后退办法的，按下面方法进行处理，即委托外贸企业代理出口的生产性企业，在计算消费税时，按应交消费税额借记“应收账款”科目，贷记“应交税费——应交消费税”科目。实际缴纳时，借记“应交税费——应交消费税”科目，贷记“银行存款”科目。收到外贸企业退回税金时，借记“银行存款”科目，贷记“应收账款”科目。发生退关、退货，补交已退的消费税，作相反的会计分录。

7）外贸企业自营出口应税消费品的会计处理。生产企业将应税消费品销售给外贸企业，由外贸企业自营出口，其缴纳的消费税计入“营业税金及附加”科目，借记“营业税金及附加”科目，贷记“应交税费——应交消费税”科目。

自营出口物资的外贸企业，在物资报关出口后申请出口退税时，借记“其他应收款”科目，贷记“主营业务成本”科目。实际收到税务机关的退税款时，借记“银行存款”科目，贷记“其他应收款”科目。

发生退关或退货而补交已退的消费税，作相反的会计分录。

8）进口消费品应纳消费税纳税核算。企业进口消费品应缴纳的消费税，应计入该项消费品的成本，借记“固定资产”、“库存商品”、“材料采购”等科目，贷记“银行存款”等科目。

例 1-25：某企业进口乘用车 2 辆，排量为 3.0 升，到岸价格 500000 元，缴纳关税 150000 元，消费税适用税率 12%。则该企业的会计处埋为：

A. 进口汽车应纳消费税 =（500000 + 150000）÷（1 - 12%）× 12% = 88636.36（元）

B. 进口汽车应纳增值税 =（500000 + 150000）÷（1 - 12%）× 17% = 125568.18（元）

C. 会计分录：

借：固定资产　　864204.54

　　贷：银行存款　　864204.54

9）从价计征与从量计征复合计算。

例 1-26：某卷烟厂属增值税一般纳税人，生产销售卷烟和烟丝。10 月自产烟丝 15 吨，用于生产卷烟 8 吨。10 月 10 日销售卷烟 10 箱，每箱调拨价 20000 元；10 月 20 日销售卷烟 18 箱，每箱调拨价 8750 元；10 月 30 日销售烟丝 5 吨，每吨不含税售价 50000 元。

A. 10 月 10 日销售卷烟：

每一标准条调拨价为 20000 ÷ 250 = 80（元）

由于 80 元 > 50 元，所以适用税率为 45%。

应纳税额 = 销售数量 × 定额税率 + 销售额 × 比例税率

从价定率计算的消费税 = 20000 × 10 × 45% = 90000（元）

从量定额计算的消费税 = 150 × 10 = 1500（元）

应纳税额 = 90000 + 1500 = 91500（元）

借：银行存款 234000

贷：主营业务收入 200000

应交税费——应交增值税（销项税额） 34000

计算消费税：

借：营业税金及附加 91500

贷：应交税费——应交消费税 91500

B. 10 月 20 日销售卷烟：

每一标准条调拨价为 8750 ÷ 250 = 35（元）

由于 35 元 < 50 元，所以适用税率为 30%。

从价定率计算的消费税 = 8750 × 18 × 30% = 47250（元）

从量定额计算的消费税 = 150 × 18 = 2700（元）

应纳税额 = 47250 + 2700 = 49950（元）

借：银行存款 184275

贷：主营业务收入 157500

应交税费——应交增值税（销项税额） 26775

计算消费税：

借：营业税金及附加 49950

贷：应交税费——应交消费税 49950

C. 10 月 30 日销售烟丝。生产卷烟以自产烟丝为原料，领用的烟丝不用缴纳消费税，但对外销售自产的烟丝时应计缴消费税（如果是将外购已税烟丝对外销售，则不计征消费税）。

借：银行存款 292500

贷：主营业务收入 250000

应交税费——应交增值税（销项税额） 42500

借：营业税金及附加 75000

贷：应交税费——应交消费税 75000

10）自购自销金银首饰应纳消费税的会计处理。消费税是价内税，含在商品的销售收入中，故金银首饰应纳的消费税计入销售税金。商品流通企业销售金银首饰的收入计入“主营业务收入”科目，其应纳的消费税相应计入“营业税金及附加”科目。

企业采用以旧换新方式销售金银首饰的，在销售实现时按旧首饰的作价借记“物资采购”科目；按加收的差价和收取的增值税部分，借记“库存现金”等科目；按旧首饰的作价与加收的差价贷记“主营业务收入”科目，按收取的增值税贷记“应交税费——应交增值税(销项税额)”科目；同时按税法规定计算应缴纳的消费税税金，借记“营业税金及附加”科目，贷记“应交税费——应交消费税”科目。

11）金银首饰零售业务应纳消费税的会计处理。企业金银首饰有零售业务的，以受托方为消费税的纳税人。受托代销有不同的方式，一种是收取手续费方式，即根据所代销的金银首饰量向委托方收取手续费。在这种情况下，收取的手续费计入其他业务收入，根据销售价格计算缴纳的消费税，其借记“其他业务成本”等科目，贷记“应交税费—应交消费税”科目。

不采用收取手续费方式代销的，通常由委托方与受托方签订一个协议价，委托方按协议价收取所代销的货款，实际销售的货款与协议价之间的差额归受托方所有。在这种情况下，受托方缴纳消费税的会计处理与自购自销相同。

12）自购自用金银首饰应纳消费税的会计处理。从事生产、批发、零售业务的企业将金银首饰用于馈赠、赞助、集资、广告、样品、职工福利、奖励等方面的，应按企业同类金银首饰的销售价格作为计税依据计算应交的消费税；没有同类金银首饰销售价格的，按组成计税价格计算纳税。企业应于金银首饰移送时，分别下列情况进行会计处理：

A. 用于馈赠、赞助的金银首饰应缴纳的消费税，借记“营业外支出”科目，贷记“应交税费——应交消费税”科目。

B. 用于广告的金银首饰应缴纳的消费税，借记“销售费用”科目，贷记“应交税费——应交消费税”科目。

C. 用于职工福利、奖励的金银首饰应缴纳的消费税，借记“应付职工薪酬——福利费”科目、借记“应付职工薪酬——工资”科目；贷记“应交税费——应交消费税”科目。

43. 消费税法对消费税的缴纳是怎样规定的?

答:(1)消费税的纳税环节

1)纳税人生产的应税消费品,由生产者于销售环节纳税。

2)委托加工应税消费品,由受托方向委托方交货时,代收代缴税款。

3)纳税人自产自用的消费品,用于连续生产应税消费品的不纳税;用于其他方面的,于移送时纳税。

4)进口的应税消费品,于报关进口时纳税。

5)金银首饰消费税由生产销售环节征收改为零售环节征收。金银首饰消费税改变征税环节后,经营单位进口金银首饰的消费税,由进口环节征收改为在零售环节征收;出口金银首饰由出口退税改为出口不退消费税。个人携带、邮寄金银首饰进境,仍按海关现行规定征税。

6)纳税人零售的金银首饰(含以旧换新),于销售时纳税。

7)纳税人用于馈赠、赞助、集资、广告、样品、职工福利、奖励等方面的金银首饰,于移送时纳税。

8)纳税人带料加工、翻新改制的金银首饰,于受托方交货时纳税。

(2)消费税的纳税义务时间

纳税人生产的应税消费品应该在销售时纳税,进口消费品应当于应税消费品报关进口时纳税。消费税纳税义务发生的时间,根据纳税人生产经营活动的不同,具体规定为:

1)纳税人销售应税消费品,其纳税义务发生时间为:

①采取赊销和分期付款结算方式的,纳税义务发生时间为销售合同规定的收款日期当天。

②采取预收货款方式的,其纳税义务发生时间为发出应税消费品的当天。

③采取托收承付和委托收款方式的,其纳税义务发生时间为发出应税消费品并办妥托收手续的当天。

④纳税人采取其他结算方式的,其纳税义务发生的时间为收讫销

货款或者取得索取销货凭证手续的当天。

2）纳税人委托加工的应税消费品，其纳税义务的发生时间，为委托方提货的当天。

3）纳税人自产自用应当缴纳消费税的应税消费品，其纳税义务的发生时间，为移送使用的当天。

4）纳税人进口的应税消费品，其纳税义务的发生时间，为报关进口的当天。

5）纳税人销售金银首饰，其纳税义务发生时间为收讫销货款或取得索取销货凭据的当天。

6）纳税人用于馈赠、赞助、集资、广告、样品、职工福利、奖励等方面的金银首饰，其纳税义务发生时间为移送的当天。

7）纳税人带料加工、翻新改制的金银首饰，其纳税义务发生时间为受托方交货的当天。

(3) 纳税期限

境内生产、委托加工应税消费品所纳税人，消费税的纳税期限分别为1日、3日、5日、10日、15日或者一个月。纳税人的具体纳税期限，由主管税务机关根据纳税人应纳税额的大小分别核定；不能按期纳税的，可以按次纳税。

以一个月为一期的纳税人于期满后的10日内到期纳税；以1日、3日、5日、10日或者15日为一期的纳税人，纳税期满后5日预缴税款，于次月1日起10日内结算上月应纳税款，并申报纳税。

进口应税消费品的纳税人，在海关填发税款缴纳证的次日起7日内缴纳税款。

(4) 消费税的纳（退）税地点

1）消费税根据下列情况分别确定纳税地点：

①纳税人核算地纳税。纳税人生产销售（包括到外地销售或委托外地代销）以及自产自用应税消费品，除另有规定外，均应在纳税人的核算地缴纳消费税。纳税人到外县（市）销售或委托外县（市）销售应税消费品的，应首先向所在地主管税务机关提出申请，经审核批准，于应税消费品销售后，在纳税人核算地缴税。

②生产机构（或总机构）所在地纳税。纳税人的总机构和分支机构不在同一县（市）的，应在应税消费品生产机构所在地缴纳消费税。但经税务总局批准，纳税人分支机构应纳税款也可由总机构汇总在总机构所在地缴纳消费税。

③受托方所在地纳税。纳税人委托加工的应税消费品，由受托方所在地税务机关代缴纳消费税。

④报关地纳税。纳税人进口的应税消费品，在进口报关地的海关缴纳消费税。

2）消费税的退税地点：

①纳税人销售的应税消费品，因质量等原因，发生销售退回时，经所在地税务机关批准，可由纳税人所在地退回已征收的消费税税款。

②纳税人出口应税消费品，免征消费税采用先征后退办法的，报关出口者向报关地主管出口退税业务的税务机关申报退还已缴的消费税款。退税后如发生退关或国外进口时予以免税的，报关出口者必须及时向所在地主管出口退税业务的税务机关补缴已退的消费税款。

第二章　所得税及核算疑难问答

1. 新《企业所得税法》与旧《企业所得税法》相比主要区别和优势表现在哪里？

答： 新《企业所得税法》根据国民经济和社会发展的需要，借鉴国际上的成功经验，按照“简税制、宽税基、低税率、严征管”的要求，对现行税收优惠政策进行了适当调整。

新税收优惠政策的主要原则是：促进技术创新和科技进步，鼓励基础设施建设，鼓励农业发展及环境保护与节能，支持安全生产，统筹区域发展，促进公益事业和照顾弱势群体等，进一步促进国民经济全面、协调、可持续发展和社会全面进步。

主要区别和优势表现在：

（1）高新技术企业全面享受低税率

《企业所得税法》规定，将国家高新技术产业开发区内高新技术企业低税率优惠扩大到了全国范围。

《企业所得税法》第二十八条明确规定，凡是国家需要重点扶持的高新技术企业，减按15%的税率征收企业所得税。专家指出，今后，开发区跟全国所有地区一样，只有国家鼓励发展的产业才能获得税收优惠。淡化地域优惠，强化行业优惠政策的出台，对以高新技术为发展支撑的企业是一个非常有利的信号。

（2）启动税收杠杆拉动企业公益性捐助

《企业所得税法》将企业公益性捐赠支出的纳税扣除额度提高了

9%。新税法关于慈善公益事业税收优惠政策的出台，意在鼓励企业和社会更多地参与公益性活动，为实现社会财富更公平的分配提供机制保障。

根据公布的新税法，企业发生的公益性捐赠支出，在年度利润总额12%以内的部分，准予在计算应纳税所得额时扣除。而《中华人民共和国企业所得税暂行条例》规定的扣除比例只有3%。这将进一步提高企业参与公益事业的力度。

（3）有利于减少“假外资”政策性套利行为

《企业所得税法》统一内、外资企业所得税率，将有利于减少“假外资”政策性套利行为。

现行内、外资企业所得税税率均为33%。同时，对一些特殊区域的外资企业实行24%、15%的优惠税率。新税法将内、外资企业的所得税税率统一为25%，适当降低了内资企业的所得税税负。同时，对享受优惠税率的外资企业来说，税负略有增加，但在国际上仍属于偏低水平。

由于外资企业在税收政策上比内资企业享有更多优惠，现行税制的不平等使越来越多的内资走上“假外资”之路。统一内、外资企业所得税率，使内、外资企业在平等的舞台上进行竞争，将有助于减少目前在中国存在的“假外资”等政策性套利行为。

（4）企业节能环保项目可享受税收减免

《企业所得税法》规定，企业在节能环保方面的投资或在节能环保项目上的所得，今后可享受税收上的减免。

《企业所得税法》第二十七条规定，企业从事符合条件的环境保护、节能节水项目的所得，可以免征、减征企业所得税。第三十四条还规定，企业购置用于环境保护、节能节水、安全生产等专用设备的投资额，可以按一定比例实行税额抵免。

（5）新《企业所得税法》从多方面助推企业的发展

新《企业所得税法》统一并适当降低税率，总体上减轻了企业的税收负担。新企业所得税的税率确定为25%。主要考虑对内资企业要减轻税负，对外资企业也尽可能少增加税负，同时要将财政减收控制在可以承受的范围内，还要考虑国际上尤其是周边国家（地区）的税率水平。全世界159个实行企业所得税的国家（地区）平均税率为28.6%，我国周边18个国家（地区）的平均税率为26.7%。新《企业所得税法》规定的25%的税率，在国际上属适中或偏低的水平，有利于提高企业竞争力和吸引外商投资。

（6）新《企业所得税法》统一并规范税前扣除办法和标准，有助于降低内资企业的税收负担

新《企业所得税法》对企业实际发生的有关固定资产、无形资产、长期待摊费用、投资资产和存货等方面的支出的扣除标准做了统一规范。具体包括：

统一工资的扣除标准，取消对内资企业计税工资的限制，规定可以按企业和单位实际发放的工资予以据实扣除；

统一捐赠的扣除办法，提高公益性捐赠的扣除标准，规定企业发生的公益性捐赠支出，在其年度利润总额12%以内的部分，准予在计算应纳税所得额时扣除，同时规定不得扣除其他捐赠支出；

统一并提高部分项目的扣除标准，企业为开发新技术、新产品、新工艺发生的研究开发费用，安置残疾人员及国家鼓励安置的其他就业人员所支付的工资，可以扣除。

（7）将提升中国股市整体投资价值

《企业所得税法》规定企业所得税税率为25%，大部分上市公司的所得税负担将明显减轻，中国股市整体投资价值将得到进一步增强。

政府减少部分税收、让利于企业，直接增加了企业股东（包括上市公司的流动股东）的利益，刺激企业投资和居民消费。企业投资活动的扩张可以带动中国经济更有活力地持续增长，最终有利于上市公司和资本市场。

2. 新《企业所得税法》及其实施条例的主要内容有哪些？

答：新《企业所得税法》实现了五个方面的统一，并规定了两个方面的过渡政策。具体包括：

（1）五个统一

统一税法并适用于所有内、外资企业，统一并适当降低税率，统一并规范税前扣除范围和标准，统一并规范税收优惠政策，统一并规范税收征管要求。

（2）两类过渡优惠政策

一是对新税法公布前已经批准设立、享受企业所得税低税率和定期减免税优惠的老企业，给予过渡性照顾；二是对法律设置的发展对外经济合作和技术交流的特定地区内，以及国务院已规定执行上述地区特殊政策的地区内新设立的国家需要重点扶持的高新技术企业，给予过渡性税收优惠。同时，国家已确定的其他鼓励类企业，可以按照国务院规定享受减免税优惠政策。

（3）主要内容

为了保证新企业所得税法的可操作性，实施条例按照新《企业所得税法》的框架，对新《企业所得税法》的规定逐条逐项细化，明确了重要概念、重大政策以及征管问题。主要内容包括：

一是明确了新《企业所得税法》的若干重要概念，如实际管理机构、公益性捐赠、非营利组织、不征税收入、免税收入等。

二是进一步明确了企业所得税重大政策，具体包括收入、扣除的具体范围和标准，资产的税务处理，境外所得税抵免的具体办法，优惠政策的具体项目范围、优惠方式和优惠管理办法等。

三是进一步规范了企业所得税征收管理的程序性要求，具体包括特别纳税调整中的关联交易调整、预约定价、受控外国公司、资本弱化等措施的范围、标准和具体办法，纳税地点，预缴税和汇算清缴方法，纳税申报期限，货币折算等。

3. 什么是企业所得税？企业所得税具有哪些特点？

答：（1）企业所得税的概念

企业所得税是对我国境内的企业（外商投资企业和外国企业除外）就其生产经营所得和其他所得征收的一种税。企业的生产、经营所得和其他所得包括来源于中国境内、境外的所得。它体现了国家与企业的分配关系，是国家参与企业利润分配并调节其收益水平的手段。

（2）企业所得税的特点

企业所得税具有以下几个特点：

1）征税对象是所得额。以所得额为课税对象，税源的多少受企业经济效益影响。

2）征税以量能负担为原则。即所得多，负担能力大的多征；所得少，负担能力小的少征；无所得，没有负担能力的不征。

3）税法对税基的约束力强。即企业应当严格按照税法的规定计算纳税。

4）应税所得额的计算比较复杂。

5）实行按年计算分期预缴的征收办法。即企业应以全年的应纳税所得额为计税依据，实行按年计算、分期预缴、年终汇算清缴的办法。

4. 企业所得税纳税义务人是怎样规定的?

答：在中华人民共和国境内，企业和其他取得收入的组织（以下统称企业）为企业所得税的纳税人，依照规定缴纳企业所得税。

个人独资企业、合伙企业不适用《企业所得税法》。

新《企业所得税法》及其实施条例改变了过去内资企业所得税以独立核算的三个条件来判定纳税人标准的做法，将以公司制和非公司制形式存在的企业和取得收入的组织确定为企业所得税纳税人，具体包括：国有企业、集体企业、私营企业、联营企业、股份制企业、中外合资经营企业、中外合作经营企业、外国企业、外资企业、事业单位、社会团体、民办非企业单位和从事经营活动的其他组织。

其中，个人独资企业、合伙企业，是指依照中国法律、行政法规规定成立的个人独资企业、合伙企业。个人独资企业、合伙企业不适用企业所得税法，包含两层含义：

1）排除在境外依据外国法律成立的个人独资企业和合伙企业依照本条的规定，不适用企业所得税法的个人独资企业和合伙企业，不包括依照外国法律、法规在境外成立的个人独资企业和合伙企业。境外的个人独资企业和合伙企业可能会成为企业所得税法规定的我国非居民企业纳税人（比如在中国境内取得收入，也可能会在中国境内设立机构、场所并取得收入），也可能会成为企业所得税法规定的我国居民企业纳税人（比如其实际管理机构在中国境内）。但是不论其为居民企业还是非居民企业，都必须严格依照《企业所得税法》和本条例的有关规定缴纳企业所得税，也就是说都适用企业所得税法，不属于《企业所得税法》第一条第二款规定的不适用企业所得税法的个人独资企业和合伙企业。

2）凡依照中国法律、行政法规成立的个人独资企业和合伙企业，不缴纳企业所得税。个人独资企业，是指在中国境内设立，由一个自然人投资，财产为投资人个人所有，投资人以其个人财产对企业债务承担无限连带责任的经营实体。个人独资企业是以投资人的个人财产对外承担无限责任的，其生产经营所得也即出资人个人所得而缴纳个人所得税，企业本身没有独立的财产和所得，所以不属于企业所得税的纳税人。

合伙企业，是指自然人、法人和其他组织依照本法在中国境内设立的普通合伙企业和有限合伙企业。普通合伙企业由普通合伙人组成，合伙人对合伙企业债务承担无限连带责任。本法对普通合伙人承担责任的形式有特别规定的，从其规定。有限合伙企业由普通合伙人和有限合伙人组成，普通合伙人对合伙企业债务承担无限连带责任，有限合伙人以其认缴的出资额为限对合伙企业债务承担责任。合伙企业也是以合伙人或者普通合伙人的全部财产对外承担无限责任的。对于普通合伙企业来说，其生产经营所得也即合伙人的所得而由合伙人依法纳税；对于有限合伙企业来说，其生产经营所得也是分别由普通合伙人和有限合伙人依法纳税的，企业本身也没有独立的财产和所得，所以不属于企业所得税的纳税人。

5. 什么是居民企业、非居民企业？

答：根据《企业所得税法》，企业分为居民企业和非居民企业。

（1）居民企业

居民企业，是指依法在中国境内成立，或者依照外国（地区）法律成立但实际管理机构在中国境内的企业。其中：

所称在中国境内成立的企业，包括依照中国法律、行政法规在中国境内成立的企业、事业单位、社会团体以及其他取得收入的组织。

所称依照外国（地区）法律成立的企业，包括依照外国（地区）法律成立的企业和其他取得收入的组织。

所称实际管理机构，是指对企业的生产经营、人员、账务、财产等实施实质性全面管理和控制的机构。

居民企业承担无限纳税义务，就其来源于中国境内、境外的所得缴纳企业所得税。

（2）非居民企业

非居民企业，是指依照外国（地区）法律成立且实际管理机构不在中国境内，但在中国境内设立机构、场所的，或者在中国境内未设立机构、场所，但有来源于中国境内所得的企业。

其中，所称机构、场所，是指在中国境内从事生产经营活动的机构、场所，包括管理机构、营业机构、办事机构，工厂、农场、开采自然资源的场所，提供劳务的场所，从事建筑、安装、装配、修理、勘探等工程作业的场所，其他从事生产经营活动的机构、场所。

非居民企业委托营业代理人在中国境内从事生产经营活动的，包括委托单位和个人经常代其签订合同，或者储存、交付货物等，该营业代理人视为非居民企业在中国境内设立的机构、场所。

非居民企业在中国境内设立机构、场所的，应当就其所设机构、场所取得的来源于中国境内的所得，以及发生在中国境外但与其所设机构、场所有实际联系的所得缴纳企业所得税。

非居民企业在中国境内未设立机构、场所的，或者虽设立机构、场所但取得的所得与其所设机构、场所没有实际联系的，应当就其来源于中国境内的所得缴纳企业所得税。

需要注意的是，“依法在中国境内成立”的企业需要同时符合以下三个方面的条件：

1）成立的依据为中国的法律、行政法规。

2）在中国境内成立。这是属地管辖原则的体现，即在中国境内成立的企业或其他取得收入的组织，其成立条件、程序以及经营活动等方面都应当适用中国的法律、法规。

3）属于取得收入的经济组织。企业所得税是对所得征收的一种税，所以，纳税人必须是取得收入的主体，才能属于新企业所得税法规定的“企业”，即企业所得税的纳税人。新《企业所得税法》规定的“企业”，包括以下各类取得收入的组织：

①企业。包括公司制企业和其他非公司制企业。其中公司制企业是今后我国企业的主要形式。这里的“企业”，不包括依照中国法律、行政法规成立的个人独资企业、合伙企业，但是包括依照外国法律法规在境外成立的个人独资企业和合伙企业。

②事业单位。事业单位是指国家为了社会公益目的，由国家机关举办或者其他组织利用国有资产举办的，从事教育、科技、文化、卫生等活动的社会服务组织。事业单位虽然是公益性或非营利性组织，但也可能通过经营或接受捐赠等行为取得收入。符合条件的事业单位的收入为免税收入，否则不能予以免税。

③社会团体。社会团体是指由中国公民自愿组成，为实现会员共同意愿，按照其章程开展活动的非营利性社会组织。社会团体也属于公益性或非营利性组织，也可能通过经营或接受捐赠等行为取得收入。对符合条件的社会团体的收入享受免税优惠，否则应缴纳企业所得税。

④其他取得收入的组织。除了上述所列企业、事业单位、社会团体之外的经济组织，这些经济组织主要包括：

A. 民办非企业单位，根据《民办非企业单位登记管理暂行条例》的规定，民办非企业单位是指企事业单位、社会团体和其他社会力量以及公民个人利用非国有资产举办的，从事非营利性社会服务活动的社会组织。

B. 基金会，根据《基金会管理条例》规定，是指利用自然人、法人或者其他组织捐赠的财产，以从事公益事业为目的，按照本条例的规定成立的非营利性法人。

C. 商会，包括中国商会和外国商会，中国商会是国内企业组织的非营利性行业协会团体，外国商会根据《外国商会管理暂行规定》是指外国在中国境内的商业机构及人员依照本规定在中国境内成立，不从事任何商业活动的非营利性团体。

D. 农民专业合作社，根据《中华人民共和国农村专业合作社法》，是指在农村家庭承包经营基础上，同类农产品的生产经营者或者同类农业生产服务的提供者、利用者，自愿联合、民主管理的互助性经济组织。

E. 随着经济社会发展而出现的其他类型的取得收入的组织。

另外需要注意的是，非居民企业委托营业代理人的，视同设立机构、场所。

企业除了在中国境内设立机构、场所进行生产经营活动外，还可以通过其在中国境内的营业代理人从事上述活动。视同的条件必须同时具备以下三个方面：

1）接受外国企业委托的主体，既可以是中国境内的单位，也可以是中国境内的个人。即不管是单位还是个人，只要与外国企业签订了委托代理协议，代表该外国企业在中国境内从事生产经营活动，就可以被认定为外国企业“在中国境内设立机构、场所”。

2）代理活动必须是经常性的行为。所谓经常，既不是偶然发生的，也不是短期发生的，而是固定、长期发生的行为。

3）代理的具体行为，包括代其签订合同，或者储存、交付货物等。只要经常代表委托人与他人签订协议或者合同，或者经常储存属于委托人的产品或者商品，并代表委托人向他人交付其产品或者商品，即使营业代理人和委托人之间没有签订书面的委托代理合同，也应认定其存在法律上的代理人和被代理人的关系。

6. 特殊情况下企业所得税的纳税人如何确定?

答：根据《企业所得税法》，对纳税人所做的特殊规定为：

1）租赁经营中纳税人的认定。企业全部或部分被个人、其他企业、单位承租经营，但未改变被承租企业的名称，未变更工商登记，仍以被承租企业名义对外从事生产、经营活动，不论被承租企业与承租方如何分配经营成果，均以被承租企业为企业所得税纳税人。

企业全部或部分被个人、其他企业、单位承租经营，承租方承租后重新办理工商登记，并以承租方的名义对外从事经营活动，应以重新办理工商登记的企业、单位为企业所得税纳税人。

2）企业合并、兼并和分立中纳税人的认定。

①合并、兼并。被吸收或兼并的企业和存续的企业，符合企业所得税纳税人条件的，分别以被吸收或兼并的企业和存续的企业为纳税人；被吸收或兼并的企业已不符合企业所得税纳税人条件的，应以存续的企业为纳税人，被吸收或兼并企业的未尽税务事宜，应由存续的企业承继。

企业以新设合并方式合并后，新设企业符合企业所得税纳税人条件的，以新设企业为纳税人。合并前企业的未尽税务事宜，应由新设企业承继。

②分立。分立后各企业符合企业所得税纳税人条件的，以各企业为纳税人。分立前的未尽税务事宜，由分立后的企业承继。

3）直属铁道部的运输企业以铁道部为纳税单位；铁道施工企业，以独立核算的总公司、工程局、工厂为纳税人；铁道部所属的工业、供销企业及其他单位，均以独立核算企业为纳税人。

4）金融、保险企业分别以中国人民银行、中国工商银行、中国银行、中国农业银行、中国建设银行、中国投资银行、中国国际信托投资公司、中国人民保险公司（涉外保险）作为纳税人，对其分行、分公司实现的利润集中缴纳所得税。

5）邮电部所属的邮电通信企业，暂以邮电部为纳税人。

6）民航总局所属的运输企业，已成为独立法人的，以企业为纳税人；非独立法人的，暂以民航总局为纳税人；民航总局所属的工业、供销企业及企业单位，均以独立核算企业为纳税人。

7）企业集团原则上以独立核算的核心企业和紧密层、半紧密层成员企业分别为纳税人，但经国务院批准设立的企业集团，其核心企业对紧密层企业资产控股为100%的，可由控股的成员企业选择由核心企业统一合并纳税。

7. 纳税人的哪些所得需要缴纳企业所得税？

答：居民企业的境内和境外所得、非居民企业的境内所得以及与其所设机构场所有实际联系的境外所得，都应当缴纳企业所得税。

所得，包括销售货物所得、提供劳务所得、转让财产所得、股息红利等权益性投资所得、利息所得、租金所得、特许权使用费所得、接受捐赠所得和其他所得。

1）销售货物所得，是指企业销售商品、产品、原材料、包装物、低值易耗品以及其他存货取得的所得。

2）提供劳务所得，是指企业从事建筑安装、修理修配、交通运输、仓储租赁、金融保险、邮电通信、咨询经纪、文化体育、科学研究、技术服务、教育培训、餐饮住宿、中介代理、卫生保健、社区服务、旅游、娱乐、加工以及其他劳务服务活动取得的所得。

3）转让财产所得，是指企业转让固定资产、生物资产、无形资产、股权、债权等财产取得的所得。

4）股息、红利等权益性投资所得，是指企业因权益性投资从被投资方取得的所得。

5）利息所得，是指企业将资金提供他人使用但不构成权益性投资，或者因他人占用本企业资金取得的所得，包括存款利息、贷款利息、债券利息、欠款利息等所得。

6）租金所得，是指企业提供固定资产、包装物或者其他资产的使用权取得的所得。

7）特许权使用费所得，是指企业提供专利权、非专利技术、商标权、著作权以及其他特许权的使用权取得的所得。

8）接受捐赠所得，是指企业接受的来自其他企业、组织或者个人无偿给予的货币性资产、非货币性资产。

9）其他所得，是指除以上列举外的也应当缴纳企业所得税的其他所得，包括企业资产溢余所得、逾期未退包装物押金所得、确实无法偿付的应付款项、已作坏账损失处理后又收回的应收款项、债务重组所得、补贴所得、违约金所得、汇兑收益等。

8. 企业所得税征税对象的确定体现了哪些原则?

答: 企业所得税征税对象的确定，体现了以下原则:

(1) 企业所得属于征税对象的条件

1）必须是有合法来源的所得。

2）必须是有连续性的所得。

3）必须是扣减成本费用后纯收益。

4）所得必须是实物或货币。

5）必须是提高纳税能力的所得。

(2) 以生产经营所得和其他所得为征收对象

对国务院主管部门确定的规费收入，经财政部门批准，主管部门提取的管理费和基金不作为征收对象。

(3) 对境内所得和境外所得合并征税

从维护国家主权利益出发，对本国企业在国外取得的所得，应按照我国法律缴纳所得税，但对其在境外按该国税法已缴的税款允许抵免，避免双重征税。

9. 如何确定来源于中国境内、境外的所得?

答: 企业取得的所得，应按照以下原则确定其来源于中国境内、境外的所得:

（1）销售货物所得，按照交易活动发生地确定

交易活动发生地，主要指销售货物行为发生的场所，通常是销售企业的营业机构，在送货上门的情况下为购货单位或个人的所在地，还可以是买卖双方约定的其他地点。

（2）提供劳务所得，按照劳务发生地确定

劳务行为既包括部分工业生产活动，也包括商业服务行为，其所得以劳务行为发生地确定是来源于境内还是境外。

（3）转让财产所得，分三种情况

1）不动产转让所得按照不动产所在地确定。

2）动产转让所得按照转让动产的企业或者机构、场所所在地确定。

3）权益性投资资产转让所得按照被投资企业所在地确定。

（4）股息红利等权益性投资所得，按照分配所得的企业所在地确定

企业因购买被投资方的股票而产生的股息、红利，是被投资方向投资方企业支付的投资回报，应当以被投资方所在地作为所得来源地。

（5）利息所得、租金所得、特许权使用费所得，按照负担或者支付所得的企业或者机构、场所所在地确定

利息、租金和特许权使用费是企业借贷、出租和提供特许权的使用权而获得的收益，应当将负担或支付上述受益的企业或其机构、场所认定为所得来源地。

（6）其他所得，由国务院财政、税务主管部门确定

除上述所得外，由国务院财政、税务主管部门通过制定规章或发布规范性文件进行确定。

10. 如何确定企业的应纳税所得额？

答：（1）居民企业

居民企业每一纳税年度的收入总额，减除不征税收入、免税收入、各项扣除以及允许弥补的以前年度亏损后的余额，为应纳税所得额。

企业应纳税所得额的计算，以权责发生制为原则，属于当期的收入和费用，不论款项是否收付，均作为当期的收入和费用；不属于当期的收入和费用，即使款项已经在当期收付，也不作为当期的收入和费用。

所称亏损，是指企业根据《企业所得税法》将每一纳税年度的收入总额减除免税收入和各项扣除以后小于零的数额。

注意：税法中的亏损和财务会计中的亏损含义是不同的。财务会计上的亏损是指当年总收益小于当年总支出。纳税人在计算应纳税所得额时，收入总额减除不征税收入、免税收入和各项扣除后，其结果就有可能小于零，其小于零的数额即税法中规定可弥补的亏损。

(2) 非居民企业

非居民企业在中国境内未设立机构、场所的，或者虽设立机构、场所但取得的所得与其所设机构、场所没有实际联系的，应当就其来源于中国境内的所得缴纳企业所得税。非居民企业按照下列方法计算其应纳税所得额：

1）股息、红利等权益性投资收益和利息、租金、特许权使用费所得，以收入全额为应纳税所得额。

2）转让财产所得，以收入全额减除财产净值后的余额为应纳税所得额。

3）其他所得，参照前两项规定的方法计算应纳税所得额。

11. 企业所得税的税率是什么？

答：企业所得税的税率是指对纳税人应纳税所得额征税的比率，即企业应纳税额与应纳税所得额的比率。

根据企业所得税法的规定，企业所得税自 2008 年 1 月 1 日起实行 25%的比例税率。

符合条件的小型微利企业，减按 20%的税率征收企业所得税。

国家需要重点扶持的高新技术企业，减按 15%的税率征收企业所得税。

非居民企业在中国境内未设立机构、场所的，或者虽设立机构、场所但取得的所得与其所设机构、场所没有实际联系的，就其来源于中国境内的所得缴纳企业所得税，适用税率为20%。

12. 收入确定应遵循哪些原则？收入总额包括哪些具体内容？

答：(1) 收入总额的确定原则

企业各项收入的确认，应遵循权责发生制原则，一般于商品（产品）已经发出，劳务已经提供同时收取了价款或者取得了收取价款的凭据作为收入的实现。具体各项收入的实现，依行业不同而有所区别。另外，下列经营业务收入可以分期确定：

1）以分期收款方式销售货物的，按照合同约定的收款日期确认收入的实现；

2）企业受托加工制造大型机械设备、船舶、飞机等，以及从事建筑、安装、装配工程业务或者提供劳务等，持续时间超过12个月的，按照纳税年度内完工进度或者完成的工作量确认收入的实现。

(2) 收入总额的内容

企业以货币形式和非货币形式从各种来源取得的收入，为收入总额。包括：销售货物收入；提供劳务收入；转让财产收入；股息、红利等权益性投资收入；利息收入；租金收入；特许权使用费收入；接受捐赠收入；其他收入。

收入总额中的下列收入为不征税收入：财政拨款；依法收取并纳入财政管理的行政事业性收费、政府性基金；国务院规定的其他不征税收入。

企业取得收入的货币形式，主要包括现金、存款、应收账款、应收票据、准备持有至到期的债券投资以及债务的豁免等；企业取得收入的非货币形式，主要包括存货、固定资产、生物资产、无形资产、股权投资、不准备持有至到期的债券投资、劳务以及有关权益等。

13. 企业以非货币形式取得的收入，应当按照公允价值确定收入额吗?

答: 新《企业所得税法》规定，以非货币形式取得的收入，应当按照公允价值确定收入额。

按照公允价值确定收入额，能够使税法与会计准则相衔接。《企业会计准则——基本准则》第四十二条会计计量属性规定，在公允价值计量下，资产和负债按照在公平交易中熟悉情况的交易双方自愿进行资产交换或者债务清偿的金额计量。对企业以非货币形式取得的收入，有别于货币性收入的固定性和确定性，通常按公允价值来确定收入额。

公允价值，即按照市场价格确定的价值。市场价格，可以理解为熟悉情况的买卖双方在公平交易的条件下所确定的价格，或无关联的双方在公平交易的条件下一项资产可以达成的交易价格。

实务中，公允价值通常需要会计人员进行职业判断。

14. 销售货物收入具体包括哪些？税法与会计在销售货物收入确认上一致吗?

答:（1）销售货物收入内容

销售货物收入，是指企业销售商品、产品、原材料、包装物、低值易耗品以及其他存货取得的收入。

1）商品。是指进入流通领域，专门用来交换的产品，是企业销售货物的最重要的类型。

2）产品。是指企业生产的有形成果。产品可以作为广义的概念，进入流通领域的则成为商品，而没有进入流通领域但是也发生交换的，则是狭义概念的产品。因此，这里将产品和商品并列作为货物的类型。

3）原材料。是指原料和材料的合称。原料主要是指来自采掘业和农业的未经加工的物品，如矿石、木材等；材料则是原料经过加工后可直接用于工农业生产的物品，如从矿石提炼出的生铁或炼成的钢，还有木材经过初步加工后形成的用于建造房屋的木构件。

4）包装物。是指为包装商品、产品而提供的各种容器。如桶、箱、瓶、坛、袋等，可随同商品、产品出售并单独计价的包装物，以及出租或出借给购买单位使用的包装物。

5）低值易耗品。包括使用年限在一年以下的生产经营用的劳动资料、使用年限在2年以下的非生产经营用的劳动资料以及使用年限在2年以上单位价值在2000元以下的非生产经营用的劳动资料。低值易耗品不同于固定资产的特点在于其周转期限短、价值较低。

（2）收入时间的确认

税法与会计在销售货物收入确认上不一致。表现在：

会计上根据《企业会计准则第14号——收入》第四条规定，销售商品收入同时满足下列条件的，才能予以确认：

1）企业已将商品所有权上的主要风险和报酬转移给购货方。

2）企业既没有保留通常与所有权相联系的继续管理权，也没有对已售出的商品实施有效控制。

3）收入的金额能够可靠地计量。

4）相关的经济利益很可能流入企业。

5）相关的已发生或将发生的成本能够可靠地计量。

所得税法中对销售货物收入的确认条件为：

1）企业获得已实现经济利益或潜在的经济利益的控制权。

2）与交易相关的经济利益能够流入企业。

3）相关的收入和成本能够合理地计量。

（3）收入金额的确认

销售收入金额的确认，按以下规定进行：

1）企业应当按照从购货方已收或应收的合同或协议价款确定销售货物收入金额。

2）销售货物涉及现金折扣的，应当按照扣除现金折扣前的金额确定销售货物收入金额。现金折扣在实际发生时计入当期损益。

现金折扣，是指债权人为鼓励债务人在规定的期限内付款而向债务人提供的债务扣除。

3）销售货物涉及商业折扣的，应当按照扣除商业折扣后的金额确定销售货物收入金额。

商业折扣，是指企业为促进货物销售而在货物标价上给予的价格扣除。

4）企业已经确认销售货物收入的售出货物发生销售折让的，应当在发生时冲减当期销售货物收入。

销售折让，是指企业因售出货物的质量不合格等原因而在售价上给予的减让。

5）企业已经确认销售货物收入的售出货物发生销售退回的，应当在发生时冲减当期销售货物收入。

销售退回，是指企业售出的货物由于质量、品种不符合要求等原因而发生的退货。

（4）特殊事项的确认

企业发生非货币性资产交换、偿债，以及将货物用于捐赠、赞助、集资、广告、样品、职工福利和利润分配，应当视同销售货物，按上述规定确认收入。新税法采用法人所得税的模式，缩小了视同销售的范围，对于货物在统一法人实体内部之间的转移，比如用于在建工程、管理部门、分公司等不再作为销售处理。

15. 提供劳务收入具体包括哪些？如何确认劳务收入？

答：（1）劳务收入的范围

提供劳务收入，是指企业从事建筑安装、修理修配、交通运输、仓储租赁、金融保险、邮电通信、咨询经纪、文化体育、科学研究、技术服务、教育培训、餐饮住宿、中介代理、卫生保健、社区服务、旅游、娱乐、加工以及其他劳务服务活动取得的收入。

1）建筑安装，属于制造业范畴，指建筑物主体工程竣工后，建筑物内各种设备的安装活动，以及施工中的线路敷设和管道安装。不包括工程收尾的装饰，如对墙面、地板、天花板、门窗等处理活动。

2）修理修配，比如通用零部件的机械修理、农林牧渔业机械的修理、医疗诊断、监护及治疗设备的修理、社会公共安全设备及器材的修理、铁路设备的修理、汽车修理、娱乐船和运动船的修理等。

3）交通运输，包括：铁路运输业、道路运输业、城市公交业、水上运输业等。

4）仓储租赁，包括仓储和租赁两部分。

仓储指专门从事货物仓储、货物运输中转仓储，以及以仓储为主的物流送配活动。

租赁包括两类：一是机械设备租赁，指不配备操作人员的机械设备的租赁服务，包括汽车租赁、农业机械租赁、建筑工程机械与设备租赁、计算机及通信设备租赁等；二是文化及日用品出租，包括图书及音像制品出租等。

5）金融保险，主要是指金融业，包括银行业、证券业、保险业以及其他金融活动。其中保险业主要包括人寿保险、非人寿保险以及保险辅助服务。

6）邮电通信，包括邮电和通信两部分。邮政业和仓储、运输业列为一类，主要包括国家邮政，即国家邮政系统提供的邮政服务，以及其他寄递服务，即国家邮政系统以外的单位所提供的包裹、小件物品的收集、运输、发送服务。通信包括电信服务、互联网信息服务、广播电视传输服务、卫星传输服务等。

7）咨询经纪。咨询业包括会计、审计及税务服务、社会经济咨询以及其他专业咨询；经纪业是指商品经纪人等活动。

8）文化体育。文化业包括新闻出版业，广播、电视、电影和音像业，文化艺术业等；体育业包括体育组织、体育场馆及其他体育活动。

9）科学研究，主要指为了增加知识（包括有关自然、工程、人类、文化和社会的知识），以及运用这些知识创造新的应用，所进行的系统的、创造性的活动。该活动仅限于对新发现、新理论的研究，新技术、新产品、新工艺的研制。研究与试验发展包括基础研究、应用研究和试验发展。包括自然科学研究、工程和技术研究、农业科学研究、医学研究、社会人文科学研究及其试验发展等。

10）技术服务，包括专业技术服务业和科技交流和推广服务业两类。前者包括气象、地震、海洋、测绘服务及技术监测、环境监测、工程技术与规划管理等；后者包括技术推广、科技中介等服务。

11）教育培训，包括学前教育、初等教育、中等教育、高等教育以及职业技能培训、特殊教育等。

12）餐饮住宿。餐饮业包括正餐服务、快餐服务、饮料及冷饮服务以及其他餐饮服务；住宿业包括旅游饭店、一般旅馆及其他住宿服务。

13）中介代理。中介包括房地产中介服务、职业中介服务、科技中介服务等；代理包括贸易、金融领域的代理等。

14）卫生保健，包括医院、卫生院及社区医疗活动、门诊部医疗活动、计划生育技术服务活动、妇幼保健活动、专科疾病防治活动、疾病预防控制及防疫活动以及其他卫生保健活动。

15）社区服务，包括居民社区的物业等服务。

16）旅游，包括旅行社服务业，指为社会各界提供商务、组团和散客旅游的服务。包括向顾客提供咨询、旅游计划和建议、日程安排、导游、食宿和交通等服务。

17）娱乐，包括室内娱乐活动、游乐园、休闲健身娱乐活动及其他娱乐活动。

18）加工，属于制造业的范畴，包括农副食品加工业，石油加工、炼焦及核燃料加工业，有色金属、黑色金属冶炼及压延加工业，废弃资源和废旧材料回收加工业等。

19）其他。

（2）劳务收入的确认方法

劳务收入的确认，按照以下方法进行：

1）收入时间的确认。企业同时满足下列条件时，应确认提供劳务收入的实现：一是收入的金额能够合理地计量；二是相关的经济利益能够流入企业；三是交易中发生的成本能够合理地计量。

2）收入方法的确认。企业受托加工制造大型机械设备、船舶、飞机等，以及从事建筑、安装、装配工程业务或者提供劳务等，持续时间超过 12 个月的，按照纳税年度内完工进度或者完成的工作量确认收入的实现。

企业确定提供劳务交易的完工进度，可以选用下列方法：一是已完工作的测量；二是已经提供的劳务占应提供劳务总量的比例；三是已经发生的成本占估计总成本的比例。

3）收入金额的确认。

①企业应当按照从接受劳务方已收或应收的合同或协议价款确定提供劳务收入总额。

②企业受托加工制造大型机械设备、船舶、飞机等，以及从事建筑、安装、装配工程业务或者提供劳务等，持续时间超过 12 个月的，应当在纳税年度结束时按照提供劳务收入总额乘以完工进度扣除以前会计期间累计已确认提供劳务收入后的金额，确认当期提供劳务收入。同时，按照提供劳务估计总成本乘以完工进度扣除以前会计期间累计已确认劳务成本后的金额，结转当期劳务成本。

③企业提供劳务，但不按照纳税年度内完工进度或者完成的工作量确认收入的，应当分别下列情况处理：若已经发生的劳务成本预计能够得到补偿的，按照已经发生的劳务成本金额确认提供劳务收入，并按相同金额结转劳务成本；若已经发生的劳务成本预计不能得到补偿的，可暂不确认提供劳务收入，但也不将已经发生的劳务成本计入当期损益，待已经发生的劳务成本确定不能得到补偿时，再经主管税务机关核定作为损失扣除。

④企业与其他企业签订的合同或协议包括销售商品和提供劳务时，销售商品部分和提供劳务部分能够区分且能够单独计量的，应当将销售商品的部分作为销售商品处理，将提供劳务的部分作为提供劳务处理。销售商品部分和提供劳务部分不能够区分，或虽能区分但不能够单独计量的，应当将销售商品部分和提供劳务部分全部作为销售商品处理。

4）特殊事项的确认。企业发生非货币性资产交换、偿债，以及将劳务用于捐赠、赞助、集资、广告、样品、职工福利和利润分配，应当视同提供劳务，按上述规定确认收入。

16. 转让财产收入具体包括哪些？如何确认转让财产收入？

答：转让财产收入，是指企业转让固定资产、生物资产、无形资产、股权、债权等财产取得的收入。

（1）财产的范围

转让财产中的“财产”的范围，主要包括以下几种类型：

1）固定资产，是指企业为生产商品、提供劳务、出租或经营管理而持有的，使用寿命超过一个会计年度的财产。

2）生物资产，是指企业拥有的有生命的动植物资产，包括消耗性生物资产、生产性生物资产和公益性生物资产。

3）无形资产，是指企业拥有或者控制的没有实物形态的可辨认非货币性资产。无形资产只有能单独或者与相关合同、资产或负债一起，用于出售、转移、授予许可、租赁或者交换时，才能实现其经济价值。无形资产主要包括企业的商誉、知识产权等。商誉是企业长期生产经营积累的良好声誉和信用，可折价作为财产出资入股，或者转让、出租给他人以及为他人提供担保。知识产权包括专利权、商标权和著作权（版权）以及非专利技术等，是受法律保护的智力成果。知识产权除经过以特许权使用的方式授予他人使用外，还可以依法转让，改变其权利主体，同时为出让人带来收入。

4）股权，是指企业投资其他企业而因此享有的以其出资额（认购股份）为限的收益分配和参与经营决策的权利。股权既有财产权的性质，也有表决权、人身权的性质，但其投资收益是主要目的，因此可以作为财产转让。

5）债权，是特定的当事人之间依据合同约定或者法律规定而发生的特定权利义务关系，债包括合同之债、侵权之债、不当得利之债、无因管理之债等。而债权是基于债的关系而产生的对特定相对人的财产等请求权。债权还可以通过债券形式表现，包括国债、企业债券、公司债券、金融债券等，是指特定主体发行的、约定在一定期限内还本付息的有价证券。债券提高了债权的流通性，极大地便利了债权通过转让实现其经济价值。

（2）转让财产收入的确认

当企业转让财产同时满足下列条件时，应当确认转让财产收入：

1）企业获得已实现经济利益或潜在的经济利益的控制权。

2）与交易相关的经济利益能够流入企业。

3）相关的收入和成本能够合理地计量。

企业应当按照从财产受让方已收或应收的合同或协议价款确定转让财产收入金额。

企业发生非货币性资产交换、偿债，以及将财产用于捐赠、赞助、集资、广告、样品、职工福利和利润分配，应当视同转让财产，按上述规定确认收入。

17. 利息收入具体包括哪些？如何确认利息收入？

答：利息收入，是指企业将资金提供他人使用但不构成权益性投资，或者因他人占用本企业资金取得的收入，包括存款利息、贷款利息、债券利息、欠款利息等收入。

（1）利息收入的形式

利息收入的形式，包括存款利息、贷款利息、债券利息、欠款利息等。

1）存款利息是企业将自有资金存入银行，从而由银行向其定期支付的利息收入。

2）贷款利息是企业将自有资金借贷给他人使用，由他人按约定利率和期限支付的利息收入。存款利息和贷款利息的区别在于借款人即资金使用人不同，前者是银行等办理吸收存款业务的金融机构，后者是有资金需求的其他企业或者个人。

3）债券利息是指企业购买政府债券、金融机构或其他企业的债券，由这些债券发行主体按规定或约定期限支付的利息收入。

4）欠款利息是其他企业或个人不能按期履行对该企业支付款项的义务，而使得本来应该属于该企业的资金在一段时间内仍属于有支付款项义务的企业或个人所有。

（2）利息收入的确认

会计准则规定，企业的利息收入同时满足下列条件的，应当确认收入：

1）相关的经济利益能够流入企业。

2）收入的金额能够合理地计量。

18. 租金收入具体包括哪些？如何确认租金收入？

答：租金收入，是指企业提供固定资产、包装物或者其他有形资产的使用权取得的收入。

（1）租金收入的范围

租金是以当事人双方存在租赁合同关系为前提的。租金收入是企业将自己的财产出租给其他企业或个人使用并从中收取的费用。包括固定资产和包装物两类通常作为租赁物的企业资产类型。

固定资产，包括企业的厂房、生产设备、运输工具等，由于其物质形态较为稳定，可供长期使用，可作为租赁物提供给他人使用而发挥其经济价值。

包装物是为产品提供包装的部分，也可作为租赁物。

其他资产，包括除固定资产、包装物以外企业可作为租赁物的其他资产，如生物资产、原材料等。

（2）租金收入的确认

会计准则规定，企业的租金收入同时满足下列条件的，应当确认收入：

1）相关的经济利益能够流入企业。

2）收入的金额能够合理地计量。

需要注意的是，租金收入应当按照合同约定的承租人应付租金的日期确认实现。这一规定，已经不完全属于权责发生制，而更接近于收付实现制。租金的支付时间是租赁合同的重要条款，承租人应当按照租赁合同约定的租金支付时间履行支付租金的义务。

企业租金收入金额，应当按照有关租赁合同或协议约定的金额全额确定。

19. 特许权使用费收入具体包括哪些？如何确认特许权使用费收入？

答：特许权使用费收入，是指企业提供专利权、非专利技术、商标权、著作权以及其他特许权的使用权取得的收入。

（1）特许权的范围

特许权的范围既可能是单一性质的法定权利，如专利权、商标权、著作权（版权）等，也可能是多种因素的组合，如某种产品的生产方法、某种经营模式（如连锁店经营）等。

1）专利权。是国家依照法定条件和程序，对发明、实用新型和外观设计等智力成果授予的排他性享有和使用的权利。专利权是专利权人的一种财产权，是其通过发明创造或他人转让而获得的，是对其智力劳动的报酬，专利权人可以排他性地使用其专利，或者授予他人使用该专利的权利，从而获得经济上的回报。

2）非专利技术。是指除专利技术以外，具有技术性、秘密性、实用性的技术。非专利技术包括技术知识、经验等，能产生经济价值或竞争优势，且采取了保密措施，包括在授权他人使用时也要求他人承担保密义务。

3）商标权。是指经依法注册商标的所有权人支配其注册商标并禁止他人侵害的排他性权利，包括商标权人对其注册商标的排他使用权、收益权、处分权、续展权和禁止他人侵害的权利等。

4）著作权。又称版权，分为著作人格权与著作财产权两部分。

①著作人格权包括对作品的发表权、署名权、修改权及保护作品完整权等。

②著作财产权包括对作品的复制权、发行权、出租权、展览权、表演权、放映权、广播权、信息网络传播权、摄制权、改变权、翻译权以及许可他人使用并获得报酬的权利等。

著作权人可以依法转让其著作财产权并获得相应的报酬收入。

5）其他特许权。除上述常见的特许权外，如包括连锁店经营的加盟特许权、品牌经营特许权等。这些都是具有经济价值的权利，通常要以支付费用的方式取得，因此也是特许权所有人的重要收入来源。

（2）特许权使用费收入的确认

按照会计准则的规定，企业的特许权使用费收入同时满足下列条件的，应当确认收入：

1）相关的经济利益能够流入企业。

2）收入的金额能够合理地计量。

需要注意的是，特许权使用费收入应当按照合同约定的特许权使用人应付特许权使用费的日期确认实现。特许权使用费的支付时间是特许权使用合同的重要条款，被许可人应当按照合同约定的使用费支付时间履行支付义务，因此自合同约定的支付使用费之日起，该笔使用费在法律上就转归特许权人所有，在法律上发生财产转移的效力。

企业特许权使用费收入金额，应当按照有关使用合同或协议约定的金额全额确定。

20. 接受捐赠收入具体包括哪些？如何确认接受捐赠收入？

答：接受捐赠收入，是指企业接受的来自其他企业、组织或者个人无偿给予的货币性资产、非货币性资产。

（1）捐赠的含义和范围

捐赠是无偿给予的资产。捐赠的基本特征是具有无偿性，合同法规定了赠与人和受赠人相应的权利义务。《中华人民共和国公益事业捐赠法》也规定捐赠应当是自愿和无偿的，并对自然人、法人或者其他组织自愿无偿向依法成立的公益性社会团体和公益性非营利的事业单位捐赠财产用于公益事业的作了特别规定。

捐赠人是其他企业、组织或者个人。其他组织，包括事业单位、社会团体等。

捐赠财产范围，包括货币性资产和非货币性资产。

（2）捐赠收入的确认

企业接受的捐赠收入，按实际收到受赠资产的时间确认收入实现，即按照收付实现制原则确认，以款项的实际收付时间作为标准来确定当期收入和成本费用。

企业接受捐赠收入金额，按照捐赠资产的公允价值确定。

21. 其他收入具体包括哪些内容？如何确认其他收入？

答：其他收入，是指企业取得的除《企业所得税法》第六条第（一）项至第（八）项收入外的其他收入，包括企业资产溢余收入、逾期未退包装物押金收入、确实无法偿付的应付款项、已作坏账损失处理后又收回的应收款项、债务重组收入、补贴收入、违约金收入、汇兑收益等。

（1）其他收入的类型

1）企业资产溢余收入，是指企业资产在盘点过程中发生的多于账面数额的资产。除了物资和现金等流动资产外，还可能包括无形资产等其他资产。

2）逾期未退包装物押金收入。包装物押金是指纳税人为销售货物而出租或出借包装物所收取的押金。包装物的押金收取时不并入销售额计征所得税，但企业收取的押金逾期未返还买方的，则成为企业实际上的一笔收入，依法缴纳企业所得税。

3）确实无法偿付的应付款项。根据企业财务制度规定，企业应当按期偿还各种负债，如确实无法支付的应付款项，计入营业外收入。

4）已作坏账损失处理后又收回的应收款项。企业的生产经营损失作为坏账损失处理后，其亏损部分可以在年度的利润中扣除，或者在今后五个年度内用利润弥补。因此这部分损失已经在税务上作了处理。如果处理后其应收款项又被收回的，则应当重新作为企业的收入计算。

5）债务重组收入。根据《企业会计准则》规定，债务重组是指在债务人发生财务困难的情况下，债权人按其与债务人达成的协议或者法院的裁定作出让步的事项。债务重组中债权人往往对债务人的偿债义务作出一定程度的让步，因此这部分让步的金额应当作为债务人的收入。

6）补贴收入。企业取得国家财政性补贴和其他补贴收入，除国务院和国务院财政、税务主管部门规定不计入损益者外，都应当作为计算应纳税所得额的依据，依法缴纳企业所得税。

7）违约金收入。违约金是合同一方当事人不履行合同或者履行合同不符合约定时，对另一方当事人支付的用于赔偿损失的金额。合同法第一百一十四条规定，当事人可以约定一方违约时应当根据违约情况向对方支付一定数额的违约金，也可以约定因违约产生的损失赔偿额的计算方法。

8）汇兑收益。企业在汇兑人民币和外汇时可能因为汇率变化而产生差价收益，应当作为收入依法缴纳企业所得税。

（2）其他收入的确认

企业的其他收入同时满足下列条件的，应当确认收入：

1）相关的经济利益能够流入企业。

2）收入的金额能够合理地计量。

企业其他收入金额，按照实际收入额或相关资产的公允价值确定。

22. 应纳税所得额计算的基本原则是什么?

答：企业所得税实施条例规定，企业应纳税所得额的计算，以权责发生制为原则。权责发生制要求，属于当期的收入和费用，不论款项是否收付，均作为当期的收入和费用；不属于当期的收入和费用，即使款项已经在当期收付，均不作为当期的收入和费用。

权责发生制从企业经济权利和经济义务是否发生作为计算应纳税所得额的依据，注重强调企业收入与费用的时间配比，要求企业收入费用的确认时间不得提前或滞后。企业在不同纳税期间享受不同的税收优惠政策时，坚持按权责发生制原则计算应纳税所得额，可以有效防止企业利用收入和支出确认时间的不同规避税收。

另外，企业会计准则规定，企业应以权责发生制为原则确认当期收入或费用，计算企业生产经营成果。新《企业所得税法》与会计采用同一原则确认当期收入或费用，有利于减少两者的差异，减轻纳税人税收遵从成本。

但对于交易时间较长，超过一个或几个纳税期间的经济业务，为了保证税收收入的均衡性和防止企业避税，新《企业所得税法》及其实施条例中采取了有别于权责发生制的情况，例如长期工程或劳务合同等交易事项。

23. 什么是企业清算？什么是企业清算所得？如何计算？

答：（1）企业清算

企业清算是指企业因合并、兼并、破产等原因终止生产经营活动，并对企业资产、债权、债务所作的清查、收回和清偿工作。

（2）清算所得

清算所得是指企业的全部资产可变现价值或者交易价格减除资产净值、清算费用、相关税费等后的余额。

（3）清算所得的计算

清算所得的计算公式为：

企业清算所得 = 企业的全部资产可变现价值或者交易价格 – 资产净值 – 清算费用 – 相关税费

1）企业的全部资产可变现价值，是指企业清理所有债权债务关系、完成清算后，所剩余的全部资产折现计算的价值。如果企业剩余资产能在市场上出售而变现，则可以其交易价格为基础。

2）资产净值，是指企业的资产总值减除所有债务后的净值，是企业偿债和担保的财产基础，是企业所有资产本身的价值。从企业全部资产可变现价值或者交易价格中减除资产净值，再减除税费和清算费用，所得出的余额就是在清算过程中企业资产增值的部分。

投资方企业从被清算企业就剩余资产分得的部分，其中相当于从被清算企业累计未分配利润和累计盈余公积中应当分得的部分，应当确认为因股权投资关系从被投资单位税后利润中分配取得的投资所得，免征企业所得税；剩余资产扣除上述股息所得后的余额，是企业的投资返还和投资回收，应冲减投资计税成本；投资方获得的超过投资的计税成本的分配支付额，包括转让投资时超过投资计税成本的收入，应确认为投资转让所得；反之，则作为投资转让损失。

24. 企业所得税的税收优惠政策主要有哪些？

答：（1）小型微利企业、国家重点扶持的高新技术企业的税收优惠

1）符合条件的小型微利企业，减按20%的税率征收企业所得税。

符合条件的小型微利企业，是指从事国家非限制和禁止行业，并符合下列条件的企业：

①工业企业，年度应纳税所得额不超过30万元，从业人数不超过100人，资产总额不超过3000万元。

②其他企业，年度应纳税所得额不超过30万元，从业人数不超过80人，资产总额不超过1000万元。

2）国家需要重点扶持的高新技术企业，减按15%的税率征收企业所得税。

国家需要重点扶持的高新技术企业，是指拥有核心自主知识产权，并同时符合下列条件的企业：

①产品（服务）属于《国家重点支持的高新技术领域》规定的范围。

②研究开发费用占销售收入的比例不低于规定比例。

③高新技术产品（服务）收入占企业总收入的比例不低于规定比例。

④科技人员占企业职工总数的比例不低于规定比例。

⑤高新技术企业认定管理办法规定的其他条件。

（2）从事农、林、牧、渔业项目的税收优惠

从事农、林、牧、渔业项目的所得，可以免征、减征企业所得税，是指：

1）企业从事下列项目的所得，免征企业所得税：

蔬菜、谷物、薯类、油料、豆类、棉花、麻类、糖料、水果、坚果的种植；农作物新品种的选育；中药材的种植；林木的培育和种植；牲畜、家禽的饲养；林产品的采集；灌溉、农产品初加工、兽医、农技推广、农机作业和维修等农、林、牧、渔服务业项目；远洋捕捞。

2）企业从事下列项目的所得，减半征收企业所得税：

花卉、茶以及其他饮料作物和香料作物的种植；海水养殖、内陆养殖。

（3）从事国家重点扶持的公共基础设施项目投资经营的税收优惠

国家重点扶持的公共基础设施项目，是指《公共基础设施项目企业所得税优惠目录》规定的港口码头、机场、铁路、公路、电力、水利等项目。

企业从事规定的国家重点扶持的公共基础设施项目的投资经营的所得，从项目取得第一笔生产经营收入所属纳税年度起，第一年至第三年免征企业所得税，第四年至第六年减半征收企业所得税。

企业承包经营、承包建设和内部自建自用以上项目，不得享受上述企业所得税优惠。

（4）从事符合条件的环境保护、节能节水项目的税收优惠

符合条件的环境保护、节能节水项目，包括公共污水处理、公共垃圾处理、沼气综合开发利用、节能减排技术改造、海水淡化等。项目的具体条件和范围由国务院财政、税务主管部门商国务院有关部门制定，报国务院批准后公布施行。

企业从事上述规定的符合条件的环境保护、节能节水项目的所得，自项目取得第一笔生产经营收入所属纳税年度起，第一年至第三年免征企业所得税，第四年至第六年减半征收企业所得税。

依照上述规定享受减免税优惠的项目，在减免税期限内转让的，受让方自受让之日起，可以在剩余期限内享受规定的减免税优惠；减免税期限届满后转让的，受让方不得就该项目重复享受减免税优惠。

（5）企业符合条件的技术转让所得的税收优惠

符合条件的技术转让所得免征、减征企业所得税。

符合条件的技术转让所得免征、减征企业所得税，是指一个纳税年度内，居民企业技术转让所得不超过500万元的部分，免征企业所得税；超过500万元的部分，减半征收企业所得税。

（6）非居民企业的税收规定

非居民企业在中国境内未设立机构、场所的，或者虽设立机构、场所但取得的所得与其所设机构、场所没有实际联系的，应当就其来源于中国境内的所得缴纳企业所得税。非居民企业取得的所得，减按10%的税率征收企业所得税。

下列所得可以免征企业所得税：

1）外国政府向中国政府提供贷款取得的利息所得。

2）国际金融组织向中国政府和居民企业提供优惠贷款取得的利息所得。

3）经国务院批准的其他所得。

（7）民族自治地区税收优惠政策

民族自治地方的自治机关对本民族自治地方的企业应缴纳的企业所得税中属于地方分享的部分，可以决定减征或者免征。自治州、自治县决定减征或者免征的，须报省、自治区、直辖市人民政府批准。

其中，民族自治地方，是指按照《中华人民共和国民族区域自治法》的规定，实行民族区域自治的自治区、自治州、自治县。

对民族自治地方内国家限制和禁止行业的企业，不得减征或者免征企业所得税。

对2008年1月1日后民族自治地方批准享受减免税的企业，一律按新《企业所得税法》第二十九条的规定执行，即对民族自治地方的企业减免企业所得税，仅限于减免企业所得税中属于地方分享的部分，不得减免属于中央分享的部分。民族自治地方在新税法实施前已经按照《财政部国家税务总局海关总署关于西部大开发税收优惠政策问题的通知》中有关减免税规定批准享受减免企业所得税（包括减免中央分享企业所得税的部分）的，自2008年1月1日起计算，对减免税期限在5年以内（含5年）的，继续执行至期满后停止；对减免税期限超过5年的，从第六年起按新税法第二十九条规定执行。

（8）创投企业税收优惠

创业投资企业从事国家需要重点扶持和鼓励的创业投资，可以按投资额的一定比例抵扣应纳税所得额。

抵扣应纳税所得额，是指创业投资企业采取股权投资方式投资于未上市的中小高新技术企业2年以上的，可以按照其投资额的70%在股权持有满2年的当年抵扣该创业投资企业的应纳税所得额；当年不足抵扣的，可以在以后纳税年度结转抵扣。

（9）鼓励证券投资基金发展的优惠政策

1）对证券投资基金从证券市场中取得的收入，包括买卖股票、债券的差价收入，股权的股息、红利收入，债券的利息收入及其他收入，暂不征收企业所得税。

2）对投资者从证券投资基金分配中取得的收入，暂不征收企业所得税。

3）对证券投资基金管理人运用基金买卖股票、债券的差价收入，暂不征收企业所得税。

（10）外国投资者从外商投资企业取得利润的优惠政策

2008年1月1日之前外商投资企业形成的累积未分配利润，在2008年以后分配给外国投资者的，免征企业所得税；2008年及以后年度外商投资企业新增利润分配给外国投资者的，依法缴纳企业所得税。

（11）实施企业所得税过渡优惠政策

1）新税法公布前批准设立的企业税收优惠过渡办法。自2008年1月1日起，原享受低税率优惠政策的企业，在新税法施行后5年内逐步过渡到法定税率。其中，享受企业所得税15%税率的企业，2008年按18%税率执行，2009年按20%税率执行，2010年按22%税率执行，2011年按24%税率执行，2012年按25%税率执行；原执行24%税率的企业，2008年起按25%税率执行。

自2008年1月1日起，原享受企业所得税“两免三减半”、“五免五减半”等定期减免税优惠的企业，新税法施行后继续按原税收法律、行政法规及相关文件规定的优惠办法及年限享受至期满为止，但因未获利而尚未享受税收优惠的，其优惠期限从2008年度起计算。

享受上述过渡优惠政策的企业，是指2007年3月16日以前经工商等登记管理机关登记设立的企业。

2）继续执行西部大开发税收优惠政策。根据国务院实施西部大开发有关文件精神，西部大开发企业所得税优惠政策继续执行。

3）对适用减半征收的税收政策。对适用15%税率并享受企业所得税定期减半优惠过渡的企业，2008年应按18%税率计算的应纳税额实行减半征税，2009年按20%税率计算的应纳税额实行减半征税，2010年按22%税率计算的应纳税额实行减半征税，2011年按24%税率计算的应纳税额实行减半征税，2012年及以后年度按25%税率计算的应纳税额实行减半征税。

对原适用24%或33%税率并享受企业所得税定期减半优惠过渡的企业，2008年及以后年度一律按25%税率计算的应纳税额实行减半征税。

（12）加计扣除项目

企业的下列支出，可以在计算应纳税所得额时加计扣除：

1）开发新技术、新产品、新工艺发生的研究开发费用。研究开发费用的加计扣除，是指企业为开发新技术、新产品、新工艺发生的研究开发费用，未形成无形资产计入当期损益的，在按照规定据实扣除的基础上，按照研究开发费用的50%加计扣除；形成无形资产的，按照无形资产成本的150%摊销。

2）安置残疾人员及国家鼓励安置的其他就业人员所支付的工资。企业安置残疾人员所支付的工资的加计扣除，是指企业安置残疾人员的，在按照支付给残疾职工工资据实扣除的基础上，按照支付给残疾职工工资的100%加计扣除。

3）对安置残疾人单位的企业所得税政策。

①单位支付给残疾人的实际工资可在企业所得税前据实扣除，并可按支付给残疾人实际工资的100%加计扣除。

单位实际支付给残疾人的工资加计扣除部分，如大于本年度应纳税所得额的，可准予扣除其不超过应纳税所得额的部分，超过部分本年度和以后年度均不得扣除。亏损单位不适用上述工资加计扣除应纳税所得额的办法。

单位在执行上述工资加计扣除应纳税所得额办法的同时，可以享受其他企业所得税优惠政策。

②对单位按照上述规定取得的增值税退税或营业税减税收入，免征企业所得税。

单位，是指税务登记为各类所有制企业（不包括个人独资企业、合伙企业和个体经营户）、事业单位、社会团体和民办非企业单位。

25. 采取产品分成方式取得收入的，何时确认收入？如何确定收入额？

答：采取产品分成方式取得收入的，按照企业分得产品的时间确认收入的实现，其收入额按照产品的公允价值确定。

产品分成，即多家企业在合作进行生产经营的过程中，合作各方对合作生产出的产品按照约定进行分配，并以此作为生产经营收入。由于产品分成是以实物代替货币作为收入的，而产品的价格又随着市场供求关系而波动，因此只有在分得产品的时候才能确认收入的实现。

产品分成是以非货币形式取得收入的一种形式，按照《企业所得税法》的规定，企业以非货币形式取得的收入，应当按照公允价值确定收入额。

26. 什么情况下称为视同销售货物、转让财产和提供劳务？

答：应当视同销售货物、转让财产和提供劳务的特别情形主要包括：

（1）非货币性资产交换

根据《企业会计准则》的规定，非货币性资产交换，是指交易双方主要以存货、固定资产、无形资产和长期股权投资等非货币性资产进行的交换。该交换不涉及或只涉及少量的货币性资产（即补价）。

1）货币性资产，是指企业持有的货币资金和将以固定或可确定的金额收取的资产，包括现金、银行存款、应收账款和应收票据以及准备持有至到期的债券投资等。

2）非货币性资产，是指货币性资产以外的资产。

3）非货币性资产交换必须同时满足两个条件才能作为收入：一是该项交换具有商业实质；二是换入资产或换出资产的公允价值能够可靠地计量。

非货币性资产交换包括：以股权换股权（股权置换）、以债权换债权等，其所得是对方等价的资产。

《企业会计准则》规定，应当以公允价值和应支付的相关税费作为换入资产的成本，公允价值与换出资产账面价值的差额计入当期损益。

（2）将货物、财产、劳务用于捐赠、偿债、赞助、集资、广告、样品、职工福利和利润分配等用途

为了保证国家的税收收入，对上述行为均视同销售货物、转让财产和提供劳务。

在这些行为过程中，对货物、财产和劳务没有以货币进行计价，所以也应当按照公允价值确定其收入，计算应纳税额。

27. 准予扣除的项目有哪些？

答：根据《企业所得税法》中收入与支出的关联、配比等原则的要求，并非所有的企业支出都可以在税前扣除，只有与取得收入有关的、合理的支出，包括成本、费用、税金、损失和其他支出，准予在计算应纳税所得额时扣除。

成本，是指企业在生产经营活动中发生的销售成本、销货成本、业务支出以及其他耗费。

费用，是指企业在生产经营活动中发生的销售费用、管理费用和财务费用，已经计入成本的有关费用除外。

税金，是指企业发生的除企业所得税和允许抵扣的增值税以外的各项税金及其附加。

损失，是指企业在生产经营活动中发生的固定资产和存货的盘亏、毁损、报废损失，转让财产损失，呆账损失，坏账损失，自然灾害等不可抗力因素造成的损失以及其他损失。

企业发生的损失，减除责任人赔偿和保险赔款后的余额，按照国务院财政、税务主管部门的规定扣除。

企业已经作为损失处理的资产，在以后纳税年度全部收回或者部分收回时，应当计入当期收入。

其他支出，是指除成本、费用、税金、损失外，企业在生产经营活动中发生的有关的、合理的支出。

（1）与取得收入有关的支出

与取得收入有关的支出，是指企业所实际发生的能直接带来经济利益的流入或者可预期经济利益的流入的支出。这里需要明确的是：

1）允许税前扣除的支出，应该是能给企业带来现实、实际的经济利益，如生产性企业为生产产品而购买储存的原材料，服务性企业为收取服务费用而雇佣员工为客户提供服务，或者购买储存的提供服务过程中所耗费的材料等支出，就属于能直接给企业带来现实、实际经济利益的支出，属于与"取得收入有关的支出"。

2）允许税前扣除的支出，应该是能给企业带来可预期经济利益的流入的支出。虽然企业的这类支出，并不直接或者即时地表现为相应现实、实际经济利益的流入，但是根据社会一般经验或者判断，如果这种支出所对应的收益，将是可预期的，那么这类支出就属于"与取得收入直接相关的支出"。

（2）企业发生的合理的支出

合理的支出，是指符合生产经营活动常规，应当计入当期损益或者有关资产成本的必要和正常的支出。合理性的具体判断，主要是看发生支出的计算和分配方法是否符合一般经营常规，如企业发生的业务招待费与所成交的业务额或者业务的利润水平是否相吻合，工资水平与社会整体或者同行业工资水平是否差异过大等。企业发生的支出是否合理，应从以下方面进行考虑：

1）允许扣除的支出应当是符合企业生产经营活动常规的支出。

2）企业发生的合理的支出，限于应当计入当期损益或者有关资产成本的必要与正常的支出。

根据《企业所得税法》及有关规定，下列项目允许按照规定的范围和标准扣除：

（1）借款利息支出的扣除

利息，是指借款人支付给贷款人使用资金的报酬。纳税人在生产经营期间，向金融企业借款的利息支出、金融企业的各项存款利息支出和同业拆借利息支出、企业经批准发行债券的利息支出，按实际发生数扣除；向非金融机关借款的利息支出，按不高于金融机构同类同期贷款利率计算的数额允许扣除，超出的部分不准予扣除。

（2）借款费用的扣除

企业在生产经营活动中发生的合理的不需要资本化的借款费用，准予扣除。

企业为购置、建造和生产固定资产、无形资产和经过12个月以上的建造才能达到预定可销售状态的存货发生借款的，在有关资产购建期间发生的合理的借款费用，全部计入该项固定资产原价，投产后的贷款利息允许扣除。

纳税人从关联方取得的借款金额超过其注册资本50%的，超过部分的利息支出，税前不得扣除。从事房地产开发业务的纳税人为开发房地产而借入资金所发生的借款费用，在房地产完工之前发生的应计入有关房地产的开发成本。电信企业经国务院和国发发改委批准发行的企业债券属于企业正常的借款费用，所支付的利息，允许企业在计算当期应纳税所得额时据实扣除。

对借款利息费用是否资本化，按照以下原则处理：

1）购建各种固定资产时，如果发生非正常中断且中断时间较长的，其中断时间发生的借款费用，不计入各种固定资产成本，直接在发生当期扣除；但如果中断是使购置固定资产达到可使用状态所必需的程序，则中断期间发生借款费用，仍应予以资本化。

2）企业借款除非明确指明用于开发无形资产，一般情况下，不将未指明用途的借款费用分配计入无形资产成本。如果企业自行研制开发无形资产的费用，已按技术开发费进行归集的，有关开发所需借款的利息费用按技术开发费用的有关规定，可以直接计入发生当期的管理费用，而不予资本化。

3）企业筹建期间发生的长期借款费用，除购置固定资产、对外投资而发生的长期借款费用外，计入开办费。

4）对应资本化的借款费用，如果高于金融机构同期同类借款利息的部分，也不予资本化。

（3）合理的工资薪金的扣除

工资薪金，是指企业每一纳税年度支付给在本企业任职或者受雇的员工的所有现金或者非现金形式的劳动报酬，包括基本工资、奖金、津贴、补贴、年终加薪、加班工资，以及与任职或者受雇有关的其他支出。

（4）公益性捐赠支出的扣除

企业发生的公益性捐赠支出，在年度利润总额12%以内的部分，准予在计算应纳税所得额时扣除。

其中，公益性捐赠，是指企业通过县级以上人民政府及其部门，或者通过省级以上人民政府有关部门认定的公益性社会团体，用于《中华人民共和国公益事业捐赠法》规定的公益事业的捐赠。

年度利润总额，是指企业按照国家统一会计制度的规定计算的年度会计利润。

公益性社会团体，是指同时符合下列条件的基金会、慈善组织等社会团体：

1）依法登记，具有法人资格。

2）以发展公益事业为宗旨，并不以营利为目的。

3）全部资产及其增值为该法人所有。

4）收益和营运结余主要用于设立目的的事业。

5）终止后的剩余财产不归属任何个人或者营利组织。

6）不经营与其设立目的无关的业务。

7）有健全的财务会计制度。

8）捐赠者不以任何形式参与社会团体财产的分配。

9）国务院财政、税务主管部门规定的其他条件。

（5）各类保险基金和统筹基金的扣除

准予在税前扣除的各项保险费用：

1）纳税人按规定上交保险公司或劳动保险部门的职工养老保险基金和待业保险基金。

2）纳税人为全体员工按国家规定向税务机关、社会劳动保障部门或其他指定机构缴纳的基本养老保险费、基本医疗保险费、基本失业保险费，按经省级税务机关确认的标准缴纳的残疾人就业保障金，按国家规定为特殊工种职工支付的法定人身安全保险。

3）企业为全体员工按国务院或省级人民政府规定的比例或标准缴纳的补充养老保险、补充医疗保险。

4）纳税人参加财产保险和运输保险，按照规定缴纳的保险费用，准予扣除。

5）纳税人按国家规定为特殊工种职工支付的法定人身安全保险费，准予在计算应纳税所得额时据实扣除。

企业为其投资者或员工个人向商业保险机构投保的人寿保险或财产保险，以及在基本保险以外为员工投保的其他补充保险，不得扣除。

保险公司给予纳税人的无赔款优待，应计入当年的应纳税所得额。

（6）“三项”经费的扣除

职工工会经费，是指纳税人按规定计提拨缴给工会组织的经费。职工福利费是指按照规定提取用于职工的医药费、医疗人员的工资、医务经费、职工因公负伤赴外地就医诊费、职工生活困难补助，职工浴室、幼儿园、理发屋、托儿所人员的工资以及按国家规定开支的其他福利支出。职工教育经费是指纳税人为职工学习先进科学技术和提高文化水平而支出的费用。

企业发生的职工福利费支出，不超过工资薪金总额14%的部分，准予扣除。

企业拨缴的职工工会经费支出，不超过工资薪金总额2%的部分，准予扣除。

除国务院财政、税务主管部门另有规定外，企业发生的职工教育经费支出，不超过工资薪金总额2.5%的部分，准予扣除；超过部分，准予在以后纳税年度结转扣除。

（7）业务招待费的扣除

企业发生的与生产经营活动有关的业务招待费，按照发生额的60%扣除，但最高不得超过当年销售（营业）收入的5‰。

纳税人申报扣除的业务招待费，主管税务机关要求提供资料的，应提供能证明其真实性的足够的有效凭证或资料。不能提供的，不得在税前扣除。

（8）汇兑损益的扣除

企业在货币交易中，以及纳税年度终了将人民币以外的货币性资产、负债按照期末即期人民币汇率中间价折算为人民币时产生的汇兑损失，除已经计入有关资产成本以及与向所有者进行利润分配相关的部分外，准予扣除。

（9）环境保护、生态恢复等专项资金的扣除

企业按照法律、行政法规有关规定提取的用于环境保护、生态恢复等专项资金，准予扣除。

上述专项资金提取以后改变用途的，不得扣除。

（10）固定资产租赁费的扣除

纳税人根据生产、经营需要租入固定资产所支付的租赁费，有两种形式，分别采取不同的方法扣除。

1）纳税人以经营租赁方式租入的固定资产，按照租赁期限均匀扣除。

2）纳税人以融资租赁方式租入固定资产，其租赁费按照规定构成融资租入固定资产价值的部分应当提取折旧费用，分期扣除。

（11）广告费和业务宣传费的扣除

企业每一纳税年度发生的符合条件的广告费和业务宣传费，除国务院财政、税务主管部门另有规定外，不超过当年销售（营业）收入15%的部分，准予扣除；超过部分，准予在以后纳税年度结转扣除。

（12）劳动保护支出的扣除

企业发生的合理的劳动保护支出，准予扣除。

(13) 企业间往来支付的管理费、租金、特许权使用费和利息的扣除

企业之间支付的管理费、企业内营业机构之间支付的租金和特许权使用费，以及非银行企业内营业机构之间支付的利息，不得扣除。

(14) 支付给总机构的费用的扣除

非居民企业在中国境内设立的机构、场所，就其中国境外总机构发生的与本机构、场所生产经营有关的费用，能够提供总机构出具的费用汇集范围、定额、分配依据和方法等证明文件，并合理计算分摊的，准予扣除。

(15) 转让资产的扣除

企业转让资产，该项资产的净值，准予在计算应纳税所得额时扣除。资产的净值，是指有关资产、财产的计税基础减除按照规定已经扣除的折旧、折耗、摊销、准备金等后的余额。

28. 不准予税前扣除项目有哪些?

答：在计算应纳税所得额时，下列支出不得扣除：

1) 向投资者支付的股息、红利等权益性投资收益款项。

2) 企业所得税税款。

3) 税收滞纳金。

4) 罚金、罚款和被没收财物的损失。

5)《企业所得税法》第九条规定以外的捐赠支出。

6) 赞助支出。

7) 未经核定的准备金支出。

8) 与取得收入无关的其他支出。

其中，赞助支出，是指企业发生的与生产经营活动无关的各种非广告性质支出。

未经核定的准备金支出，是指不符合本条例和国务院财政、税务主管部门规定的各项资产减值准备、风险准备等准备金支出。

29. 税法对资产的税务处理是如何规定的?

答:(1)固定资产的税务处理

1)固定资产。固定资产最基本的特征在于,企业持有固定资产的目的是为了生产商品、提供劳务、出租或经营管理,而不是直接用于出售,从而明显区别于流动资产。有些无形资产可能同时符合固定资产的其他特征,但是,由于其没有实物形态,所以,不属于固定资产。

2)固定资产的确认。固定资产同时满足下列条件的,才能予以确认:

①该固定资产包含的经济利益很可能流入企业。对固定资产的确认来说,如果某一固定资产预期不能给企业带来经济利益,就不能确认为企业的固定资产。实践中,首先需要判断该项固定资产所包含的经济利益是否很可能流入企业。如果该项固定资产包含的经济利益不是很可能流入企业,那么,即使其满足固定资产确认的其他条件,企业也不应将其确认为固定资产;如果该项固定资产包含的经济利益很可能流入企业,并同时满足固定资产确认的其他条件,那么,企业应将其确认为固定资产。

②该固定资产的成本能够可靠地计量。成本能够可靠地计量,是资产确认的一项基本条件。固定资产作为企业资产的重要组成部分,要予以确认,其为取得该固定资产而发生的支出也必须能够可靠地计量。如果固定资产的成本能够可靠地计量,并同时满足其他确认条件,就可以加以确认;否则,企业不应加以确认。

企业在确定固定资产成本时,有时需要根据所获得的最新资料,对固定资产的成本进行合理的估计。比如,企业对于已达到预定可使用状态的固定资产,在尚未办理竣工决算前,需要根据工程预算、工程造价或者工程实际发生的成本等资料,按暂估价值确定固定资产的入账价值,待办理了竣工决算手续后再作调整。

固定资产的各组成部分具有不同使用寿命或者以不同方式为企业提供经济利益,适用不同折旧率或折旧方法的,应当分别将各组成部分确认为单项固定资产，因为各组成部分实际上是以独立的方式为企业提供经济利益。例如，飞机的引擎，如果其与飞机机身具有不同的使用寿命，从而适用不同的折旧率或折旧方法，则企业应将其单独确认为固定资产。

企业与固定资产有关的后续支出，是指固定资产在使用过程中发生的更新改造支出、修理费用等，符合固定资产确认条件的，应当计入固定资产成本；不符合的，应当在发生时计入当期损益。

3）固定资产的计税基础。固定资产按照以下方法确定计税基础：

①外购的固定资产，以购买价款和支付的相关税费为计税基础。外购固定资产的成本，包括购买价款、进口关税和其他税费，使固定资产达到预定可使用状态前所发生的可归属于该项资产的场地整理费、运输费、装卸费、安装费和专业人员服务费等。

购建固定资产达到预定可使用状态具体可以从以下几个方面进行判断：

A. 固定资产的实体建造（包括安装）工作已经全部完成或者实质上已经完成。

B. 所购建的固定资产与设计要求或合同要求相符或基本相符，即使有极个别与设计或合同要求不相符的地方，也不影响其正常使用。

C. 继续发生在所购建固定资产上的支出金额很少或几乎不再发生。

如果所购建固定资产需要试生产或试运行，则在试生产结果表明资产能够正常生产出合格产品时，或试运行结果表明能够正常运转或营业时，就应当认为资产已经达到预定可使用状态。工程在达到预定可使用状态前，因必须进行试运转而形成的、能够对外销售的产品，其发生的成本，计入在建工程成本，销售或转为库存商品时，按实际销售收入或按预计售价冲减工程成本。

企业购入的固定资产分不需要安装的固定资产和需要安装的固定资产两种情形。前者的取得成本为企业实际支付的买价、包装费、运杂费、保险费、专业人员服务费和相关税费等；后者的取得成本是在前者取得成本的基础上，加上安装调试成本等。

以一笔款项购入多项没有单独标价的固定资产，应当按照各项固定资产公允价值比例对总成本进行分配，分别确定各项固定资产的成本。

②自行建造的固定资产，以竣工结算前发生的支出为计税基础。自行建造固定资产的成本，由建造该项资产达到预定可使用状态前所发生的必要支出构成。这里所讲的“建造该项资产达到预定可使用状态前所发生的必要支出”，包括工程用物资成本、人工成本、应予以资本化的固定资产借款费用、缴纳的相关税金以及应分摊的其他间接费用等。

应计入固定资产成本的借款费用，按照《企业会计准则第 17 号——借款费用》的规定处理。

③融资租入的固定资产，以租赁合同约定的付款总额和承租人在签订租赁合同过程中发生的相关费用为计税基础，租赁合同未约定付款总额的，以该资产的公允价值和承租人在签订租赁合同过程中发生的相关费用为计税基础。

④盘盈的固定资产，以同类固定资产的重置完全价值为计税基础。

⑤通过捐赠、投资、非货币性资产交换、债务重组等方式取得的固定资产，以该资产的公允价值和支付的相关税费为计税基础。

投资者投入固定资产的成本，应当按照投资合同或协议约定的价值确定，但合同或协议约定价值不公允的除外。对于接受固定资产投资的企业，在办理了固定资产移交手续之后，按合同或协议约定的价值加上应支付的相关税费作为固定资产的入账价值；按合同或协议约定的价值在其注册资本中所占的份额，确认为实收资本或股本；按合同或协议约定的价值与确认为实收资本或股本的差额，确认为资本公积；按应支付的相关税费，确认为银行存款或应交税金。

⑥改建固定资产的计税基础。改建的固定资产，除已足额提取折旧的固定资产的改建支出和租入固定资产的改建支出规定外，以改建过程中发生的改建支出增加计税基础。

4）固定资产折旧的税前扣除、使用年限和残值率、计提折旧的起止时间。

①固定资产按照直线法计算的折旧，准予扣除。

②下列固定资产不得计算折旧扣除：

A. 房屋、建筑物以外未投入使用的固定资产。

B. 以经营租赁方式租入的固定资产。

C. 以融资租赁方式租出的固定资产。

D. 已足额提取折旧仍继续使用的固定资产。

E. 与经营活动无关的固定资产。

F. 单独估价作为固定资产入账的土地。

G. 其他不得计算折旧扣除的固定资产。

③使用年限和残值率的确定。固定资产的使用年限按照企业财务制度有关规定执行。但由于各行业规定的年限不同，税法规定了一个最短年限，凡在最短年限内，企业可根据本单位的承受能力确定使用年限，经税务机关批准后实行。具体界限是：

A. 房屋、建筑物为 20 年。

B. 飞机、火车、轮船、机器、机械和其他生产设备为 10 年。

C. 与生产经营活动有关的器具、工具、家具等，为 5 年。

D. 飞机、火车轮船以外的运输工具为 4 年。

E. 电子设备为 3 年。

固定资产报废前都有一部分残值，计算折旧时，应将残值从原值中扣减。

企业应当根据固定资产的性质和使用情况，合理确定固定资产的预计净残值。固定资产的预计净残值一经确定，不得变更。

④计提折旧的起止时间。企业应当自固定资产投入使用月份的次月起计算折旧；停止使用的固定资产，应当自停止使用月份的次月起停止计算折旧。

5）固定资产的期末复核。企业应当至少于每年年度终了，对固定资产的使用寿命、预计净残值和折旧方法进行复核。

①使用寿命期末复核。使用寿命预计数与原估计数有差异的，应当调整固定资产折旧年限。在固定资产使用过程中，其所处的经济环境、技术环境以及其他环境有可能与预计固定资产使用寿命时发生很大的变化。例如，固定资产使用强度比正常情况大大加强，致使固定

资产实际使用寿命大大缩短；融资租赁合同对租赁期作了新的调整，等等。此时，如果不对固定资产预计使用寿命进行调整，原先确定的固定资产使用寿命必然不能反映出其为企业提供经济利益的期间，据此提供的会计信息就很可能是不真实的，进而影响会计信息使用者做出恰当的经济决策。

②预计净残值期末复核。预计净残值预计数与原先估计数有差异的，应当调整预计净残值。

③折旧方法期末复核。固定资产包含的经济利益预期实现方式有重大改变的，应当改变固定资产折旧方法。在固定资产使用过程中，其包含的经济利益的预期实现方式有可能发生重大改变。如果固定资产给企业带来经济利益的方式发生重大变化，企业也应相应改变折旧方法。例如，某企业以前年度采用年限平均法计提固定资产折旧；此次年度复核中发现，与该固定资产相关的技术发生很大变化，年限平均法已很难反映该项固定资产给企业带来经济利益的方式，因此，决定变年限平均法为加速折旧法。此时，如果不对固定资产折旧方法进行调整，原先确定的固定资产折旧方法必然不能反映出其为企业提供经济利益的方式，据此提供的会计信息就很可能是不真实的，进而影响会计信息使用者做出恰当的经济决策。

（2）生产性生物资产的税务处理

生产性生物资产，是指企业为生产农产品、提供劳务或者出租等而持有的生物资产，包括经济林、薪炭林、产畜和役畜等。与消耗性生物资产相比，生产性生物资产最大的不同就是其持有目的。消耗性生物资产以出售或在将来收获农产品为持有目的，而生产性生物资产的持有目的是长期使用，长期使用包括利用其进行繁殖、产出农产品或役使。

1）生产性生物资产的计税基础。

①外购的生产性生物资产，以购买价款和支付的相关税费为计税基础。

②通过捐赠、投资、非货币性资产交换、债务重组等方式取得的生产性生物资产，以该资产的公允价值和支付的相关税费为计税基础。

2）生产性生物资产折旧的税前扣除、最低折旧年限、起止时间和净残值。

①生产性生物资产按照直线法计提的折旧，准予扣除。企业对达到预定生产经营目的的生产性生物资产，应当按期计提折旧，并根据用途分别计入相关资产的成本或当期损益。生产性生物资产的折旧，是指在生产性生物资产的使用寿命内，按照确定的方法对应计折旧额进行系统的分摊。应计折旧额是指应当计提折旧的生产性生物资产的原价扣除其预计净残值后的金额；已计提减值准备的生产性生物资产，还应当扣除已计提的生产性生物资产减值准备累计金额。

②生产性生物资产计算折旧的最低年限：

A. 林木类生产性生物资产，为 10 年。

B. 畜类生产性生物资产，为 3 年。

③企业应当自生产性生物资产投入使用月份的次月起计提折旧；停止使用的生产性生物资产，应当自停止使用月份的次月起停止计提折旧。

④企业对于进入正常生产期的生产性生物资产，应当根据生产性生物资产的性质、使用情况和有关经济利益的预期实现方式，合理确定其使用寿命、预计净残值和折旧方法；生产性生物资产的使用寿命、预计净残值和折旧方法一经确定，不得随意变更。

3）生产性生物资产的期末复核。对于生产性生物资产的使用寿命、预计净残值和折旧方法，企业至少应当于每年年度终了进行复核。使用寿命或预计净残值的预期数与原先估计数有差异的，或者有关经济利益预期实现方式有重大改变的，应当作为会计估计变更进行处理，调整生产性生物资产的使用寿命或预计净残值或者改变折旧方法。

（3）无形资产的税务处理

1）无形资产的计税基础。

①外购的无形资产，以购买价款、支付的相关税费以及直接归属于使该资产达到预定用途发生的其他支出为计税基础；购买无形资产的价款超过正常信用条件延期支持的，无形资产的成本为其等值现金价格。实际支付的价款与确认的成本之间的差额，除按照《企业会计

准则第 17 号——借款费用》应予资本化的以外，应当在信用期间内确认为利息费用。

②自行开发的无形资产，以开发过程中符合资本化条件后至达到预定用途前发生的支出为计税基础；但对于以前期间已经费用化的支出不再调整。

③通过捐赠、投资、非货币性资产交换、债务重组等方式取得的无形资产，以该资产的公允价值和支付的相关税费为计税基础。

④企业合并取得的无形资产，其公允价值能够可靠计量的，应当单独确认为无形资产。

企业合并取得的无形资产，通常按照合同或法律规定产生的权利加以确认；某些并非合同或法律规定的权利，但能够与被购买企业的其他资产区分并单独出售或转让的，应当确认为无形资产。

⑤企业取得的土地使用权通常应确认为无形资产。但改变土地使用权用途，用于赚取租金或资本增值的，应当将其转为投资性房地产。

自行开发建造厂房等地上建筑物时，土地使用权与地上建筑物应分别进行处理。外购土地及建筑物支付的价款应当在建筑物与土地使用权之间进行分配；难以合理分配的，应当全部作为固定资产。房地产开发企业取得的土地使用权用于建造对外出售的房屋建筑物，相关的土地使用权账面价值应当计入所建造的房屋建筑物成本。

2）无形资产摊销的税前扣除和摊销年限。

①无形资产按照直线法计算的摊销费用，准予扣除。

企业应当于取得无形资产时分析判断其使用寿命。

A. 无形资产的使用寿命如为有限的，应当估计该使用寿命的年限或者构成使用寿命的产量等类似计量单位数量；无法预见无形资产为企业带来未来经济利益的期限的，应当视为使用寿命不确定的无形资产。使用寿命有限的无形资产，其应摊销金额应当在使用寿命内系统合理摊销。

企业摊销无形资产，应当自无形资产可供使用时起，至不再作为无形资产确认时止。

企业选择的无形资产摊销方法，应当反映企业预期消耗该项无形资产所产生的未来经济利益的方式，因而无形资产的摊销方法可以有多种，比如直线法、加速折旧法或其他方法（比如对公路经营权采用车流量法）。无法可靠确定消耗方式的，应当采用直线法摊销。无形资产按照直线法计算的摊销费用，准予在税前扣除。

B. 使用寿命不确定的无形资产不应摊销。

②下列无形资产不得计算摊销费用扣除：

A. 自行开发的支出已在计算应纳税所得额时扣除的无形资产。

B. 自创商誉。

C. 与经营活动无关的无形资产。

D. 其他不得计算摊销费用扣除的无形资产。

③无形资产的摊销年限。无形资产的摊销年限不得低于10年。

作为投资或者受让的无形资产，有关法律规定或者合同约定了使用年限的，可以按照规定或者约定的使用年限分期摊销。

外购商誉的支出，在企业整体转让或者清算时，准予扣除。

企事业单位购进软件，凡符合固定资产或无形资产确认条件的，可以按照固定资产或无形资产进行核算，经主管税务机关核准，其折旧或摊销年限可以适当缩短，最短可为2年。集成电路生产企业的生产性设备，经主管税务机关核准，其折旧年限可以适当缩短，最短可为3年。

在无形资产的会计处理中，估计无形资产使用寿命应当考虑以下相关因素：

①企业持有的无形资产，通常来源于合同性权利或是其他法定权利，而且合同规定或法律规定有明确的使用年限。来源于合同性权利或其他法定权利的无形资产，其使用寿命不应超过合同性权利或其他法定权利的期限；如果合同性权利或其他法定权利能够在到期时因续约等延续，且有证据表明企业续约不需要付出大额成本，续约期应当计入使用寿命。

合同或法律没有规定使用寿命的，企业应当综合各方面情况，聘请相关专家进行论证、与同行业的情况进行比较以及参考历史经验等，确定无形资产为企业带来未来经济利益的期限。

经过上述努力仍无法合理确定无形资产为企业带来经济利益期限的，才能将其作为使用寿命不确定的无形资产。

②企业确定无形资产的使用寿命，应当考虑以下因素：

A. 该资产通常的产品寿命周期、可获得的类似资产使用寿命的信息。

B. 技术、工艺等方面的现实情况及对未来发展的估计。

C. 以该资产生产的产品或服务的市场需求情况。

D. 现在或潜在的竞争者预期采取的行动。

E. 为维持该资产产生未来经济利益的能力预期的维护支出，以及企业预计支付有关支出的能力。

F. 对该资产的控制期限，使用的法律或类似限制，如特许使用期间、租赁期间等。

G. 与企业持有的其他资产使用寿命的关联性等。

（4）长期待摊费用的税务处理

1）长期待摊费用。长期待摊费用，是指企业已经支出，但摊销期限在 1 年以上（不含 1 年）的各项费用，包括租入固定资产的改良支出以及摊销期在 1 年以上的固定资产大修理支出、股票发行费用等。应当由本期负担的借款利息、租金等，不得作为长期待摊费用处理。

租入固定资产改良支出，是指由于生产经营上的需要，对经营性租入固定资产进行改良工程所发生的支出。

股票发行费，是指与股票发行直接有关的费用（股票按面值发行时发生的费用，或股票溢价不足以支付的费用），一般包括股票承销费、注册会计师费（包括审计、验资、盈利预测等费用）、评估费、律师费、公关及广告费、印刷费及其他直接费用等。

2）长期待摊费用的特征。长期待摊费用具有以下主要特征：

①长期待摊费用属于长期资产。

②长期待摊费用是企业已经支出的各项费用。

③长期待摊费用应能使以后会计期间受益。

3）长期待摊费用核算的基本原则。

①企业在筹建期间发生的费用，除购置和建造固定资产以外，应

先在长期待摊费用中归集，待企业开始生产经营起一次计入开始生产经营当期的损益。

②租入固定资产改良支出应当在租赁期限与预计可使用年限两者孰短的期限内平均摊销。

③固定资产大修理支出采取待摊方法的，实际发生的大修理支出应当在大修理间隔期内平均摊销。

④股份有限公司委托其他单位发行股票支付的手续费或佣金减去发行股票冻结期间的利息收入后的相关费用，从发行股票的溢价中不够抵销的，或者无溢价的，作为长期待摊费用，在不超过2年的期限内平均摊销，计入管理费用。

⑤其他长期待摊费用应当在受益期内平均摊销。

4）长期待摊费用的税前扣除。在计算应纳税所得时，企业发生的下列支出作为长期待摊费用，按照规定摊销的，准予扣除：

①已足额提取折旧的固定资产的改建支出，按照固定资产预计尚可使用年限分期摊销。

②租入固定资产的改建支出，按照合同约定的剩余租赁期限分期摊销。

③固定资产的大修理支出，按照固定资产尚可使用年限分期摊销。

④其他应当作为长期待摊费用的支出，自支出发生月份的次月起，分期摊销，摊销年限不得低于3年。

其中：

固定资产的改建支出，是指改变房屋或者建筑物结构、延长使用年限等发生的支出。

固定资产的大修理支出，是指同时符合下列条件的支出：

①修理支出达到取得固定资产时的计税基础50%以上。

②修理后固定资产的使用年限延长2年以上。

（5）投资资产的税务处理

1）投资资产。投资资产，是指企业对外进行权益性投资和债权性投资形成的资产。

权益性投资是一种基本的金融工具，是企业筹集资金的主要来源。

权益性投资，是指为获取另一企业的净资产所有权所作的投资，包括普通股、优先股、认股权与认股证等。

债权性投资，是指为取得债权所作的投资，如购买国库券、公司债券等。债券是一种定约证券，它以契约的形式明确规定投资企业与被投资企业的权利与义务，无论被投资企业有无利润，投资企业均享有定期收回本金，获取利息的权利。

2）投资资产的计税基础。投资资产按照以下方法确定计税基础：

①通过支付现金方式取得的投资资产，以购买价款作为计税基础。

②通过支付现金以外的方式取得的投资资产，以该资产的公允价值和支付的相关税费作为计税基础。

3）投资资产的税前扣除。

①企业对外投资期间，投资资产的成本在计算应纳税所得额时不得扣除。

②企业在转让或者处置投资资产时，投资资产的成本准予扣除。

（6）存货的税务处理

存货，是指企业持有以备出售的产品或者商品、处在生产过程中的在产品、在生产或者提供劳务过程中耗用的材料和物料等。

1）存货的计税基础。存货按照以下方法确定计税基础：

①通过支付现金方式取得的存货，以购买价款和支付的相关税费作为计税基础。

②通过支付现金以外的方式取得的存货，以该存货的公允价值和支付的相关税费作为计税基础。

③生产性生物资产收获的农产品，以产出或者采收过程中发生的材料费、人工费和分摊的间接费用等必要支出作为计税基础。

2）不计入存货成本的费用。非正常消耗的直接材料、直接人工和制造费用（如由自然灾害而发生的直接材料）；仓储费用（不包括在生产过程中为达到下一个生产阶段所必需的费用）；不能归属于存货达到目前场所和状态的其他支出。

3）企业使用或者销售的存货成本的确定。企业应当采用先进先出法、加权平均法或个别计价法确定企业使用或者销售存货的实际成本。

已售存货，应当将其成本结转为当期损益，相应的存货跌价准备也应当予以结转。

企业在确认存货销售收入的当期，应当将已经销售存货的账面价值结转为费用。这种结转是为了符合收入与成本、费用相配比原则的要求。对于性质和用途相似的存货，应当采用相同的成本计算方法确定发出存货的成本。对于不能替代使用的存货、为特定项目专门购入或制造的存货以及提供劳务的成本，通常应当采用个别计价法确定发出存货的成本。

①个别计价法，亦称个别认定法、具体辨认法、分批实际法，其特征是注重所发出存货具体项目的实物流转与成本流转之间的联系，逐一辨认各批发出存货和期末存货所属的购进批别或生产批别，分别按其购入或生产时所确定的单位成本作为计算各批发出存货和期末存货的成本。即按每一种存货的实际成本作为计算发出存货成本和期末存货成本的基础。如珠宝、名画等贵重物品。

②先进先出法是依据先购入的存货应先发出（销售或耗用）这样一种存货实物流动假设为前提，对发出存货进行计价。采用这种方法，先购入的存货成本在后购入存货成本之前转出，据此确定发出存货和期末存货的成本。

③加权平均法，亦称全月一次加权平均法，是指以当月全部进货数量加上月初存货数量作为权数，去除当月全部进货成本加上月初存货成本，计算出存货的加权平均单位成本，以此为基础计算当月发出存货的成本和期末存货的成本的一种方法。

上述计价方法一经选用，不得随意变更。

4）存货的税前扣除。企业使用或者销售存货，按照规定计算的存货成本，准予在计算应纳税所得额时扣除。

5）企业发生存货毁损。应当将处置收入扣除账面价值和相关税费后的金额计入当期损益。企业存货盘亏造成的损失，应当计入当期损益。

另外，在存货的会计处理中，应注意以下问题：

①不同存货可变现净值的确定。可变现净值的确定必须建立在取

得的可靠证据的基础上。这里所讲的“可靠证据”是指对确定存货的可变现净值有直接影响的客观证明，如产品的市场销售价格、与企业产品相同或类似商品的市场销售价格、销售方提供的有关资料、生产成本资料等。

A. 产成品、商品和用于出售的材料等直接用于出售的商品存货，在正常生产经营过程中，应当以该存货的估计售价减去估计的销售费用和相关税费后的金额确定其可变现净值。

B. 需要经过加工的材料存货，在正常生产经营过程中，应当以所生产的产成品的估计售价减去至完工时估计将要发生的成本、估计的销售费用以及相关税费后的金额确定其可变现净值。

C. 资产负债表日，同一项存货中一部分有合同价格约定，其他部分不存在合同价格的，应分别确定可变现净值，并与其相对应的成本进行比较，分别确定存货跌价准备的计提或转回的金额。

②通常表明存货的可变现净值低于成本的情形。存货存在下列情形之一的，表明存货的可变现净值低于成本：该存货的市场价格持续下跌，并且在可预见的未来无回升的希望；企业使用该项原材料生产的产品的成本大于产品的销售价格；企业因产品更新换代，原有库存原材料已不适应新产品的需要，而该原材料的市场价格又低于其账面成本；因企业所提供的商品或劳务过时或消费者偏好改变而使市场的需求发生变化，导致市场价格逐渐下跌；其他足以证明该项存货实质上已经发生减值的情形。

存货存在下列情形之一的，表明存货的可变现净值为零：已霉烂变质的存货；已过期且无转让价值的存货；生产中已不再需要，并且已无使用价值和转让价值的存货；其他足以证明已无使用价值和转让价值的存货。

30. 房地产开发企业的企业所得税税务处理是怎样的？

答：（1）未完工开发产品的税务处理

开发企业开发、建造的住宅、商业用房以及其他建筑物、附着物、配套设施等开发产品，在其未完工前采取预售方式销售的，其预售收入先按预计计税毛利率分季（或月）计算出当期毛利额，扣除相关的期间费用、营业税金及附加后再计入当期应纳税所得额，待开发产品结算计税成本后再行调整。

预计计税毛利率国家税务总局进行明确规定：

1）经济适用房。经济适用房其预售收入的计税毛利率不得低于3%。

2）非经济适用房。

①非经济适用房开发项目位于省、自治区、直辖市和计划单列市人民政府所在地城市城区和郊区的，不得低于20%。

②位于地及地级市城区及郊区的，不得低于15%。

③位于其他地区的，不得低于10%。

3）现行规定与原规定的差异。不同点在于：将预售收入的预计营业利润率修改为预计计税毛利率。营业利润率与计税毛利率是不同的两个概念：

营业利润 = 预售收入 – 计税成本 – 营业税金及附加 – 期间费用

营业利润率 = 营业利润/营业收入

计税毛利 = 营业收入 – 计税成本

计税毛利率 = 计税毛利/预售收入

采用营业利润率预计企业所得税应纳税所得额直接并入当期应纳税所得额统一计算缴纳企业所得税，并在当初不再考虑期间费用支出的多少；而采用计税毛利率是将取得的预售收入乘以计税毛利率后的毛利减去当期实际发生的与之相关的期间费用、税金及附加（按预售收入计征缴纳的税金及附加）。采用计税毛利率法更加科学、合理、合法：

营业利润率法在取得预售收入的当期却不考虑纳税人实际发生的费用、税金及附加，一律实行统一比例，对完工后还应当对以前发生的费用、税金及附加进行“秋后算账”，从而给纳税调整会带来很多的麻烦。

计税毛利率法，对实际发生的费用、税金及附加，已于发生的当期依法在企业所得税前扣除，待开发产品完工后只须考虑产品的计税成本问题。

当期未完工开发产品的税务处理为：

当期计税毛利额 = 当期预售收入 × 预计计税毛利率

当期应纳税所得额 = 当期毛利额 − 当期期间费用 − 当期已交税金及附加

当期应交纳的所得税 = 当期应纳税所得额 × 33%

（2）关于完工开发产品的税务处理

1）完工的确认。视为开发产品已经完工，应符合下列条件之一：

①竣工证明已报房地产管理部门备案的开发产品（成本对象）。

②已开始投入使用的开发产品（成本对象）。

③已取得了初始产权证明的开发产品（成本对象）。

开发产品完工后，开发企业应根据收入的性质和销售方式，按照收入确认的原则，合理地将预售收入确认为实际销售收入，同时按规定结转其对应的计税成本，计算出该项开发产品实际销售收入的毛利额。该项开发产品实际销售收入毛利额与其预售收入毛利额之间的差额，计入完工年度的应纳税所得额。凡已完工开发产品在完工年度未按规定结算计税成本，或未对其实际销售收入毛利额和预售收入毛利额之间的差额进行纳税调整的，主管税务机关有权确定或核定其计税成本，据此进行纳税调整，并按《中华人民共和国税收征收管理法》的有关规定对其进行处理。

2）销售收入的确认。开发产品销售收入为销售开发产品过程中取得的全部价款，包括现金、现金等价物及其他经济利益。开发企业代有关部门、单位和企业收取的各种基金、费用和附加等，凡纳入开发产品价内或由开发企业开具发票的，应按规定全部确认为销售收入；凡未纳入开发产品价内并由开发企业之外的其他收取部门、单位开具发票的，可作为代收代缴款项进行管理。开发产品销售收入的确认按照以下规定进行：

①采取一次性全额收款方式销售开发产品的，应于实际收讫价款或取得索取价款凭据（权利）之日，确认收入的实现。

②采取分期收款方式销售开发产品的，应按销售合同或协议约定的价款和付款日确认收入的实现。付款方提前付款的，在实际付款日确认收入的实现。

③采取银行按揭方式销售开发产品的，应按销售合同或协议约定的价款确定收入额，其首付款应于实际收到日确认收入的实现，余款在银行按揭贷款办理转账之日确认收入的实现。

④采取委托方式销售开发产品的，按以下原则确认收入的实现：

A. 采取支付手续费方式委托销售开发产品的，应按销售合同或协议中约定的价款于收到受托方已销开发产品清单之日确认收入的实现。

B. 采取视同买断方式委托销售开发产品的，属于开发企业与购买方签订销售合同或协议，或开发企业、受托方、购买方三方共同签订销售合同或协议的，如果销售合同或协议中约定的价格高于买断价格，则应按销售合同或协议中约定的价格计算的价款于收到受托方已销开发产品清单之日确认收入的实现；如果属于前两种情况中销售合同或协议中约定的价格低于买断价格，以及属于受托方与购买方签订销售合同或协议的，则应按买断价格计算的价款于收到受托方已销开发产品清单之日确认收入的实现。

C. 采取基价（保底价）并实行超基价双方分成方式委托销售开发产品的，属于由开发企业与购买方签订销售合同或协议，或开发企业、受托方、购买方三方共同签订销售合同或协议的，如果销售合同或协议中约定的价格高于基价，则应按销售合同或协议中约定的价格计算的价款于收到受托方已销开发产品清单之日确认收入的实现，开发企业按规定支付受托方的分成额，不得直接从销售收入中减除；如果销售合同或协议约定的价格低于基价的，则应按基价计算的价款于收到受托方已销开发产品清单之日确认收入的实现。属于由受托方与购买方直接签订销售合同的，则应按基价加上按规定取得的分成额于收到受托方已销开发产品清单之日确认收入的实现。

D. 采取包销方式委托销售开发产品的，包销期内可根据包销合同的有关约定，参照上述①~③项规定确认收入的实现；包销期满后尚未出售的开发产品，开发企业应根据包销合同或协议约定的价款和付款方式确认收入的实现。

⑤开发企业将开发产品先出租再出售的，凡将开发产品转作固定资产的，其租赁期间取得的价款应按租金确认收入的实现，出售时再按销售固定资产确认收入的实现；凡未将开发产品转作固定资产的，其租赁期间取得的价款应按租金确认收入的实现，出售时再按销售开发产品确认收入的实现。

3）现行规定与原规定的差异。不同点在于，从税收的角度明确了开发产品的完工标准、计税成本和收入确认的原则，促使企业按规定及时地将预售收入确认为实际销售收入，同时结转其对应的计税成本。对此，纳税人应高度重视，避免由于开发产品完工，不及时将预售收入确认为实际销售收入、结转其对应的计税成本，而被主管税务机关确定或核定其计税成本，带来税收上的风险。

完工开发产品的税务处理为：

实际销售收入毛利额＝预售收入确认的实际销售收入－计税成本(预售收入相对应的成本)

预售收入毛利额＝当期预售收入×预计计税毛利率

完工年度应纳税所得额＝实际销售收入毛利额－预售收入毛利额－当期应纳税所得额

当期应交纳的所得税＝当期应纳税所得额×税率

（3）关于开发产品预租收入的确认问题

开发企业新建的开发产品在尚未完工或办理房地产初始登记、取得产权证前，与承租人签订租赁预约协议的，自开发产品交付承租人使用之日起，出租方取得的预租价款按租金确认收入的实现，承租方支付的预租费用同时按租金支出进行税前扣除。

（4）关于合作建造开发产品的税务处理

1）定义。开发企业以本企业为主体联合其他企业、单位、个人合作或合资开发房地产项目，且该项目未成立独立法人公司。

2）分配开发产品的税务处理。

①收入确认的时间：首次分配开发产品时。

②收入确认的范围：应分配的开发产品。

③两种处理方法：已结算计税成本的计税成本与投资额的差额计入应纳税所得额；未结算计税成本的投资额转作预售收入。

3）分配利润的税务处理。

①开发企业统一申报缴纳企业所得税，不得在税前分配该项目的利润。

②投资方取得的营业利润应视同取得股息、红利。

③开发企业接受的投资额不负担成本费用。

(5) 关于以土地使用权投资开发项目的税务处理

1）企业、单位以换取开发产品为目的的税务处理。

①投出方涉及的税务处理：

A. 收入确认时间：首次取得开发产品时。

B. 收入确认范围：应取得的开发产品。

C. 经济业务分解内容：转让土地使用权、购入开发产品。

②接受方涉及的税务处理：

A. 收入确认时间：首次分出开发产品时。

B. 收入确认范围：应分出的开发产品。

C. 开发项目成本的确认：转购入土地使用权价格。

2）企业、单位以股权的形式投资的税务处理：

①投出方涉及的税务处理：

A. 收入确认时间：投资交易发生时。

B. 收入确认范围：应分出的开发产品。

C. 开发项目成本的确认：将交易分解为销售有关非货币性资产和投资两项经济业务。

②接受方涉及的税务处理：

A. 收入确认时间：投资交易发生时。

B. 税务处理原则：按投资交易额计算确认土地使用权的成本。

(6) 关于开发产品视同销售行为的税务处理

注意此处视同销售仅为计算所得税的依据，同样不是计算营业税的依据。根据营业税暂行条例及实施细则的规定，只有两种情况视同销售要缴纳营业税，一是单位将不动产无偿赠与他人；二是以转让有限产权或永久使用权的方式销售建筑物要视同销售。

1）视同销售的范围。

①将开发产品转作固定资产或用于捐赠、赞助、职工福利、奖励、对外投资、分配给股东或投资人、抵偿债务、换取其他企事业单位和个人的非货币性资产等行为，应视同销售。

②于开发产品所有权或使用权转移，或实际取得利益权利时确认。

2）确认收入的方法和顺序。

①按本企业近期或本年度最近月份同类开发产品市场销售价格确定。

②参照当地同类开发产品市场公允价值确定。

③按开发产品的成本利润率确定。成本利润率不得低于15%，具体比例由主管税务机关确定。

在转作固定资产时，企业一般只是将成本的数额转为固定资产，但在所得税调整时，主管税务机关一般会根据平均销售单价调整应税所得，这样计税的依据往往比账面上的固定资产原值要大，此时应注意的是计提折旧的依据可以是计税的依据，而不依据账面原值，但需要单独设置台账进行管理。

（7）关于代建工程和提供劳务的税务处理

1）确认原则。

①代建工程和提供劳务不超过12个月的，可按合同约定的价款结算日或在合同完工之日确认收入的实现。

②持续时间超过12个月的，可采用完工百分比法按季确认收入的实现。

2）完工百分比法。根据合同完工进度同比例确认收入和费用。完工进度可按累计实际发生的合同成本占合同预计总成本的比例、已经完成的合同工作量占合同预计总工作量的比例、测量已完成合同工作量等方法确定。

3）相关投入。开发企业在代建工程、提供劳务过程中节省的材料、下脚料、报废工程或产品的残料等，如按合同规定留归开发企业所有的，应于实际取得时按市场公平成交价确认收入的实现。

(8)关于开发产品成本、费用的扣除问题

成本费用扣除原则包括：权责发生制原则、合理性原则、配比原则、真实性原则、合法性原则、及时性原则。

开发企业在进行成本、费用的核算与扣除时，必须按规定区分期间费用和开发产品成本、开发产品会计成本与计税成本、已销开发产品计税成本与未销开发产品计税成本的界限。

1）开发企业在结算开发产品的计税成本时，按以下规定进行处理：

①开发产品建造过程中发生的各项支出，当期实际发生的，应按权责发生制的原则计入成本对象；当期尚未发生但应由当期负担的，除税收规定可以计入当期成本对象的外，一律不得计入当期成本对象。

②开发产品必须按一般经营常规和会计惯例合理地划分成本对象，同时还应将各项支出合理地划分为直接成本、间接成本和共同成本。

③开发产品完工前发生的直接成本、间接成本和共同成本，应按配比原则将其分配至各成本对象。其中，直接成本和能够分清成本负担对象的间接成本，直接计入成本对象中；共同成本以及因多个项目同时开发或先后滚动开发而不能分清负担对象的间接成本，应按各个成本对象（项目）占地面积、建筑面积或工程概算等方法计算分配。

④计入开发产品成本的费用必须是真实发生的，除税法另有规定外，各项预提（或应付）费用不得计入开发产品成本。

⑤计入开发产品成本的费用必须符合国家税法规定。与税法规定不一致的，应以税法规定为准进行调整。

⑥开发产品完工后应在规定的时限内及时结算其计税成本，不得提前或滞后。如结算了会计成本，则应按税法规定将其调整为计税成本。

2）下列项目按以下规定进行扣除：

①已销开发产品的计税成本。当期准予扣除的已销开发产品的计税成本，按当期已实现销售的可售面积和可售面积单位工程成本确认。可售面积单位工程成本和已销开发产品的计税成本按下列公式计算确定：

可售面积单位工程成本＝成本对象总成本÷总可售面积

已销开发产品的计税成本＝已实现销售的可售面积×可售面积单位工程成本

②开发企业发生的应计入开发产品成本中的费用，包括前期工程费、基础设施建设费、公共配套设施费、土地征用及拆迁费、建筑安装工程费、开发间接费用等，应根据实际发生额按以下规定进行分摊：

A. 属于成本对象完工前发生的，应按计税成本结算的规定和其他有关规定直接计入成本对象。

B. 属于成本对象完工后发生的，应按计税成本结算的规定和其他有关规定，首先在已完工成本对象和未完工成本对象之间进行分摊，然后再将应由已完工成本对象负担的部分，在已销开发产品和未销开发产品之间进行分摊。

③应付费用。开发企业发生的各项应付费用，可以凭合法凭证计入开发产品计税成本或进行税前扣除，其预提费用除税法另有规定外，不得在税前扣除。

④维修费用。开发企业对尚未出售的开发产品和按照有关法律、法规或合同规定对已售开发产品（包括共用部位、共用设施设备）进行日常维护、保养、修理等实际发生的费用，准予在当期扣除。

⑤共用部位、共用设施设备维修基金。开发企业将已计入销售收入的共用部位、共用设施设备维修基金按规定移交给有关部门、单位的，应于移交时扣除。代收代缴的维修基金和预提的维修基金不得扣除。

⑥开发企业在开发区内建造的会所、停车场库、物业管理场所、电站、热力站、水厂、文体场馆、幼儿园等配套设施按以下规定进行处理：

A. 属于非营利性且产权属于全体业主的，或无偿赠与地方政府、公用事业单位的，可将其视为公共配套设施，其建造费用按公共配套设施费的有关规定进行处理。

B. 属于营利性的，或产权归开发企业所有的，或未明确产权归属的，或无偿赠与地方政府、公用事业单位以外其他单位的，应当单独核算其成本。除开发企业自用应按建造固定资产进行处理外，其他律按建造开发产品进行处理。

⑦开发企业在开发区内建造的邮电通信、学校、医疗设施应单独核算成本，按以下规定进行处理：

A. 由开发企业投资建设完工后，出售的，按建造开发产品进行处理；出租的，按建造固定资产进行处理；无偿赠与国家有关业务管理部门、单位的，按建造公共配套设施进行处理。

B. 由开发企业与国家有关业务管理部门、单位合资建设，完工后有偿移交的，国家有关业务管理部门、单位给予的经济补偿可直接抵扣该项目的建造成本，抵扣的差额应计入当期应纳税所得额。

⑧开发企业建造的售房部（接待处）和样板房，凡能够单独作为成本对象进行核算的，可按自建固定资产进行处理，其他一律按建造开发产品进行处理。售房部（接待处）、样板房的装修费用，无论数额大小，均应计入其建造成本。

⑨保证金。开发企业采取银行按揭方式销售开发产品的，凡约定开发企业为购买方的按揭贷款提供担保的，其销售开发产品时向银行提供的保证金（担保金）不得从销售收入中减除，也不得作为费用在当期税前扣除，但实际发生损失时可据实扣除。

⑩广告费、业务宣传费、业务招待费按以下规定处理：

A. 开发企业取得的预售收入不得作为广告费、业务宣传费、业务招待费三项费用的计算基数，至预售收入转为实际销售收入时，再将其作为计算基数。

关于这一点，一般会加重在项目前期开发商所承担的税负，尽管在后期可以得到调整，但会对项目前期产生较大的资金压力。

B. 新办开发企业在取得第一笔开发产品实际销售收入之前发生的，与建造、销售开发产品相关的广告费、业务宣传费和业务招待费，可以向后结转，按税收规定的标准扣除，但结转期限最长不得超过3个纳税年度。

⑪利息按以下规定进行处理：

A. 开发企业为建造开发产品借入资金而发生的符合税收规定的借款费用，属于成本对象完工前发生的，应配比计入成本对象；属于成本对象完工后发生的，可作为财务费用直接扣除。

B. 开发企业向金融机构统一借款后转借集团内部其他企业、单位使用的，借入方凡能出具开发企业从金融机构取得借款的证明文件，其支付的利息准予按税法有关规定在税前扣除。

C. 开发企业将自有资金借给全资企业（包括分支机构）和其他关联企业的，关联方借入资金金额超过其注册资本50%的，超过部分的利息支出，不得在税前扣除；未超过部分的利息支出，准予按金融机构同类同期贷款基准利率计算的数额内税前扣除。

关于这一点，它与现行的国税函〔2003〕1114号文件不一致，1114号文件对利率没有上限的限制。这实际上极大地限制了关联企业间的资金拆借。

⑫土地闲置费。开发企业以出让方式取得土地使用权进行房地产开发的，必须按照土地使用权出让合同约定的土地用途、动工开发期限开发土地。因超过出让合同约定的动工开发日期而缴纳的土地闲置费，计入成本对象的施工成本；因国家无偿收回土地使用权而形成的损失，可作为财产损失按税收规定在税前扣除。

⑬成本对象报废和毁损损失。成本对象在建造过程中如单项或单位工程发生报废和毁损，减去残料价值和过失人或保险公司赔偿后的净损失，计入继续施工的工程成本；如成本对象整体报废或毁损，其净损失可作为财产损失按税法规定扣除。

⑭折旧。开发企业将开发产品转作固定资产的，可按税法规定扣除折旧费用；未转作固定资产的，不得扣除折旧费用。

（9）关于适用减免税政策问题

根据房地产开发业务的特点，房地产开发企业和以销售（包括代理销售）开发产品为主的企业不得享受新办企业的税收优惠。

房地产开发企业不得事先按核定征收方式征收、管理企业所得税，开发企业在年度申报纳税时，应对涉及报税务机关审批或备案的税前扣除项目逐笔逐项进行核实。凡未按规定报批或备案以及手续、资料不全的，要及时补办有关手续、资料，否则，不得在税前扣除。

31. 准予税前扣除的成本的概念是什么？税法与会计对成本的概念认定一致吗？

答：（1）成本的概念

成本，是指企业在生产经营活动中发生的销售成本、销货成本、业务支出以及其他耗费。

1）必须是生产经营过程中的成本。企业所发生的成本必须是企业在生产经营活动过程中的支出或者耗费，在非生产经营活动过程中所发生的支出，不得作为企业的生产经营成本予以认定。也就是说，企业所发生的成本，必须是企业在生产产品、提供劳务、销售商品等过程中的支出和耗费。

2）销售成本。这主要是针对以制造业为主的生产性企业而言。生产性企业在生产产品过程中，将耗费产品所需的原材料、直接人工以及耗费在产品上的辅助材料、物料等，这些都属于销售成本的组成部分。

3）销货成本。这主要是针对以商业企业为主的流通性企业而言。流通性企业本身并不直接制造成品，而是通过向生产性企业购买成品或者经过简单包装、处理就能出售的产品，通过购入价与售出价的差额等，来获取相应的利润。所以，此类企业的成本主要是所销售货物的成本，而所销售的货物是购置于生产性企业，应以购买价（含括了生产性企业所获取的利润）为主体部分，加上可直接归属于销售货物所发生的支出，就是销货成本。

4）业务支出。这主要是针对服务业企业而言的成本概念。与制造业企业和商业企业不同，服务业企业提供的服务，从广义上也可以称为“产品”，但是从根本上说这种“产品”往往是无形的劳务，虽然在提供服务过程中也可能需要一定的辅助材料，但是它必须借助于服务业企业特有的人工或者技术，所以服务业企业的成本就称为业务支出，以区别于制造业企业和商业企业，它的成本主要包括提供服务过程中直接耗费的原材料、服务人员的工资、薪金等直接可归属于服务的其他支出。

5）其他耗费。被允许列入成本的范围，准予税前扣除的成本项目。

（2）税法与会计对成本的概念认定

税法所指的成本概念与一般会计意义上的成本概念有所不同。

在会计核算实务中，成本一般包括直接材料、直接人工、燃料和动力、制造费用。其中，直接材料，是指直接用于产品生产、构成产品实体的原料及主要材料、外购半产品、有助于产品形成的辅助材料以及其他直接材料。直接人工，是指参加产品生产的工人工资以及按生产工人工资总额和按规定比例计算提取的职工福利费。燃料和动力，是指直接用于产品生产的外购和自制的燃料和动力费。制造费用，是指未生产产品和提供劳务所发生的各项期间费用。

税法中成本归集的内容不仅包括企业的主营业务成本（销售商品、提供劳务、提供他人使用本企业的无形资产），还包括其他业务成本（销售材料、转让技术等）和营业外支出（固定资产清理费用等）。

32. 准予税前扣除的费用的概念是什么？如何理解？

答：费用，是指企业在生产经营活动中发生的销售费用、管理费用和财务费用，已经计入成本的有关费用除外。

（1）必须是生产经营过程中发生的费用

企业所发生的费用必须是在生产经营活动过程中的支出或者耗费，在非生产经营活动过程中所发生的支出，不得作为企业的生产经营费用予以认定。即企业所发生的费用，必须是企业在生产产品、提供劳务、销售商品等过程中的支出和耗费。

（2）销售费用

销售费用是企业为销售商品和材料、提供劳务的过程中发生的各种费用。包括广告费、运输费、装卸费、包装费、展览费、保险费、销售佣金、代销手续费、经营性租赁费及销售部门发生的差旅费、工资、福利费等费用。

从事商品流通业务的纳税人购入存货抵达仓库前发生的包装费、

运杂费、运输存储过程中的保险费、装卸费、运输途中的合理损耗和入库前的挑选整理费用等购货费用可直接计入销售费用。

从事房地产开发业务的纳税人的销售费用还包括开发产品销售之前的改装修复费、看护费、采暖费等。

从事邮电等其他业务的纳税人发生的销售费用已计入营运成本的不得再计入销售费用重复扣除。

（3）管理费用

管理费用是企业的行政管理部门等为管理组织经营活动提供各项支援性服务而发生的费用。包括由纳税人统一负担的总部（公司）经费（包括总部行政管理人员的工资薪金、福利费、差旅费、办公费、折旧费、修理费、物料消耗、低值易耗品摊销等）、研究开发费（技术开发费）、劳动保护费、业务招待费、工会经费、职工教育经费、股东大会或董事会费、开办费摊销、无形资产摊销（含土地使用费、土地损失补偿费）、坏账损失、印花税等税金、消防费、排污费、绿化费、外事费和法律、财务、资料处理及会计事务方面的成本（咨询费、诉讼费、聘请中介机构费、商标注册费等）。

（4）财务费用

财务费用是企业筹集经营性资金而发生的费用。包括利息净支出、汇兑净损失、金融机构手续费以及其他非资本化支出等。

33. 计算应纳税所得额时，亏损弥补是如何规定的?

答:（1）年度亏损结转

纳税人发生年度亏损，可以用下一纳税年度的所得弥补，弥补不足的，可以逐年延续弥补，但最长不得超过5年。

（2）汇总企业亏损结转

汇总、合并纳税成员企业在汇总、合并前发生的亏损，仍可用本企业以后年度的所得予以弥补。

（3）企业分立亏损结转

在企业分立情况下，企业分立前尚未弥补的经营亏损，根据分立协议约定由分立后的各企业负担的数额，按税法规定的亏损弥补年限，在剩余期限内，由分立后的各企业逐年延续弥补。

（4）企业兼并亏损结转

在企业兼并情况下，被兼并企业在被兼并后仍独立纳税的，其兼并前尚未弥补的亏损，可在规定期限内，由其以后年度的所得逐年延续弥补。被兼并企业在被兼并后不具有独立纳税资格，在税法规定期限内，可由兼并企业用以后年度的所得逐年延续弥补。

（5）企业重组亏损结转

企业进行股权重组情况下，在股权转让前尚未弥补的经营亏损，可按税法规定的期限，在剩余期限内，由股权重组后的企业，逐年延续弥补。

34. 企业改组的基本形式主要有哪些？

答：“改组”是一个概括性地描述涉及一个或几个企业的法律或经济结构重大改变的全部交易事项的总的概念。如企业的名称、地址变更等简单组织形式的变化；企业增资、减资等资本结构调整；个人独资、合伙企业改组为有限责任公司或股份有限公司；企业整体资产转让、整体资产置换、合并、分立以及企业清算等。

企业改组的基本形式包括：企业合并、企业分立、资产收购、股权收购、资产整体置换。

（1）企业合并

合并是指两个或两个以上企业，依据法律规定或合同约定，合并为一个企业的法律行为。合并可以采取吸收合并和新设合并两种形式。

1）吸收合并，亦称兼并，是指一个或几个目标公司将其全部或几乎全部资产和负债转让给一个受让公司，以换取受让公司的股权，目标公司不再存续。

2）新设合并，是指两个以上公司将其资产和负债转让给一个新成立的公司，原公司不再存续。与吸收合并的区别在于：吸收合并中的受让公司是合并交易发生前就存在的公司，而新设合并中的受让公司是在合并交易中新成立的公司。

（2）企业分立

分立是指一个企业依照有关法律、法规的规定，分立为两个或两个以上企业的法律行为。分立可以采取存续分立和新设分立两种形式。

1）存续分立，是指公司将部分营业转让到一个新创立的公司，然后将该公司的股权分配给股东。

2）新设分立，亦称股本分割，是指被分立公司将其全部资产转让给两个以上新创立的公司，这些公司将其股权均衡地分配给被分立公司的原股东，被分立公司解散。

（3）资产收购

资产收购是指一个或几个公司的全部或几乎全部资产和负债转让给一个新成立的或收购前就存在的公司，以取得各种形式的转让收入(股权、其他有价证券、现金、实物资产或债务的转让等)。在资产收购交易中，转让公司在资产转让后可能会继续存在，或者通过清算将收入分配给股东。

（4）股权收购

股权收购是指一个公司将其股权转让给一家新成立的或交易发生前已存在的公司以取得各种形式的收入（股权、其他有价证券、现金、实物资产或承担本公司的债务）。

（5）资产整体置换

资产整体置换是指一家企业以其经营活动的全部或独立核算的分支机构与另一家企业经营活动的全部或独立核算的分支机构进行整体交换，资产置换双方都不解散。

35. 企业改组时所得税的处理原则、方法包括哪些?

答：企业改组不论其采取何种形式，都是由当事各方一系列资产转让、股权交换和资产置换构成。意味着在企业层次上发生了一项资产交易，这必然涉及企业所得税应税事项，需要企业对损益进行确认。按照我国现行企业所得税有关规定，企业的各项改组业务，从所得税处理角度应该将其分解为按公允价值转让旧资产，然后按与旧资产公允价值相当的金额购置新资产两项交易。如果被转让资产的计税成本低于转让价格，其差额将作为资本利得征税；如果计税成本高于转让价格，其差额确认为损失。

（1）处理原则

在制定企业改组企业所得税政策时，遵循以下基本原则：

1）经济合理原则。根据实质重于形式原则，分析企业发生的改组业务是否有合理的商业或经营目的。

2）中性原则。不论企业改组与否，税收待遇应该相同。

3）反避税原则。通过适当的税收措施防止企业以改组为名，通过关联交易等手段转移利润，隐匿转移增值资产或利用其他企业巨额亏损冲减本企业的应税所得。

（2）处理方法

1）合并企业支付给被合并企业或其股东的收购价款中，除合并企业股权以外的现金、有价证券和其他资产（以下简称非股权支付额），不高于所支付的股权票面价值（或支付的股本的账面价值）20%的，经税务机关审核确认，当事各方可选择按下列规定进行所得税处理：

①被合并企业不确认全部资产的转让所得或损失，不计算缴纳所得税。被合并企业合并以前的全部企业所得税纳税事项由合并企业承担，以前年度的亏损，如果未超过法定弥补期限，可由合并企业继续按规定用以后年度实现的与被合并企业资产相关的所得弥补。具体按下列公式计算：

某一纳税年度可弥补被合并企业亏损的所得额＝合并企业某一纳税年度未弥补亏损前的所得额×（被合并企业净资产公允价值÷合并后合并企业全部净资产公允价值）

②被合并企业的股东以其持有的原被合并企业的股权（以下简称旧股）交换合并企业的股权（以下简称新股），不视为出售旧股，购买新股处理。被合并企业的股东换得新股的成本，须以其所持旧股的成本为基础确定。但未交换新股的被合并企业的股东取得的全部非股权支付额，应视为其持有的旧股的转让收入，按规定计算确认财产转让

所得或损失，依法缴纳所得税。

③合并企业接受被合并企业全部资产的计税成本，须以被合并企业原账面净值为基础确定。

2）分立企业支付给被分立企业或其股东的交换价款中，除分立企业的股权以外的非股权支付额，不高于支付的股权票面价值（或支付的股本的账面价值）20%的，经税务机关审核确认，企业分立当事各方也可选择按下列规定进行分立业务的所得税处理：

①被分立企业可不确认分离资产的转让所得或损失，不计算所得税。

②被分立企业已分离资产相对应的纳税事项由接受资产的分立企业承继。被分立企业的未超过法定弥补期限的亏损额可按分离资产占全部资产的比例进行分配，由接受分离资产的分立企业继续弥补。

③分立企业接受被分立企业的全部资产和负债的成本，须以被分立企业的账面净值为基础结转确定，不得按经评估确认的价值进行调整。

3）如果企业整体资产转让交易的接受企业支付的交换额中，除接受企业股权以外的现金、有价证券、其他资产（以下简称“非股权支付额”）不高于所支付的股权的票面价值（或股本的账面价值）20%的，经税务机关审核确认，转让企业可暂不计算确认资产转让所得或损失。转让企业和接受企业不在同一省（自治区、直辖市）的，须报国家税务总局审核确认。转让企业取得接受企业的股权的成本，应以其原持有的资产的账面净值为基础确定，不得以经评估确认的价值为基础确定。接受企业接受转让企业的资产的成本，须以其在转让企业原账面净值为基础结转确定，不得按经评估确认的价值调整。

4）如果整体资产置换交易中，作为资产置换交易补价（双方全部资产公允价值的差额）的货币性资产占换入总资产公允价值不高于25%的，经税务机关审核确认，资产置换双方企业均不确认资产转让的所得或损失。不在同一省（自治区、直辖市）的企业之间进行的整体资产置换，须报国家税务总局审核确认。整体资产置换交易时按此规定进行所得税处理的企业，交易双方换入资产的成本应以换出资产原账面净值为基础确定。具体方法是按换入各项资产的公允价值占换入全部资产公允价值总额的比例，对换出资产的原账面净值总额进行分配，据以确定各项换入资产的成本。企业整体资产置换交易中支付补价的一方，应以换出资产原账面净值与支付的补价之和为基础，确定换入资产的成本。企业整体资产置换交易中收到补价的一方，应以换出资产的账面净值扣除补价，作为换入资产成本确定的基础。

5）企业所得税核定征收的纳税人年度应纳所得税额或应税所得率一经核定，除发生下列情况外，一个纳税年度内一般不得调整：

①实行改组改制的。

②生产经营范围、主营业务发生重大变化的。

③因遭受风、火、水、震等人力不可抗拒灾害的。

36. 如何理解特别纳税调整？

答：（1）一般纳税调整和特别纳税调整的概念

一般纳税调整是指按照税法规定在计算应纳税所得额时，如果企业财务、会计处理办法同税收法律、行政法规的规定不一致，应当依照税收法律、行政法规的规定计算纳税所作的税务调整，并据此重新调整计算纳税。如国债利息收入，会计上作为收益处理，而按照税法规定作为免税收入，在计算缴纳企业所得税时需作纳税调整。

特别纳税调整是指税务机关出于实施反避税目的而对纳税人特定纳税事项所作的税务调整，包括针对纳税人转让定价、资本弱化、避税港避税及其他避税情况所进行的税务调整。

（2）关联方及关联方交易原则

1）关联方。关联方是指与企业有下列关联关系之一的企业、其他组织或者个人：

①在资金、经营、购销等方面存在直接或者间接的控制关系。

②直接或者间接地同为第三者控制。

③在利益上具有相关联的其他关系。

2）关联方交易原则。关联方之间的业务往来应符合独立交易原则。

（3）特别纳税调整内容

税务机关对企业各种避税行为而进行特定纳税事项所作的调整，包括针对纳税人转让定价、资本弱化、避税地避税及其他情况所进行的税务调整，主要包括：

1）规范纳税人转让定价。经济活动中利用关联企业之间的转让定价进行避税已成为一种常见的税收逃避方法，税务机关规范转让定价税制是新《企业所得税法》反避税规则中的重要内容，形成了包括税务调整的一般规则、预约定价安排、核定程序和关联企业的协力义务规定。

①规定转让定价调整的一般规则。新《企业所得税法》确立了关联企业间的独立交易原则作为转让定价的税务调整和成本分摊的基本原则，明确规定企业与其关联方之间的业务往来，不符合独立交易原则而减少企业或者其关联方应纳税收入或所得额的，税务机关可以按照合理方法进行调整。企业与关联方共同开发、受让无形资产，或者共同提供、接受劳务发生的成本，在计算应纳税所得额时应当按照独立交易原则进行分摊。

其中：

A. 独立交易原则，是指没有关联关系的交易各方，按照公平成交价格和营业常规进行业务往来遵循的原则。

B. 合理方法包括：

a. 可比非受控价格法，是指按照没有关联关系的交易各方进行相同或者类似业务往来的价格进行定价的方法。

b. 再销售价格法，是指按照从关联方购进商品再销售给没有关联关系的交易方的价格，减去相同或者类似业务的销售毛利进行定价的方法。

c. 成本加成法，是指按照成本加合理的费用和利润进行定价的方法。

d. 交易净利润法，是指按照没有关联关系的交易各方进行相同或者类似业务往来取得的净利润水平确定利润的方法。

e. 利润分割法，是指将企业与其关联方的合并利润或者亏损在各方之间采用合理标准进行分配的方法。

f. 其他符合独立交易原则的方法。企业可以按照独立交易原则与其关联方分摊共同发生的成本，达成成本分摊协议。

企业与其关联方分摊成本时，应当按照成本与预期收益相配比的原则进行分摊，并在税务机关规定的期限内，按照税务机关的要求报送有关资料。

企业与其关联方分摊成本时违反上述规定的，其自行分摊的成本不得在计算应纳税所得额时扣除。

②规定预约定价安排。新《企业所得税法》中明确肯定预约定价安排可以作为转让定价调整的重要方法，亦即企业可以向主管税务机关提出与其关联方之间业务往来的定价原则和计算方法，主管税务机关与企业协商、确认后，达成预约定价安排。

预约定价安排，是指企业就其未来年度关联交易的定价原则和计算方法，向税务机关提出申请，与税务机关按照独立交易原则协商、确认后达成的协议。

预约定价安排是一种比较有效的反避税措施。我国于2004年9月4日国家税务总局出台了业内人士期盼已久的《关联企业间业务往来预约定价实施规则（试行）》，正式建立了中国的预约定价制度。预约定价制度针对的是关联企业的转移定价行为。

转让定价是关联企业之间转让商品、劳务与无形资产的内部定价机制，又称为转移价格或转让价格。在关联企业里，转让定价主要发生在跨国企业和涉外企业的业务往来中。

面对企业的转让定价行为，税务机关应当对其予以调整，一般的做法就是按照“公平交易价格”来确定其转让行为的价格，并按照这一价格来调整双方的利润和所得税。确定公平交易价格的方法包括可比非受控价格法、再销售价格法、成本加利法、利润分割法等传统的方法，以及由此发展起来的比较价格法、比较利润法等。

一般而言，预约定价安排的实际操作包括以下步骤：

A. 事先磋商，是指主管税务机关的在同意纳税人提出预约定价安排正式申请前，应与纳税人就预约定价的安排以及达成预约定价安排所需要研究、分析的范围等问题，进行认真的会商。

B. 书面申请，事先磋商阶段结束后，如税务机关和纳税人双方达成一致意见，则税务机关应该以书面形式通知纳税人可以就签署预约定价协议的相关事宜进行正式谈判。纳税人在收到税务当局的通知后，如果想实行预约定价制，应该在规定的期限内（一般是三个月内）向税务当局提出正式书面申请。申请的主要内容包括：公司的结构、关联关系及交易情况、历年（一般是3~5年）的财务、会计资料、公司的产品和资产情况（包括有形和无形资产）、预约定价所涉及的纳税年度、拟采用的方法、市场的环境、定价有效期内预测及规划、涉及的法律问题、关联公司的合作态度等资料。

C. 谈判协商，包括：税企双方接触；主管税务机关之间的协调。在结束预约定价协议过程时，税务机关须向纳税人保证只要其遵守安排的有关规定，在安排的有效期间内就不会对其与关联公司之间的交易进行转让定价调整。

D. 文件形成，税务机关与纳税人就预约定价协议中的职能、风险、可比价格信息、假设条件、调整方法以及公平交易值域等主要问题进行进一步的磋商，相互沟通、论证，达成一致意见后，便可形成预约定价协议草案文件。

E. 安排签署，当税务机关和纳税人就预约定价协议草案内容达成一致意见后，便可在规定的期限内由双方的法定代表人或授权代表正式签署预约定价协议。

F. 跟踪管理，预约定价安排一经纳税人和税务当局签订就生效，双方在没有特殊变故的情况下应遵守执行。但是，预约定价协议毕竟是一个对未来3~5个纳税年度的预测性的协议，各种客观情况的变化在所难免，所以必须做好预约定价制的跟踪管理，使预约定价协议能有效地执行。

G. 修订取消，如果税务机关确认重要事实有误或错误，或者纳税人按预约定价协议中的条款和条件从业时缺乏良好信誉，并且这些都与预约定价协议要求或任何随后提出的建议有关，税务机关可以取消预约定价安排，在欺诈案件中甚至可以追溯地取消该安排。

③规定核定程序。在企业不履行或不适当履行其提供资料的课税义务的情况下，新《企业所得税法》规定了相关的核定程序，亦即如企业不提供与其关联方之间业务往来资料，或者提供虚假、不完整资料，未能真实反映其关联业务往来情况的，税务机关可以核定其应纳税所得额。

具体是指：

企业向税务机关报送《企业所得税纳税年度申报表》时，应当就其与关联方之间的业务往来，附送年度关联业务往来报告表。

税务机关在进行关联业务调查时，企业及其关联方，以及与关联业务调查有关的其他企业，应当按照规定提供相关资料。企业不提供与其关联方之间业务往来资料，或者提供虚假、不完整资料，未能真实反映其关联业务往来情况的，税务机关有权依法核定其应纳税所得额。

其中，相关资料包括：

A. 与关联业务往来有关的价格、费用的制定标准、计算方法和说明等同期资料。

B. 关联业务往来所涉及的财产、财产使用权、劳务等的再销售（或者转让）价格或者最终销售（或者转让）价格的相关资料。

C. 与关联业务调查有关的其他企业须提供的与被调查企业可比的产品价格、定价方式以及利润水平等资料。

D. 其他与关联业务往来有关的资料。

企业应当在税务机关规定的期限内提供与关联业务往来有关的价格、费用的制定标准、计算方法和说明等同期资料。关联方以及与关联业务调查有关的其他企业应当在税务机关与其约定的期限内提供相关资料。

核定企业的应纳税所得额时，可以采用下列方法：

A. 参照同类或者类似企业的利润率水平核定。

B. 按照企业成本加合理的费用和利润的方法核定。

C. 按照关联企业集团整体利润的合理比例核定。

D. 按照其他合理方法核定。

企业对税务机关按照上述规定的方法核定的应纳税所得额有异议的，应当提供相关证据，经税务机关认定后，调整核定的应纳税所得额。

④规定关联企业的协力义务。为保证税务机关进行税务调整有其合理的事实基础，解决税务机关在获取课税资料方面的困难，新企业所得税法规定了企业及其关联方、与关联业务调查有关的其他企业，有提供相关资料的义务。这对于税务部门确认企业是否存在避税事实、是否进行税收调整以及在多大的幅度内进行调整，是很必要的。

2）规定反资本弱化措施。新《企业所得税法》规定，企业从其关联方接受的债权性投资与权益性投资的比例超过规定标准而发生的利息支出，不得在计算应纳税所得额时扣除。

①债权性投资，是指企业从关联方获得的，需要偿还本金和支付利息或者需要以其他具有利息性质的方式予以补偿的融资。企业间接从关联方获得的债权性投资，包括：

A. 关联方通过无关联第三方提供的债权性投资；

B. 无关联第三方提供的、由关联方担保且负有连带责任的债权性投资；

C. 其他间接从关联方获得的具有负债实质的债权性投资。

②权益性投资，是指企业接受的不需要偿还本金和利息，投资人对企业净资产拥有所有权的投资。

③标准，由国务院财政、税务主管部门另行规定。

企业特别是跨国企业通过减少股份资本、扩大贷款规模，从而以增加利息支出来转移应税所得，实现税收负担最小化，对相关国家的税收权益都将产生不可忽视的负面影响。利用资本弱化避税，同样也为新《企业所得税法》所关注。新《企业所得税法》规定了反资本弱化规则，规定企业从其关联方接受的债权性投资与权益性投资的比例超过规定标准而发生的利息支出，不得在计算应纳税所得额时进行扣除。

3）制定防范避税地避税规则。由居民企业，或者由居民企业和中国居民控制的设立在实际税负明显低于企业所得税税率水平的国家（地区）的企业，并非由于合理的经营需要而对利润不作分配或者减少分配的，上述利润中应归属于该居民企业的部分，应当计入该居民企业的当期收入。

其中：

①控制，包括：居民企业由于直接或者间接持有外国企业股份的关系，对该外国企业构成实质控制；居民企业或者中国居民直接或者间接单一持有外国企业10%以上有表决权股份，且共同持有该外国企业50%以上股份；在资金、经营、购销等方面构成其他实质控制的关系。

②所称实际税负明显低于企业所得税税率水平，是指低于企业所得税法规定的企业所得税税率的50%。

补立法的空白，以避税地方式进行避税，随着我国企业境外投资的增加，也成为避税的重要方式。新《企业所得税法》明确规定了反避税地避税的规则，规定由居民企业，或者由居民企业和居民个人拥有或者控制的设立在实际税负明显低于我国的税率水平的国家（地区）的企业，对利润不作分配或者作不合理分配的，上述利润中应归属于该居民企业的部分，应当计入该居民企业当期的收入。

4）规定一般反避税条款。企业实施其他不具有合理商业目的的安排而减少其应纳税收入或者所得额的，税务机关有权按照合理方法调整。不具有合理商业目的，是指以减少、免除或者推迟缴纳税款为主要目的。

针对当前形式多样、方式不断推陈出新的避税行为，新企业所得税法规定了一般反避税条款，作为对避税的一般防范性规定。新《企业所得税法》第四十七条规定对此做了明确规定。

5）补征税款、加收利息。税务机关根据税收法律、行政法规的规定，对企业作出纳税调整的，应当对补征的税款，自税款所属纳税年度的次年6月1日起至补缴税款之日止的期间，按日加收利息。加收的利息，不得在计算应纳税所得额时扣除。

利息，应当按照税款所属纳税年度中国人民银行公布的与补税期间同期的人民币贷款基准利率加5个百分点计算。企业能够按照《企业所得税法》第四十三条和本条例的规定提供有关资料的，可以减按前款规定的人民币贷款基准利率计算利息。

税务机关根据本条例规定作出的纳税调整，可以向以前纳税年度追溯，但最长不得超过10年。

37. 如何理解所得税会计这一概念?

答: 所得税会计是会计与税法规定之间的差异在所得税会计核算中的具体体现。按照我国《企业会计准则》的规定，所得税会计是从资产负债表出发，通过比较资产负债表上列示的资产、负债按照企业会计准则规定确定的账面价值与按照税法规定确定的计税基础之间的差异，分别应纳税暂时性差异与可抵扣暂时性差异，确认相关的递延所得税负债与递延所得税资产，并在此基础上确定每一会计期间利润表中的所得税费用。我国《企业会计准则》规定，企业应采用资产负债表债务法核算所得税。

资产负债表债务法较为完全地体现了资产负债观，在所得税的会计核算方面贯彻了资产、负债的界定。从资产负债表角度考虑，资产的账面价值代表的是企业在持续持有及最终处置某项资产的一定期间内，该项资产为企业带来的未来经济利益；而其计税基础代表的是在这一期间内，就该项资产按照税法规定可以税前扣除的金额。

一项资产的账面价值小于其计税基础，表明该项资产于未来期间产生的经济利益流入低于按照税法规定允许税前扣除的金额，产生可抵减未来期间应纳税所得额的因素，减少未来期间以应交所得税的方式流出企业的经济利益，从其产生时点来看，应确认为资产。

反之，一项资产的账面价值大于其计税基础，两者之间的差额将会于未来期间产生应税金额，增加未来期间的应纳税所得额及应交所得税，对企业形成经济利益流出的义务，应确认为负债。对于企业的负债来说，负债的账面价值代表的是企业预计在未来期间清偿该项负债时的经济利益的流出；而其计税基础代表的是账面价值在扣除税法规定未来期间允许税前扣除的金额之后的差额。因负债的账面价值与其计税基础不同产生的差异实质上是税法规定就该项负债在未来期间可以税前扣除的金额。

一项负债的账面价值小于其计税基础，两者之间的差额将会于未来期间产生应税金额，增加未来期间的应纳税所得额及应交所得税，对企业形成经济利益流出的义务，应确认为负债。

反之，一项负债的账面价值大于其计税基础的，表明该项负债于未来期间产生的经济利益流出高于按照税法规定允许税前扣除的金额，产生可抵减未来期间应纳税所得额的因素，减少未来期间以应交所得税的方式流出企业的经济利益，从其产生时点来看，应确认为资产。

38. 所得税会计核算的一般程序是怎样的?

答：在采用资产负债表债务法核算所得税的情况下，企业一般应于每一资产负债表日进行所得税的核算。发生特殊交易或事项时，如企业合并，在确认因交易或事项取得的资产、负债时即应确认相关的所得税影响。企业进行所得税核算一般应遵循以下程序：

1）按照相关会计准则规定确定资产负债表中除递延所得税资产和递延所得税负债以外的其他资产和负债项目的账面价值。其中资产、负债的账面价值，是指企业按照相关会计准则的规定进行核算后在资产负债表中列示的金额。

2）按照准则中对于资产和负债计税基础的确定方法，以适用的税收法规为基础，确定资产负债表中有关资产、负债项目的计税基础。

3）比较资产、负债的账面价值与其计税基础，对于两者之间存在差异的，分析其性质，除准则中规定的特殊情况外，分别应纳税暂时性差异与可抵扣暂时性差异并乘以所得税税率，确定资产负债表日递延所得税负债和递延所得税资产的应有金额，并与期初递延所得税负债和递延所得税资产的余额相比，确定当期应予进一步确认的递延所得税资产和递延所得税负债金额或应予转销的金额，作为构成利润表中所得税费用的其中一个组成部分递延所得税。

4）按照适用的税法规定计算确定当期应纳税所得额，将应纳税所得额与适用的所得税税率计算的结果确认为当期应交所得税，作为利润表中应予确认的所得税费用的另外一个组成部分。

5）确定利润表中的所得税费用。利润表中的所得税费用包括当期所得税和递延所得税两个组成部分，企业在计算确定了当期所得税和递延所得税后，两者之和（或之差）是利润表中的所得税费用。

39. 资产、负债的计税基础是怎样的？

答：所得税会计的关键在于确定资产、负债的计税基础。在确定资产、负债的计税基础时，应严格遵循税收法规中对于资产的税务处理以及可税前扣除的费用等的规定进行。

（1）资产的计税基础

资产的计税基础，是指企业收回资产账面价值过程中，计算应纳税所得额时按照税法规定可以自应税经济利益中抵扣的金额，即某一项资产在未来期间计税时按照税法规定可以税前扣除的金额。

资产在初始确认时，其计税基础一般为取得成本，即企业为取得某项资产支付的成本在未来期间准予税前扣除。在资产持续持有的过程中，其计税基础是指资产的取得成本减去以前期间按照税法规定已经税前扣除的金额后的余额，该余额代表的是按照税法规定，就涉及的资产在未来期间计税时仍然可以税前扣除的金额。如固定资产、无形资产等长期资产在某一资产负债表日的计税基础是指其成本扣除按照税法规定已在以前期间税前扣除的累计折旧额或累计摊销额后的金额。

例 2-1：甲公司 2005 年年末购入一项环保设备，原价为 100 万元，使用年限为 10 年，会计处理时按照直线法计提折旧，税法规定按双倍余额递减法计提折旧。假定该设备的净残值为 0，已使用了两年，公司对该项固定资产计提了 5 万元的减值准备。

则：甲公司 2007 年 12 月 31 日确定该项设备的账面价值和计税基础为：

账面价值 = 100 − 10 − 10 − 5 = 75（万元）

计税基础 = 100 − 20 − 16 = 64（万元）

例 2-2：甲公司 2006 年年末取得一项无形资产，成本为 200 万元，因其使用寿命无法合理估计，会计上视为使用寿命不确定的无形资产，不予摊销，但税法规定按不短于 10 年的期限摊销。假定公司取得该项无形资产 1 年后未发生减值。

则：甲公司 2007 年 12 月 31 日确定该项无形资产的账面价值和计税基础为：

账面价值 = 200（万元）

计税基础 = 200-20=180（万元）

例 2-3：甲公司 2007 年 10 月 8 日支付 35 万元取得一项交易性金融资产，2007 年 12 月 31 日该项交易性金融资产市价为 40 万元。

则：甲公司 2007 年 12 月 31 日确定该项交易性金融资产的账面价值和计税基础为：

账面价值 = 40（万元）

计税基础 = 35（万元）

（2）负债的计税基础

负债的计税基础，是指负债的账面价值减去未来期间计算应纳税所得额时按照税法规定可予抵扣的金额。用公式表示：

负债的计税基础 = 账面价值 - 未来期间按照税法规定可予税前扣除的金额

负债的确认与偿还一般不会影响企业的损益，也不会影响其应纳税所得额，未来期间计算应纳税所得额时按照税法规定可予抵扣的金额为 0，计税基础即为账面价值。例如企业的短期借款、应付账款等。但是，在某些情况下，负债的确认可能会影响企业的损益，进而影响不同期间的应纳税所得额，使得其计税基础与账面价值之间产生差额，如按照会计规定确认的某些预计负债。

例 2-4：甲公司 2007 年 10 月因销售商品提供售后服务等原因于当期确认了 160 万元的预计负债。税法规定，有关产品售后服务等与取得经营收入直接相关的费用于实际发生时允许税前列支。假定企业在确认预计负债的当期未发生售后服务费用。

则：甲公司 2007 年 12 月 31 日确定该项预计负债的账面价值和

计税基础为：

账面价值＝160（万元）

计税基础＝160－160＝0（万元）

例2–5：甲公司2007年12月15日预收货款180万元，因不符合收入的确认条件，将其作为预收账款核算。税法规定该款项应计入取得当期应纳税所得额计算交纳所得税。

则：甲公司2007年12月31日确定该项预收账款的账面价值和计税基础为：

账面价值＝180（万元）

计税基础＝180－180＝0（万元）

例2–6：甲公司2007年12月确认应支付的职工薪酬总额2000万元，尚未支付。按照税法规定的计税工资标准可以于当期扣除的部分为1700万元。

则：甲公司2007年12月31日确定该项应付职工薪酬的账面价值和计税基础为：

账面价值＝2000（万元）

计税基础＝2000－0＝2000（万元）

除企业在正常生产经营活动过程中取得的资产和负债以外，对于某项特殊交易中产生的资产、负债，其计税基础的确定应遵从税法规定，如企业合并过程中取得资产、负债计税基础的确定。

40. 什么是应纳税暂时性差异和可抵扣暂时性差异？

答：资产、负债的账面价值与其计税基础不同产生的差额称为暂时性差异。由于资产、负债的账面价值与其计税基础不同，产生了在未来收回资产或清偿负债的期间内，应纳税所得额增加或减少并导致未来期间应交所得税增加或减少的情况，形成企业的递延所得税资产和递延所得税负债。

应予说明的是，资产负债表债务法下，仅确认暂时性差异的所得税影响，原按照利润表下纳税影响会计法核算的永久性差异，因从资产负债表角度考虑，不会产生资产、负债的账面价值与其计税基础的差异，即不形成暂时性差异，对企业在未来期间计税没有影响，不产生递延所得税。

根据暂时性差异对未来期间应纳税所得额的影响，分为应纳税暂时性差异和可抵扣暂时性差异。

（1）应纳税暂时性差异

应纳税暂时性差异，是指在确定未来收回资产或清偿负债期间的应纳税所得额时，将导致产生应税金额的暂时性差异，该差异在未来期间转回时，会增加转回期间的应纳税所得额，即在未来期间不考虑该事项影响的应纳税所得额的基础上，由于该暂时性差异的转回，会进一步增加转回期间的应纳税所得额和应交所得税金额。在应纳税暂时性差异产生当期，应当确认相关的递延所得税负债。

应纳税暂时性差异通常产生于以下情况：

1）资产的账面价值大于其计税基础。一项资产的账面价值代表的是企业在持续使用或最终出售该项资产时将取得的经济利益的总额，而计税基础代表的是一项资产在未来期间可予税前扣除的金额。资产的账面价值大于其计税基础，该项资产未来期间产生的经济利益不能全部税前抵扣，两者之间的差额需要交税，产生应纳税暂时性差异。

2）负债的账面价值小于其计税基础。一项负债的账面价值为企业预计在未来期间清偿该项负债时的经济利益流出，而其计税基础代表的是账面价值在扣除税法规定未来期间允许税前扣除的金额之后的差额。因负债的账面价值与其计税基础不同产生的暂时性差异，本质上是税法规定就该项负债在未来期间可以税前扣除的金额（即与该项负债相关的费用支出在未来期间可予税前扣除的金额）。负债的账面价值小于其计税基础，则意味着就该项负债在未来期间可以税前抵扣的金额为负数，即应在未来期间应纳税所得额的基础上调增，增加应纳税所得额和应交所得税金额，产生应纳税暂时性差异。

（2）可抵扣暂时性差异

可抵扣暂时性差异，是指在确定未来收回资产或清偿负债期间的应纳税所得额时，将导致产生可抵扣金额的暂时性差异。该差异在未来期间转回时会减少转回期间的应纳税所得额，减少未来期间的应交所得税。在可抵扣暂时性差异产生当期，应当确认相关的递延所得税资产。

可抵扣暂时性差异一般产生于以下情况：

1）资产的账面价值小于其计税基础。从经济含义来看，资产在未来期间产生的经济利益少，按照税法规定允许税前扣除的金额多，则就账面价值与计税基础之间的差额，企业在未来期间可以减少应纳税所得额并减少应交所得税，产生可抵扣暂时性差异。

2）负债的账面价值大于其计税基础。负债产生的暂时性差异实质上是税法规定就该项负债可以在未来期间税前扣除的金额。一项负债的账面价值大于其计税基础，意味着未来期间按照税法规定与该项负债相关的全部或部分支出可以自未来应税经济利益中扣除，减少未来期间的应纳税所得额和应交所得税，产生可抵扣暂时性差异。

这里需要说明的是，除因资产、负债的账面价值与其计税基础不同产生的暂时性差异外，还会有一些特殊项目产生的暂时性差异。如会计上不确认资产、负债，但按照税法规定能够确定其计税基础的项目，其账面价值与计税基础之间的差异，也构成暂时性差异。另外，按照税法规定可以结转以后年度的未弥补亏损和税款抵减，它虽不是因资产、负债的账面价值与计税基础不同产生的差异，但本质上可抵扣亏损和税款抵减，能够减少未来期间的应纳税所得额和应交所得税，因此应视同可抵扣暂时性差异。

41. 什么是递延所得税负债和递延所得税资产?

答：企业在计算确定了应纳税暂时性差异与可抵扣暂时性差异后，应当按照所得税准则规定的原则确认与应纳税暂时性差异相关的递延所得税负债以及与可抵扣暂时性差异相关的递延所得税资产。

（1）递延所得税负债的确认和计量

递延所得税负债产生于应纳税暂时性差异。因应纳税暂时性差异在转回期间将增加企业的应纳税所得额和应交所得税，导致企业经济利益的流出，在其发生当期，构成企业应支付税金的义务，应作为负债确认。

1）递延所得税负债的确认。企业在确认因应纳税暂时性差异产生的递延所得税负债时，应遵循的原则：除企业会计准则中明确规定可不确认递延所得税负债的情况以外，企业对所有的应纳税暂时性差异均应确认相关的递延所得税负债。除直接计入所有者权益的交易或事项以及企业合并外，在确认递延所得税负债的同时，应增加利润表中的所得税费用。

确认应纳税暂时性差异产生的递延所得税负债时，交易或事项发生时影响到会计利润或应纳税所得额的，相关的所得税影响应作为利润表中所得税费用的组成部分；与直接计入所有者权益的交易或事项相关的，其所得税影响应减少所有者权益；与企业合并中取得资产、负债相关的，递延所得税影响应调整购买日应确认的商誉或是计入合并当期损益的金额。

确认应纳税暂时性差异产生的递延所得税负债时，交易或事项发生时影响到会计利润或应纳税所得额的，相关的所得税影响应作为利润表中所得税费用的组成部分，即递延所得税负债的确认应导致利润表中所得税费用的增加；与直接计入所有者权益的交易或事项相关的，其所得税影响应增加或减少所有者权益；企业合并产生的，相关的递延所得税影响应调整购买日应确认的商誉或是计入当期损益的金额。

例 2-7：承例 2-1 的有关资料，假定甲公司于 2007 年除该项固定资产外，当期发生的交易和事项不存在会计与税收的差异。甲公司 2007 年 12 月 31 日确定该项设备的账面价值为 75 万元，计税基础为 64 万元。假定甲公司适用的所得税税率为 25%。

则：甲公司 2007 年 12 月 31 日应确认相关的递延所得税负债为：

递延所得税负债 = (75 − 64) × 25% = 2.75（万元）

借：所得税费用　　　　27500

　　贷：递延所得税负债　　　　27500

这里需要说明的是，有些情况下，虽然资产、负债的账面价值与其计税基础不同，产生了应纳税暂时性差异，但出于各方面考虑，所得税准则中规定不确认相应的递延所得税负债。不确认递延所得税负债的特殊情况主要包括：初始确认的商誉的账面价值与计税基础不同所形成的应纳税暂时性差异；除企业合并以外的其他交易或事项中，如果该项交易或事项发生时既不影响会计利润，也不影响应纳税所得额，则所产生的资产、负债的初始确认金额与其计税基础不同，形成的应纳税暂时性差异，不确认相应的递延所得税负债；与子公司、联营企业、合营企业投资等相关的应纳税暂时性差异，在满足有关条件（一是投资企业能够控制暂时性差异转回的时间；二是该暂时性差异在可预见的未来很可能不会转回）时，无须确认相应的递延所得税负债。

2）递延所得税负债的计量。对于递延所得税负债，在资产负债表日应以相关应纳税暂时性差异转回期间适用的所得税税率计量。在我国，除享受优惠政策的情况以外，企业适用的所得税税率在不同年度之间一般不会发生变化，企业在确认递延所得税负债时，可以现行适用税率为基础计算确定，递延所得税负债的确认不要求折现。

（2）递延所得税资产的确认和计量

递延所得税资产产生于可抵扣暂时性差异。因可抵扣暂时性差异在转回期间将减少企业的应纳税所得额和应交所得税，减少未来期间以应交所得税的方式流出企业的经济利益。因此在其发生当期，应作为资产确认。

1）递延所得税资产的确认。资产、负债的账面价值与其计税基础不同产生的可抵扣暂时性差异，在估计未来期间能够取得足够的应纳税所得额用以利用该可抵扣暂时性差异时，应当以很可能取得用来抵扣可抵扣暂时性差异的应纳税所得额为限，确认相关的递延所得税资产。

同递延所得税负债的确认相同，有关交易或事项发生时，对税前会计利润或是应纳税所得额产生影响的，所确认的递延所得税资产应作为利润表中所得税费用的调整；有关的可抵扣暂时性差异产生于直接计入所有者权益的交易或事项的，确认的递延所得税资产也应计入所有者权益；企业合并中取得的有关资产、负债产生的可抵扣暂时性差异，其所得税影响应相应调整合并中确认的商誉或是应计入合并当期损益的金额。

在确认递延所得税资产时，应注意以下问题：一是递延所得税资产的确认应以未来期间很可能取得的用来抵扣可抵扣暂时性差异的应纳税所得额为限；二是与子公司、联营企业、合营企业投资等相关的可抵扣暂时性差异，在满足有关条件（一是暂时性差异在可预见的未来很可能不会转回，二是未来很可能获得用来抵扣可抵扣暂时性差异的应纳税所得额）时，应确认相应的递延所得税资产；三是按照税法规定可以结转以后年度的未弥补亏损和税款抵减，应视同可抵扣暂时性差异处理。

例 2–8：承例 2–4 有关资料，假定甲公司于 2007 年除该项预计负债外，当期发生的交易和事项不存在其他会计与税收的差异。甲公司 2007 年 12 月 31 日确定该项预计负债的账面价值为 160 万元，计税基础为 0 万元。假定甲公司适用的所得税税率为 25%。

则：甲公司 2007 年 12 月 31 日应确认相关的递延所得税资产为：

递延所得税资产 = (160 – 0) × 25% = 40（万元）

借：递延所得税资产　　400000

　　贷：所得税费用　　　　400000

这里需要说明的是，在某些情况下，如果企业发生的某项交易或事项不属于企业合并，并且交易发生时既不影响会计利润也不影响应纳税所得额，且该项交易中产生的资产、负债的初始确认金额与其计税基础不同，产生的可抵扣暂时性差异，《企业会计准则——所得税》中规定在交易或事项发生时不确认相关的递延所得税资产。

2）递延所得税资产的计量。递延所得税资产的计量主要包括适用税率的确定和递延所得税资产账面价值的复核。

①适用税率的确定。在确认递延所得税资产时，应当以预期收回该资产期间的适用所得税税率为基础计算确定。另外，无论相关的可抵扣暂时性差异转回期间如何，递延所得税资产均不要求折现。

②递延所得税资产账面价值的复核。企业在确认了递延所得税资产以后，资产负债表日，应当对递延所得税资产的账面价值进行复核。如果未来期间很可能无法取得足够的应纳税所得额用以利用可抵扣暂

时性差异带来的利益，应当减记递延所得税资产的账面价值。减记的递延所得税资产，除原确认时记入所有者权益的递延所得税资产，其减记金额也应记入所有者权益外，其他的情况均应增加所得税费用。递延所得税资产的账面价值减记以后，继后期间根据新的环境和情况判断能够产生足够的应纳税所得额利用可抵扣暂时性差异，使得递延所得税资产包含的经济利益能够实现的，应相应恢复递延所得税资产的账面价值。

另外，无论是递延所得税资产还是递延所得税负债的计量，均应考虑资产负债表日企业预期收回资产或清偿负债方式的所得税影响，在计量递延所得税资产和递延所得税负债时，应当采用与收回资产或清偿债务的预期方式相一致的税率和计税基础。

例 2-9：甲企业以 10000 万元买入一台机器，将在 5 年的使用年限内以直线法计提折旧。计税时，该机器用年折旧率 25%按直线法折旧。假设发生亏损可以而且能够用以后年度的应税利润抵扣，所得税税率是 40%。企业将通过使用该机器生产商品进行销售来收回其账面价值。甲企业采用资产负债表法核算所得税。具体核算过程如下：

（1）计算当期所得税费用

当期所得税费用，如表 2-1 所示。

表 2-1 当期所得税费用

单位：万元

	第 1 年	第 2 年	第 3 年	第 4 年	第 5 年
应税收益①（= 10000/5）	2000	2000	2000	2000	2000
计税折旧②（= 10000×25%）	2500	2500	2500	2500	0
应税利润（可抵扣亏损）③（=① - ②）	(500)	(500)	(500)	(500)	2000
所得税税率④	40%	40%	40%	40%	40%
所得税费用⑤（=③ × ④）	(200)	(200)	(200)	(200)	800

（2）计算递延所得税费用

计算递延所得税资产（负债）和递延所得税费用，如表 2-2 所示。

企业应在第 1 年至第 4 年确认递延所得税负债，因为应税暂时性差异的转回将在以后的年份中产生应税收益。

表 2-2　递延所得税资产（负债）和递延所得税费用计算表

单位：万元

	第 1 年	第 2 年	第 3 年	第 4 年	第 5 年
账面价值①（=10000–Σ 应税收益）	8000	6000	4000	2000	0
计税基础②（=10000–Σ 计税折旧）	7500	5000	2500	0	0
应税暂时性差异③（=①–②）	500	1000	1500	2000	0
期初递延所得税负债④（=上年 Σ 所得税费用）	0	200	400	600	800
递延所得税费用⑤（=所得税费用）	200	200	200	200	(800)
期末递延所得税负债⑥（=④+⑤）	200	400	600	800	0

（3）编制利润表

利润表如表 2-3 所示。

表 2-3　利润表

单位：万元

	第 1 年	第 2 年	第 3 年	第 4 年	第 5 年
收益	2000	2000	2000	2000	2000
折旧	2000	2000	2000	2000	200
税前利润	0	0	0	0	0
当期所得税费用	(200)	(200)	(200)	(200)	800
递延所得税费用	200	200	200	200	(800)
所得税费用总额	0	0	0	0	0
本期净利润	0	0	0	0	0

根据以上确认和计量结果，甲企业在第 1 年至第 4 年的所得税会计分录为：

第 1 年：

①当期所得税收益：

借：应交税费——应交所得税　　　　2000000

　　贷：所得税——当期所得税收益　　　　2000000

②递延所得税费用：

借：所得税——递延所得税费用　　　　2000000

贷：递延所得税负债 2000000

第2年至第4年的会计处理与第一年相同。

第5年：

①当期所得税费用：

借：所得税——当期所得税费用 8000000

贷：应交税费——应交所得税 8000000

②递延所得税收益：

借：递延所得税负债 8000000

贷：所得税——递延所得税收益 8000000

假设从第3年起，税率从40%降为30%，其他条件不变。则甲企业核算所得税具体核算过程如下：

（1）计算当期所得税费用

当期所得税费用如表2-4所示。

表2-4 当期所得税费用

单位：万元

	第1年	第2年	第3年	第4年	第5年
应税收益	2000	2000	2000	2000	2000
计税折旧	2500	2500	2500	2500	0
应税利润（可抵扣亏损）	(500)	(500)	(500)	(500)	2000
税率	40%	40%	30%	30%	30%
所得税费用	(200)	(200)	(50)*	(150)	600

注*：50 = 500 × 30% − 2 × 500 × (40% − 30%)

（2）计算递延所得税费用

递延所得税资产（负债）和递延所得税费用，如表2-5所示。

企业应在第1年至第4年确认递延所得税负债，因为应税暂时性差异的转回将在以后的年份中产生应税收益。

（3）编制利润表

利润表如表2-6所示。

根据以上确认和计量结果，甲企业在第1年至第4年的所得税会计分录为：

表 2–5　递延所得税资产（负债）和递延所得税费用计算表

单位：万元

	第 1 年	第 2 年	第 3 年	第 4 年	第 5 年
账面价值	8000	6000	4000	2000	0
计税基础	7500	5000	2500	0	0
应税暂时性差异	500	1000	1500	2000	0
期初递延所得税负债	0	200	400	450	600
递延所得税费用	200	200	50	150	(600)
期末递延所得税负债	200	400	450	600	0

表 2–6　利润表

单位：万元

	第 1 年	第 2 年	第 3 年	第 4 年	第 5 年
收益	2000	2000	2000	2000	2000
折旧	2000	2000	2000	2000	200
税前利润	0	0	0	0	0
当期所得税费用	(200)	(200)	(50)	(150)	600
递延所得税费用	200	200	50	150	(600)
所得税费用总额	0	0	0	0	0
本期净利润	0	0	0	0	0

第 1 年：

①当期所得税收益：

借：应交税费——应交所得税　　　　2000000

　　贷：所得税——当期所得税收益　　　　2000000

②递延所得税费用：

借：所得税——递延所得税费用　　　　2000000

　　贷：递延所得税负债　　　　2000000

第 2 年与第 1 年相同。

第 3 年：

①当期所得税收益：

借：应交税费——应交所得税　　　　500000

贷：所得税——当期所得税收益 500000

②递延所得税费用：

借：所得税——递延所得税费用 500000

贷：递延所得税负债 500000

第 4 年：

①当期所得税收益：

借：应交税费——应交所得税 1500000

贷：所得税——当期所得税收益 1500000

②递延所得税费用：

借：所得税——递延所得税费用 1500000

贷：递延所得税负债 1500000

第 5 年：

①当期所得税费用：

借：所得税——当期所得税费用 6000000

贷：应交税费——应交所得税 6000000

②递延所得税收益：

借：递延所得税负债 6000000

贷：所得税——递延所得税收益 6000000

42. 所得税费用应怎样核算？

答：所得税会计的主要目的是确定当期应交所得税以及利润表中应确认的所得税费用。在按照资产负债表债务法核算所得税的情况下，利润表中的所得税费用包括当期所得税和递延所得税两部分。

（1）当期所得税

当期所得税是指企业按照税法规定计算确定的针对当期发生的交易和事项，应交纳给税务部门的所得税金额，即当期应交所得税。当期所得税应以适用的税收法规为基础计算确定。

企业在确定当期所得税时，对于当期发生的交易或事项，会计处理与税收处理不同的，应在会计利润的基础上，按照适用税收法规的要求进行调整，计算出当期应纳税所得额，按照应纳税所得额与适用所得税税率计算确定当期应交所得税。一般情况下，应纳税所得额可在会计利润的基础上，考虑会计与税收之间的差异，按照以下公式计算确定：

应纳税所得额 = 会计利润 + 按照会计准则规定计入利润表但计税时不允许税前扣除的费用 + （/–）计入利润表的费用与按照税法规定可予税前扣除的费用金额之间的差额 + （/–）计入利润表的收入与按照税法规定应计入应纳税所得额的收入之间的差额 – 税法规定的不征税收入 + （/–）其他需要调整的因素

当期所得税 = 当期应交所得税 = 应纳税所得额 × 适用的所得税税率

（2）递延所得税

递延所得税是指按照企业会计准则规定当期应予确认的递延所得税资产和递延所得税负债的金额，即递延所得税资产及递延所得税负债的当期发生额，但不包括直接计入所有者权益的交易或事项及企业合并的所得税影响。用公式表示为：

递延所得税 = 当期递延所得税负债的增减 ± 当期递延所得税资产的增减 =（递延所得税负债的期末余额 – 递延所得税负债的期初余额）–（递延所得税资产的期末余额 – 递延所得税资产的期初余额）

需要注意的是，企业因确认递延所得税资产和递延所得税负债产生的递延所得税，一般应当记入所得税费用，但直接计入所有者权益的交易或事项及企业合并的所得税影响，不构成利润表中的递延所得税费用（或收益）。

（3）所得税费用

利润表中的所得税费用由两个部分组成：当期所得税和递延所得税。

所得税费用 = 当期所得税 + 递延所得税

计入当期损益的所得税费用或收益不包括企业合并和直接在所有者权益中确认的交易或事项产生的所得税影响。与直接计入所有者权益的交易或者事项相关的当期所得税和递延所得税，应当计入所有者权益。

所得税费用应当在利润表中单独列示。

企业进行所得税会计核算时，应设置“递延所得税资产”、“递延所得税负债”、“所得税费用”等有关科目。

1）“递延所得税资产”科目。该科目是用来核算企业根据所得税会计准则确认的可抵扣暂时性差异产生的所得税资产，根据税法规定可用以后年度税前利润弥补的亏损及税款抵减产生的所得税资产，也应在本科目核算。

资产负债表日，企业根据所得税会计准则应予以确认的递延所得税资产，借记“递延所得税资产”科目，贷记“所得税费用——递延所得税费用”、“资本公积——其他资本公积”等科目，本期确认的递延所得税资产大于其账面余额的，应按其差额确认；本期确认的递延所得税资产小于其账面余额的，做相反的会计分录。

资产负债表日，预计未来期间很可能无法获得足够的应纳税所得额用以抵扣可抵扣暂时性差异的，应按原已确认的递延所得税资产中应减记的金额，借记“所得税费用——递延所得税费用”、“资本公积——其他资本公积”等科目，贷记“递延所得税资产”科目。

本科目期末借方余额，反映已确认的递延所得税资产的余额。

2）“递延所得税负债”科目。该科目是用来核算企业根据所得税会计准则确认的应纳税暂时性差异产生的所得税负债。

资产负债表日，企业根据所得税会计准则应予以确认的递延所得税负债，借记“所得税费用——递延所得税费用”、“资本公积——其他资本公积”等科目，贷记“递延所得税负债”科目，本期确认的递延所得税负债大于其账面余额的，应按其差额确认；本期确认的递延所得税负债小于其账面余额的，做相反的会计分录。

本科目期末贷方余额，反映已确认的递延所得税负债的余额。

3）“所得税费用”科目。该科目是用来核算企业根据所得税会计准则确认的应从当期利润总额中扣除的所得税费用。本科目应当按照“当期所得税费用”、“递延所得税费用”进行明细核算。

资产负债表日，企业按照税法计算确定的当期应交所得税金额，借记“所得税费用——当期所得税费用”科目，贷记“应交税费——应交所得税”科目。

资产负债表日，根据所得税会计准则应予确认的递延所得税资产大于“递延所得税资产”科目余额的差额，借记“递延所得税资产”科目，贷记“所得税费用——递延所得税费用”科目、“资本公积——其他资本公积”等科目；应予确认的递延所得税资产小于“递延所得税资产”科目余额的差额，做相反的会计分录。企业应予确认的递延所得税负债的变动，应当比照上述原则调整本科目、“递延所得税负债”科目及有关科目。

期末，应将本科目的余额转入“本年利润”科目，结转后本科目应无余额。

43. 所得税会计核算举例

例 2–10：甲公司 2006 年 12 月 31 日资产负债表中部分项目如表 2–7 所示：

表 2–7 暂时性差异计算表

单位：元

项 目	账面价值	计税基础	暂时性差异	
			应纳税	可抵扣
可供出售金融资产	2600000	2000000	600000	
固定资产	20000000	22000000		2000000
预计负债	1000000	0		1000000
总 计			600000	3000000

假定该公司适用的所得税税率为 25%，2006 年按照税法规定确定的应纳税所得额为 1000 万元。预计该公司会持续盈利，能够获得足够的应纳税所得额。则：甲公司 2006 年 12 月 31 日应确认的所得税费用为：

(1) 2006 年当期应交所得税

应交所得税 = 1000 × 25% = 250（万元）

(2) 2006 年递延所得税

2006 年末应确认递延所得税资产 = 300 × 25% = 75（万元）

2006 年末应确认递延所得税负债 = 60 × 25% = 15（万元）

递延所得税 = 15 − 75 = −60（万元）

(3) 2006 年利润表中应确认的所得税费用

所得税费用 = 250 + (−60) = 190（万元）

2006 年确认所得税费用的会计处理：

借：所得税费用　　1900000

　　递延所得税资产　　750000

　　贷：应交税费——应交所得税　　2500000

　　　　递延所得税负债　　150000

例 2–11：承例 2–10 有关资料，假定甲公司 2007 的应纳税所得额为 2000 万元，2007 年资产负债表中部分项目如表 2–8 所示：

表 2–8　暂时性差异计算表

单位：元

项目	账面价值	计税基础	暂时性差异	
			应纳税	可抵扣
交易性金融资产	2800000	3800000		1000000
无形资产	2000000	0	2000000	
预计负债	600000	0		600000
总计			2000000	1600000

则：甲公司 2007 年 12 月 31 日应确认的所得税费用为：

(1) 2007 年当期应交所得税

应交所得税 = 2000 × 25% = 500（万元）

(2) 2007 年递延所得税

2007 年末应确认递延所得税资产 = 160 × 25% = 40（万元）

2007 年末应确认递延所得税负债 = 200 × 25% = 50（万元）

2007 年递延所得税资产减少 = 40 – 75 = –35（万元）

2007 年递延所得税负债增加 = 50 – 15 = 35（万元）

递延所得税 = 35 – (–35) = 70（万元）

(3) 2007 年利润表中应确认的所得税费用

所得税费用 = 500 + 70 = 570（万元）

2007 年确认所得税费用的会计处理为：

借：所得税费用　　5700000

　贷：应交税费——应交所得税　　5000000

　　递延所得税负债　　350000

　　递延所得税资产　　350000

44. 什么是企业清算？清算程序是怎样的？

答：企业清算是指企业终止生产经营活动时，对企业资产、债权、债务所作的清查、收回核清偿等工作。企业按照章程规定解散或破产以及其他原因宣告终止时，应当成立清算机构，对企业财产、债权、债务进行全面清查，编制资产负责表、财产目录和债权、债务清单，提示财产作价依据和债务处理办法，妥善处理各项遗留问题。

(1) 清算的原因及种类

企业进行清算的原因是多种多样的，大体可分为以下几种情况：

1）破产企业清算。市场经济是建立在公平竞争、优胜劣汰的基础之上的，唯有鼓励企业之间开展竞争，允许严重亏损企业破产，才能促使有限的经济资源得到更为有效的配置。我国《破产法》规定：企业因经营管理不善造成严重亏损不能到期清偿债务的，可以宣告破产。企业破产以后，必须对其破产财产进行处置，这种行为是破产清算。

2）经营期限届满清算。随着改革开放的不断深化，我国企业成分日益多元化，中外合资经营企业、各种类型的有限责任公司相继出现，按照有关法规规定，外商投资企业必须订有明确的经营期限，有限责任公司也可以在公司章程中规定经营期限。这样在企业经营期限届满宣告解散时，要进行解散清算。这种清算是完全解散清算。

3）产权转让清算。有限责任公司和私营企业的投资者，可以根据需要，按公司章程和有关法律规定，对其在企业中的投资转让于他人，这种产权转让，就要求对产权出让人所有的财产进行清算，这种清算是产权解散清算。

4）其他原因解散清算。企业出现特殊原因而被迫在期限届满之前宣告提前解散。按有关制度规定，在出现下列情况时，企业可以提出解散申请，报审批机关批准后提前解散：

①企业发生严重亏损，无力继续经营。

②企业合同、章程中规定的解散事由已经出现。

③企业设立的宗旨已经实现或根本无法实现。

④企业在计划期内未达到经营目的，同时又无发展前途。

⑤企业违反国家法律、法规，危害社会公共利益被依法撤销。

⑥因战争、自然灾害等不可抗拒客观因素而遭受严重损失，造成企业无法继续经营。

⑦合营企业一方不履行合同规定义务致使企业无法继续经营。

⑧股份制企业股东大会决定解散。

由于上述原因企业提前解散时，要进行提前解散清算。

（2）清算程序

企业进入清算后，应按照国家的有关规定进行清算。其一般清算程序是：

1）企业宣告终止后，应成立清算机构。因经营方式和清算方式不同，清算机构成员没有固定结构人选，但一般应在人民法院、企业主管部门、政府财政部门以及有关专业人员中指定。清算机构一经确立，在整个清算期内不得任意更改。

2）对资产、负债进行清查。清算组必须编制从年初起至企业宣告清算之日止的年度会计报表，包括资产负债表，损益表及其附表，同时按账面各项财产物资编制明细表，对企业财产、债权、债务进行全面清查，核对账据、账单，调整其差额或不实之处。对于债权，要按账面项目和金额详细列出缘由、背景、经办人及已清理情况，并根据原始资料区别不同情况，由专人负责追收；对于债务的清理，也应以账面项目及金额为依据，逐项登记，核对、落实。对财产物资清理后，要提出财产估价和清理依据，制订清算方案。在清算期限间内，未经清算机构许可，不得任意处置企业财产。

清算机构对企业宣告终止前6个月至终止日期内发生下列情况的行为，有权追回其财产，并作为清算财产入账。

①隐匿私分或者无偿转让财产。

②对未到期限的债务提前清偿。

③放弃自己的债权。

④非正常压价处理财产。

⑤对原来没有财产担保的债务提供财产担保。

3）清偿负债，分配剩余财产。清算机构在清算期间核实各项资产，企业剩余财产首先要用于支付清算费用，其次要按下列顺序清偿债务：

①应付未付的职工工资、福利费、社会保险费。

②应缴未缴国家税金及其他款项。

③尚未付款的有担保的债务。

④尚未偿付的其他债务。

在还债过程中，如果发生不足清偿同一顺序的债务情况，可按债务比例进行清偿，企业偿债后，如果有清算净收益，应在依法缴纳所得税后，按下列原则处理：

①对于有限责任公司，除公司章程另有规定者外，按照投资各方的出资比例分配。

②对于股份有限公司，应先按优先股股份面值对优先股股东按比例分配；如果再有剩余财产，应按普通股股东的股份比例进行分配。

清算机构在分配剩余财产后，应当出具清算报告，并编制清算期间的收支报表，经注册会计师验证后，向工商行政管理部门和主管财政、税务机关办理注销登记。

（3）清算财产的作价

企业无论是因破产，还是因各种原因的解散，都会涉及财产作价问题，目前国内外的实际应用中，常见的财产作价方法主要有三种：

账面价值法、重估价值法和变现收入法。

1）账面价值法。它是以核实后的各项负债的账面价值为依据，计算所有者权益，即剩余财产额的一种作价方法。这种方法主要适用于产权转让解散清算和完全解散清算的货币性资金项目。如货币资金、应付账款、应付票据、预收账款、预付账款等。采用账面价值法为财产作价时，清算机构仍需要对企业各项记录以及财产物资、债权、债务等进行全面清查核实，并以核实后的账面价值为准计算所有者权益。

2）重估价值法。它是指清算机构委托注册会计师对企业现存财产物资债权、债务进行重新估价，确定剩余财产净值的一种财产作价方法。这种方法主要适用于对各项实物资产价值的确定，如房产、设备、存货、在建工程等，对产权转让解散清算更为适用。

需要指出的是，重估价值法在对财产作价时，如果估价出现了增值，应作为清算收益处理；如果估价小于账面价值，其差价部分应列作清算损失，重估价值法与账面价值法的区别在于前者不仅要对财产清查的数量溢缺进行调整，还要对各项财产单位价格进行估价，并以此作为计价标准，调整账面价值。

3）变现收入法。它是指以企业资产的变价收入作为资产作价基础，并经此计算所有者权益的财产作价方法。在破产清算或完全解散清算时，需将企业资产变卖为现金。这种方法主要适用于因破产或经营期限届满所引起的完全解散的清算。

采用变价收入法，方法应详细核定并尽量收回所有者的债权，无法收回的部分可作为坏账核销；对于已作担保的财产，其相当于担保债务价值部分，不应列作清算财产，担保物价款超过所担保的债务数额部分，应列作清算财产。

45. 清算所得如何计算？

答：企业清算时，应以清算期间作为一个纳税年度，清算所得应征收企业所得税。所谓清算所得，是指纳税人清算时的全部资产或财产扣除各项清算费用、损失、负债、企业未分配利润、公益金和公积金后的余额，超过实收资本的部分。

企业清算所得乘以清算当年经营所得适用税率为清算所得税额。具体的计算公式为：

（1）企业的全部清算财产变现损益

企业的全部清算财产变现损益 = 存货变现损益 + 非存货资产变现损益 + 清算财产盘盈

（2）企业的净资产或剩余财产

企业的净资产或剩余财产 = 企业全部清算财产变现损益 − 应付未付职工工资劳动保险费用等 − 清算费用 − 企业拖欠的各项税费 − 尚未偿付的各项债务 − 收取债权损失 + 偿还负债的收入（确实无法归还的债务）

（3）清算所得

清算费用 = 企业的净资产或剩余财产 − 企业累计未分配利润 − 企业税后提取的各项基金盈余 − 企业的资本公积金 − 企业的盈余公积金 + 企业法定财产估价增值 + 企业接受捐赠的财产价值 − 企业的注册资本金

46. 如何理解源泉扣缴？

答：源泉扣缴是指以所得支付者为扣缴义务人，在每次向纳税人支付有关所得款项时，代为扣缴税款的做法。实行源泉扣缴的最大优点在于可以有效保护税源，保证国家的财政收入，防止偷、漏税，简化纳税手续。依照《企业所得税法》对非居民企业应缴纳的企业所得税实行源泉扣缴的，应当依照《企业所得税法》第十九条的规定计算应纳税所得额。收入全额，是指企业向支付人收取的全部价款和价外费用。

1）对非居民企业取得规定的所得应缴纳的所得税，实行源泉扣缴，以支付人为扣缴义务人。税款由扣缴义务人在每次支付或者到期应支付时，从支付或者到期应支付的款项中扣缴。

支付人，是指依照有关法律规定或者合同约定对非居民企业直接负有支付相关款项义务的组织和个人。

支付，包括现金支付、汇拨支付、转账支付和权益兑价支付等货币支付和非货币支付。

到期应支付的款项，是指支付人按照权责发生制原则应当计入相关成本、费用的应付款项。

2）对非居民企业在中国境内取得工程作业和劳务所得应缴纳的所得税，税务机关可以指定工程价款或者劳务费的支付人为扣缴义务人。

扣缴义务人的情形包括：

①预计工程作业或者提供劳务期限不足一个纳税年度，且有证据表明不履行纳税义务的。

②没有办理税务登记或者临时税务登记，且未委托中国境内的代理人履行纳税义务的。

③未按照规定期限办理企业所得税纳税申报或者预缴申报的。

前款规定的扣缴义务人，由县级以上税务机关指定，并同时告知扣缴义务人所扣税款的计算依据、计算方法、扣缴期限和扣缴方式。

3）扣缴义务人未依法扣缴或者无法履行扣缴义务的，由纳税人在所得发生地缴纳。纳税人未依法缴纳的，税务机关可以从该纳税人在中国境内其他收入项目的支付人应付的款项中，追缴该纳税人的应纳税款。

所得发生地，是指按照《企业所得税暂行条例》第七条规定的原则确定的所得发生地。在中国境内存在多处所得发生地的，由纳税人选择其中一地申报缴纳企业所得税。

税务机关在追缴该纳税人应纳税款时，应当将追缴理由、追缴数额、缴纳期限和缴纳方式等告知该纳税人。

4）扣缴义务人每次代扣的税款，应当自代扣之日起 7 日内缴入国库，并向所在地的税务机关报送扣缴企业所得税报告表。

47. 税法对企业所得税的缴纳有哪些规定？

答：（1）企业所得税的纳税期限和缴纳办法

企业所得税，按年计算，分月或者分季预缴。

企业应当自月份或者季度终了之日起15日内，向税务机关报送预缴企业所得税纳税申报表，预缴税款。企业所得税分月或者分季预缴，由税务机关具体核定。分月或者分季预缴企业所得税时，应当按照月度或者季度的实际利润额预缴；按照月度或者季度的实际利润额预缴有困难的，可以按照上一纳税年度应纳税所得额的月度或者季度平均额，按照月度或者季度以及经税务机关认可的其他方法预缴。预缴方法一经确定，该纳税年度内不得随意变更。

企业缴纳的所得税款，以人民币计算。所得以人民币以外的货币计算的，应当折合成人民币计算并缴纳税款。

企业所得为人民币以外的货币的，预缴企业所得税时，应当按照月度或者季度最后一日的人民币汇率中间价，折合成人民币计算应纳税所得额。年度终了汇算清缴时，对已经按照月度或者季度预缴税款的人民币以外的货币，不再重新折合计算，只就全年未缴纳企业所得税的人民币以外的货币所得部分，按照纳税年度最后一日的人民币汇率中间价，折合成人民币计算应纳税所得额。

经税务机关检查确认，企业少计或者多计人民币以外的货币所得的，应当按照检查确认补税或者退税时的上一个月最后一日的人民币汇率中间价，将少计或者多计的人民币以外的货币所得折合成人民币计算应纳税所得额，再计算应补缴或者应退的税款。

（2）纳税地点

除税收法律、行政法规另有规定外，居民企业以企业登记注册地为纳税地点；但登记注册地在境外的，以实际管理机构所在地为纳税地点。企业登记注册地，是指企业按照国家有关规定登记注册的住所。

居民企业在中国境内设立不具有法人资格的营业机构的，应当汇总计算并缴纳企业所得税。企业汇总计算并缴纳企业所得税时，应当统一核算应纳税所得额，具体办法由国务院财政、税务主管部门另行制定。

非居民企业在中国境内设立机构、场所的取得的来源于中国境内的所得，以及发生在中国境外但与其所设机构、场所有实际联系的所得，以机构、场所所在地为纳税地点。非居民企业在中国境内设立两个或者两个以上机构、场所的，经税务机关审核批准，可以选择由其主要机构、场所汇总缴纳企业所得税。

非居民企业在中国境内未设立机构、场所的，或者虽设立机构、场所但取得的所得与其所设机构、场所没有实际联系的所得，以扣缴义务人所在地为纳税地点。

非居民企业经批准汇总缴纳企业所得税后，需要增设、合并、迁移、停止、关闭机构、场所的，应当事先由负责汇总申报缴纳企业所得税的主要机构、场所向其所在地税务机关报告；需要变更汇总缴纳企业所得税的主要机构、场所的，依照前款规定办理。

除国务院另有规定外，企业之间不得合并缴纳企业所得税。

（3）企业清算时所得税的计算和缴纳

企业依法清算时，应当以清算期间作为一个纳税年度。

纳税人依法进行清算时，应当在办理工商注销登记之前就其清算终了后的清算所得，向当地税务机关申报，缴纳企业所得税。

这里所说的清算所得，是指其资产净额或者剩余财产减除企业未分配利润、各项基金和清算费用后的余额，超过实缴资本的部分。

（4）企业终止时所得税的缴纳

企业在年度中间终止经营活动的，应当自实际经营终止之日起60日内，向税务机关办理当期企业所得税汇算清缴。企业应当在办理注销登记前，就其清算所得向税务机关申报并依法缴纳企业所得税。

（5）企业所得税的汇算清缴

企业应当自年度终了之日起5个月内，向税务机关报送年度企业所得税纳税申报表，并汇算清缴，结清应缴应退税款。

企业在纳税年度内无论盈利或者亏损，都应当依照规定的期限，向税务机关报送预缴企业所得税纳税申报表、年度企业所得税纳税申报表、财务会计报告和税务机关规定应当报送的其他有关资料。

48. 什么是个人所得税？个人所得税具有哪些特点？

答：个人所得税是对个人（自然人）取得的各项应税所得征收的一种税。在中国境内有住所，或者无住所而在境内居住满一年的个人，从中国境内和境外取得的所得，按照规定缴纳个人所得税。在中国境内无住所又不居住或者无住所而在境内居住不满一年的个人，从中国境内取得的所得，按照规定缴纳个人所得税。

个人所得税法与其他税法相比具有以下特点：

（1）分项征收

对个人所得税的征收，国际上通行两种方法，一是总额课征，二是分项课征。我国采用了第二种形式，以体现公平并兼顾效率。

（2）计算简便

个人所得税法，不仅采用分项课征，而且税率级次较少，计算简单易行，既方便了纳税人，又有利于税收机关征收管理。

（3）采取课源制和申报制征收办法

我国个人所得税的征收采取由支付单位源泉扣缴和纳税人自行申报两种办法。对于可以在应税所得的支付环节扣缴个人所得税的，均由支付单位在支付时实行源泉扣缴。对于没有扣缴义务人或者在两处或两处以上取得工资、薪金所得以及不便于扣缴的情况，采取由纳税人自行申报纳税的办法。

（4）税源分散

个人所得税的税源，在取得应税所得的每个公民手中，税源分散，不便于征收管理。在公民纳税意识不强的情况下，往往造成税源流失。新的个人所得税法针对税源分散的情况，加强了征收管理，实行了以代扣代缴为主的税款征收方式，这将对减少税源流失，保证财政收入起到积极的作用。

49. 个人所得税的纳税人是怎样规定的?

答: 个人所得税，以所得人为纳税义务人，以支付所得的单位或者个人为扣缴义务人。个人所得超过国务院规定数额的，在两处以上取得工资、薪金所得或者没有扣缴义务人的，以及具有国务院规定的其他情形的，纳税义务人应当按照国家规定办理纳税申报。扣缴义务人应当按照国家规定办理全员全额扣缴申报。

个人所得税的纳税义务人，包括:

1）中国公民。

2）个体工商户。

3）在中国有所得的外籍人员（包括无国籍人员）和香港、澳门、台湾同胞。

全员全额扣缴申报，是指扣缴义务人在代扣税款的次月内，向主管税务机关报送其支付所得个人的基本信息、支付所得数额、扣缴税款的具体数额和总额以及其他相关涉税信息。

需要注意的是：我国《个人所得税法》根据国际惯例采用住所和时间两个标准，把纳税人分为居民和非居民两类。居民承担无限纳税义务，其所取得的应纳税所得，无论是来源于中国境内还是来源于中国境外任何地方，都要在中国缴纳个人所得税；非居民纳税人承担有限纳税义务，仅就其来源于中国境内的所得，缴纳个人所得税。对于非居民纳税义务人，由于只就其来源于中国境内的所得征税，因此判断其所得来源就成为确定该项所得是否应该征收个人所得税的重要依据。所得来源地判断既应该反映经济活动的实质，又要遵循方便税务机关实行有效征管的原则。

上述纳税义务人依据住所和居住时间两个标准，区分为居民和非居民，分别承担不同的纳税义务。

(1) 居民纳税义务人

居民纳税义务人负有无限纳税义务。其所取得的应纳税所得，无论是来源于中国境内还是中国境外任何地方，都要在中国缴纳个人所得税。根据《个人所得税法》规定，居民纳税义务人是指在中国境内有住所，或者无住所而在中国境内居住满1年的个人。个人所得税的居民纳税义务人包括以下两大类：

1）在中国境内定居的中国公民和外国侨民。但不包括虽具有中国国籍，却并没有在中国内地定居，而是侨居海外的华侨和居住在香港、澳门、台湾的同胞。

2）从公历1月1日起至12月31日止，居住在中国境内的外国人、海外侨胞和香港、澳门、台湾同胞，这些人如果在一个纳税年度内，一次离境不超过30日，或者多次离境累计不超过90日的，仍应被视为全年在中国境内居住，从而判定为居民纳税义务人。

现行税法中关于“中国境内”的概念，是指中国内地地区，目前还不包括香港、澳门和台湾地区。

（2）非居民纳税义务人

非居民纳税义务人，是指不符合居民纳税义务人判定标准（条件）的纳税义务人，非居民纳税义务人承担有限纳税义务，即仅就其来源于中国境内的所得，向中国缴纳个人所得税。《个人所得税法》规定，非居民纳税义务人是“在中国境内无住所又不居住或者无住所而在境内居住不满1年的个人”。因此，在现实生活中，非居民纳税义务人实际上是在一个纳税年度中，没有在中国境内居住，或者在中国境内居住不满1年的外籍人员、华侨或香港、澳门、台湾同胞。

需要注意的是，对于非居民纳税义务人，由于只就其来源于中国境内的所得征税，因此判断其所得来源就成为确定该项所得是否应该征收个人所得税的重要依据。所得来源地判断既应该反映经济活动的实质，又要遵循方便税务机关实行有效征管的原则，具体规定如下：

1）工资、薪金所得，以纳税人因任职、受雇、履约的所在地，作为所得来源地。

2）生产、经营所得，以生产、经营活动实现地，作为所得来源地。

3）劳务报酬所得，以纳税人实际提供劳务的地点，作为所得来源地。

4）不动产转让所得，以不动产坐落地作为所得来源地，动产转让所得，以实现转让的地点为所得来源地。

5）财产租赁所得，以被租赁财产的使用地作为所得来源地。

6）利息、股息、红利所得，以支付利息、股息、红利的企业、机构、组织的所在地，作为所得来源地。

7）特许权使用费所得，以特许权的使用地，作为所得来源地。

个人独资企业和合伙企业投资者也为个人所得税的纳税义务人。

50. 个人所得税的应税所得项目包括哪些？

答：个人取得的下列各项所得，为应纳个人所得税的应税所得项目。

（1）工资、薪金所得

工资、薪金所得，是指个人因任职或者受雇而取得的工资、薪金、奖金、年终加薪、劳动分红、津贴、补贴以及与任职或者受雇有关的其他所得。

需要注意以下几点：

1）一般来说，工资、薪金所得属于非独立个人劳动所得。所谓非独立个人劳动，是指个人所从事的是由他人指定、安排并接受管理的劳动，工作或服务于公司、工厂、行政、事业单位的人员（私营企业主除外）均为非独立劳动者。

2）年终加薪、劳动分红不分种类和取得情况，一律按工资、薪金所得课税。津贴、补贴中：独生子女补贴；执行公务员在工资制度未纳入基本工资总额的补贴、津贴差额和家属成员的副食品补贴；托儿补助费；差旅费津贴、误餐补助。远洋运输船员的伙食费津贴除外。

3）在企业减员增效和行政、事业单位、社会团体在机构改革过程中，实行内部退养的工人在其办理内部退养手续后至法定离退休年龄之间从原任职单位取得的工资、薪金，不属于离退休工资，应按“工资、薪金所得”项目计征个人所得税。

4）出租汽车经营单位对出租车驾驶员采取单车承包或承租方式运营，出租车驾驶员从事客货营运取得的收入，按工资、薪金所得征税。

（2）个体工商户的生产、经营所得

个体工商户的生产、经营所得，是指：

1）个体工商户从事工业、手工业、建筑业、交通运输业、商业、饮食业、服务业、修理业以及其他行业生产、经营取得的所得。

2）个人经政府有关部门批准，取得执照，从事办学、医疗、咨询以及其他有偿服务活动取得的所得。

3）其他个人从事个体工商业生产、经营取得的所得。

4）上述个体工商户和个人取得的与生产、经营有关的各项应纳税所得。

需要注意以下几点：

1）从事个体出租车运营的出租车驾驶员取得的收入，按个体工商户的生产、经营所得项目缴纳个人所得税。出租车属个人所有，但挂靠出租汽车经营单位或企事业单位，驾驶员向挂靠单位缴纳管理费的，或出租汽车经营单位将出租车所有权转移给驾驶员的，出租车驾驶员从事客货运营取得的收入，比照个体工商户的生产、经营所得项目征税。

2）个体工商户和从事生产、经营的个人，取得与生产、经营活动无关的其他各项应税所得，应分别按照其他应税项目的有关规定，计算征收个人所得税。

3）个人独资企业、合伙企业的个人投资者以企业资金为本人、家庭成员及其相关人员支付与企业生产经营无关的消费性支出及购买汽车、住房等财产性支出，视为企业对个人投资者利润分配，并入投资者个人的生产经营所得，依照“个体工商户的生产经营所得”项目计征个人所得税。

（3）对企事业单位的承包经营、承租经营的所得

对企事业单位的承包经营、承租经营所得，是指个人承包经营、承租经营以及转包、转租取得的所得，包括个人按月或者按次取得的工资、薪金性质的所得。

按经营方式、所得分配方式的不同分为以下两种类型：

1）承包、承租人对企业经营成果不拥有，仅按合同规定取得一定所得的，其所得应按工资、薪金所得征税。

2）承包、承租人按合同规定只向发包方、出租方交纳一定费用后，其经营成果归承包、承租人所有的，则该承包、承租所得按照对企业、事业单位的承包经营、承租含义所得项目征税。

(4) 劳务报酬所得

劳务报酬所得，是指个人从事设计、装潢、安装、制图、化验、测试、医疗、法律、会计、咨询、讲学、新闻、广播、翻译、审稿、书画、雕刻、影视、录音、录像、演出、表演、广告、展览、技术服务、介绍服务、经纪服务、代办服务以及其他劳务取得的所得。

在实际生活中，区别一项所得是属于工资、薪金所得还是劳务报酬所得的关键在于：工资、薪金所得是属于非独立个人劳动活动，即在机关、学校、部队、企业、事业单位及其他组织中任职、受雇而得到的报酬；劳务报酬所得，则是个人独立从事各种技艺、提供各项劳务取得的报酬。

(5) 稿酬所得

稿酬所得，是指个人因其作品以图书、报刊形式出版、发表而取得的所得。

(6) 特许权使用费

特许权使用费所得，是指个人提供专利权、商标权、著作权、非专利技术以及其他特许权的使用权取得的所得；提供著作权的使用权取得的所得，不包括稿酬所得。

(7) 利息、股息、红利所得

利息、股息、红利所得，是指个人拥有债权、股权而取得的利息、股息、红利所得。

需要注意以下几点：

1）税法规定，个人取得的利息所得，除国债和国家发行的金融债权利息外，应当依法缴纳个人所得税。

2）除个人独资企业、合伙企业以外的其他企业的个人投资者，以企业资金为本人、家庭成员及其相关人员支付与企业生产经营无关的消费性支出及购买汽车、住房等财产性支出，视为企业对个人投资者的红利分配，依照“利息、股息、红利所得”项目计征个人所得税。企业的上述支出不允许在所得税前扣除。

3）纳税年度内个人投资者从其投资企业（个人独资企业、合伙企业除外）借款，在该纳税年度终了后既不归还又未用于企业生产经营的，其未归还的借款可视为企业对个人投资者的红利分配，依照“利息、股息、红利所得”项目计征个人所得税。

4）个人银行结算账户的存款利息自 2003 年 9 月 1 日起，应按“利息、股息、红利所得”项目计征个人所得税，税款由办理个人银行结算账户业务的储蓄机构在结付利息时代扣代缴。

自 2007 年 8 月 15 日起，对储蓄存款利息所得按 5%的税率征收个人所得税。对储蓄存款的利息所得按政策调整前和调整后分时段计算，并按不同的税率计征利息税。税款由银行营业机构在结付利息时代扣代缴。

（8）财产租赁所得

财产租赁所得，是指个人出租建筑物、土地使用权、机器设备、车船以及其他财产取得的所得。

个人取得的财产转租收入，属于“财产租赁所得”的征税范围，由财产转租人缴纳个人所得税。在确认纳税义务人时，应以产权凭证为依据；对无产权凭证的，由主管税务机关根据实际情况确定。产权所有人死亡，在未办理产权继承手续期间，该财产出租而有租金收入的，以领取租金的个人为纳税义务人。

（9）财产转让所得

财产转让所得，是指个人转让有价证券、股权、建筑物、土地使用权、机器设备、车船以及其他财产取得的所得。

对股票转让所得征收个人所得税的办法，由国务院财政部门另行制定，报国务院批准施行。

需要注意以下几个问题：

1）个人通过拍卖市场拍卖个人财产，对其取得所得按以下规定征税：

A. 根据《国家税务总局关于印发〈征收个人所得税若干问题的规

定〉的通知》（国税发〔1994〕089号），作者将自己的文字作品手稿原件或复印件拍卖取得的所得，应以其转让收入额减除800元（转让收入额4000元以下）或者20%（转让收入额4000元以上）后的余额为应纳税所得额，按照“特许权使用费”所得项目适用20%税率缴纳个人所得税。

B. 个人拍卖除文字作品原稿及复印件外的其他财产，应以其转让收入额减除财产原值和合理费用后的余额为应纳税所得额，按照“财产转让所得”项目适用20%税率缴纳个人所得税。

对个人财产拍卖所得征收个人所得税时，以该项财产最终拍卖成交价格为其转让收入额。

个人财产拍卖所得适用“财产转让所得”项目计算应纳税所得额时，纳税人凭合法有效凭证（税务机关监制的正式发票、相关境外交易单据或海关报关单据、完税证明等），从其转让收入额中减除相应的财产原值、拍卖财产过程中缴纳的税金及有关合理费用。

纳税人如不能提供合法、完整、准确的财产原值凭证，不能正确计算财产原值的，按转让收入额3%的征收率计算缴纳个人所得税；拍卖品为经文物部门认定是海外回流文物的，按转让收入额2%的征收率计算缴纳个人所得税。

纳税人的财产原值凭证内容填写不规范，或者一份财产原值凭证包括多件拍卖品且无法确认每件拍卖品一一对应原值的，不得将其作为扣除财产原值的计算依据，应视为不能提供合法、完整、准确的财产原值凭证，并按上述规定的征收率计算缴纳个人所得税。

纳税人能够提供合法、完整、准确的财产原值凭证，但不能提供有关税费凭证的，不得按征收率计算纳税，应当就财产原值凭证上注明的金额据实扣除，并按照税法规定计算缴纳个人所得税。

2）集体所有制企业在改制为股份合作制企业时，对职工个人以股份形式取得的拥有所有权的企业量化资产，暂缓征收个人所得税；待个人将股份转让时，就其转让收入额，减除个人取得该股份时实际支付的费用支出和合理转让费用后的余额，按“财产转让所得”项目计征个人所得税。

3）《国家税务总局关于个人住房转让所得征收个人所得税有关问题的通知》（国税发〔2006〕108号）对个人转让住房的个人所得税应纳税所得额作了具体规定：

第一，从2006年8月1日起，对住房转让所得征收个人所得税时，以实际成交价格为转让收入。纳税人申报的住房成交价格明显低于市场价格且无正当理由的，征收机关依法有权根据有关信息核定其转让收入，但必须保证各税种计税价格一致。

第二，对转让住房收入计算个人所得税应纳税所得额时，纳税人可凭原购房合同、发票等有效凭证，经税务机关审核后，允许从其转让收入中减除房屋原值、转让住房过程中缴纳的税金及有关合理费用。

其中：

①房屋原值具体为：

A. 商品房为购置该房屋时实际支付的房价款及交纳的相关税费。

B. 自建住房为实际发生的建造费用及建造和取得产权时实际交纳的相关税费。

C. 经济适用房（含集资合作建房、安居工程住房）为原购房人实际支付的房价款及相关税费，以及按规定交纳的土地出让金。经济适用房价格按县级（含县级）以上地方人民政府规定的标准确定。

D. 已购公有住房为原购公有住房标准面积按当地经济适用房价格计算的房价款，加上原购公有住房超标准面积实际支付的房价款以及按规定向财政部门（或原产权单位）交纳的所得收益及相关税费。已购公有住房是指城镇职工根据国家和县级（含县级）以上人民政府有关城镇住房制度改革政策规定，按照成本价（或标准价）购买的公有住房。

E. 城镇拆迁安置住房根据《城市房屋拆迁管理条例》（国务院令第305号）和《建设部关于印发〈城市房屋拆迁估价指导意见〉的通知》（建住房〔2003〕234号）等有关规定确定。其原值分别为：

a. 房屋拆迁取得货币补偿后购置房屋的，为购置该房屋实际支付的房价款及交纳的相关税费。

b. 房屋拆迁采取产权调换方式的，所调换房屋原值为《房屋拆迁补偿安置协议》注明的价款及交纳的相关税费。

c. 房屋拆迁采取产权调换方式，被拆迁人除取得所调换房屋，又取得部分货币补偿的，所调换房屋原值为《房屋拆迁补偿安置协议》注明的价款和交纳的相关税费，减去货币补偿后的余额。

d. 房屋拆迁采取产权调换方式，被拆迁人取得所调换房屋，又支付部分货币的，所调换房屋原值为《房屋拆迁补偿安置协议》注明的价款，加上所支付的货币及交纳的相关税费。

②转让住房过程中缴纳的税金。转让住房过程中缴纳的税金是指，纳税人在转让住房时实际缴纳的营业税、城市维护建设税、教育费附加、土地增值税、印花税等税金。

③合理费用。合理费用是指，纳税人按照规定实际支付的住房装修费用、住房贷款利息、手续费、公证费等费用。

A. 支付的住房装修费用。纳税人能提供实际支付装修费用的税务统一发票，并且发票上所列付款人姓名与转让房屋产权人一致的，经税务机关审核，其转让的住房在转让前实际发生的装修费用，可在以下规定比例内扣除：

a. 已购公有住房、经济适用房：最高扣除限额为房屋原值的15%。

b. 商品房及其他住房：最高扣除限额为房屋原值的10%。

纳税人原购房为装修房，即合同注明房价款中含有装修费（铺装了地板，装配了洁具、厨具等）的，不得再重复扣除装修费用。

B. 支付的住房贷款利息。纳税人出售以按揭贷款方式购置的住房的，其向贷款银行实际支付的住房贷款利息，凭贷款银行出具的有效证明据实扣除。

C. 纳税人按照有关规定实际支付的手续费、公证费等，凭有关部门出具的有效证明据实扣除。

D. 纳税人未提供完整、准确的房屋原值凭证，不能正确计算房屋原值和应纳税额的，税务机关可根据《中华人民共和国税收征收管理法》第三十五条的规定，对其实行核定征税，即按纳税人住房转让收入的一定比例核定应纳个人所得税额。具体比例由省级地方税务局或者省级地方税务局授权的地市级地方税务局根据纳税人出售住房的所处区域、地理位置、建造时间、房屋类型、住房平均价格水平等因素，在住房转让收入1%~3%的幅度内确定。

E. 对出售自有住房并拟在现住房出售1年内按市场价重新购房的纳税人，其出售现住房所缴纳的个人所得税，先以纳税保证金形式缴纳，再视其重新购房的金额与原住房销售额的关系，全部或部分退还纳税保证金。

F. 对个人转让自用5年以上并且是家庭唯一生活用房取得的所得，免征个人所得税。

（10）偶然所得

偶然所得，是指个人得奖、中奖、中彩以及其他偶然性质的所得。偶然所得应缴纳的个人所得税税款，一律由发奖单位或机构代扣代缴。

对个人取得单张有奖发票奖金所得不超过800元（含800元）的，暂免征收个人所得税；个人取得单张有奖发票奖金所得超过800元的，应全额按照个人所得税法规定的“偶然所得”目征收个人所得税。

（11）经国务院财政部门确定征税的其他所得

除上述列举的各项个人应税所得外，其他确有必要征税的个人所得，由国务院财政部门确定。个人取得的所得，难以界定应纳税所得项目的，由主管税务机关确定。

51. 个人所得税的税率是怎样规定的？

答：个人所得税的税率按所得项目不同分别确定。

（1）工资、薪金所得

工资、薪金所得，适用超额累进税率，税率为5%~45%，如表2-9所示。

（2）个体工商户的生产、经营所得和对企事业单位的承包经营、承租经营所得

个体工商户的生产、经营所得和对企事业单位的承包经营、承租经营所得，适用5%~35%的超额累进税率，如表2-10所示。

表 2-9 工资、薪金所得适用

级 数	月应纳税所得额	税率（%）
1	不超过 500 元的	5
2	超过 500 元至 2000 元的部分	10
3	超过 2000 元至 5000 元的部分	15
4	超过 5000 元至 20000 元的部分	20
5	超过 20000 元至 40000 元的部分	25
6	超过 40000 元至 60000 元的部分	30
7	超过 60000 元至 80000 元的部分	35
8	超过 80000 元至 100000 元的部分	40
9	超过 100000 元的部分	45

注：本表所称月应纳税所得额是指依照《个人所得税法》第六条的规定，以每月收入额减除费用 2000 元后的余额或者减除附加减除费用后的余额。

表 2-10 个体工商户的生产、经营所得和对企事业单位的承包经营、承租经营所得适用

级 数	全年应纳税所得额	税率（%）
1	不超过 5000 元的	5
2	超过 5000 元至 10000 元的部分	10
3	超过 10000 元至 30000 元的部分	20
4	超过 30000 元至 50000 元的部分	30
5	超过 50000 元的部分	35

注：本表所称全年应纳税所得额是指依照《个人所得税法》第六条的规定，以每一纳税年度的收入总额，减除成本、费用以及损失后的余额。

个人独资企业和合伙企业的生产经营所得，也适用 5%~35%的五级超额累进税率。

（3）稿酬所得

稿酬所得，适用比例税率，税率为 20%，并按应纳税额减征 30%。所以其实际税率为 14%。

（4）劳务报酬所得

劳务报酬所得，适用比例税率，税率为 20%。对劳务报酬所得一

次收入畸高的，可以实行加成征收，具体办法由国务院规定。

根据《个人所得税实施条例》规定，劳务报酬所得一次收入畸高，是指个人一次取得劳务报酬，其应纳税所得额超过2万元。对应纳税所得额超过2万元至5万元的部分，依照税法规定计算应纳税额后再按照应纳税额加征五成；超过5万元的部分，加征十成。

因此，劳务报酬所得实际上适用20%、30%、40%的三级超额累进税率，如表2-11所示。

表2-11 劳务报酬所得适用

级数	每次应纳税所得额		税率(%)	速算扣除数(元)
	含税级距	不含税级距		
1	不超过20000元的部分	不超过16000元的	20	0
2	超过20000元至50000元的部分	超过16000元至37000元的部分	30	2000
3	超过50000元的部分	超过37000元的部分	40	7000

注：1. 每次应纳税所得额是指每次收入额减除费用800元（每次收入额不超过4000元时），或者减除20%的费用（每次收入额超过4000元时）后的余额。

2. 表中的含税级距、不含税级距，均为按照税法规定减除有关费用后的所得额。

3. 含税级距适用于由纳税人负担税款的劳务报酬所得；不含税级距适用于他人（单位）代扣税款的劳务报酬所得。

（5）特许权使用费所得，利息、股息、红利所得，财产租赁所得，财产转让所得，偶然所得和其他所得

特许权使用费所得，股息、红利所得，财产租赁所得，财产转让所得，偶然所得和其他所得，适用20%的比例税率。利息所得，自2007年8月15日起，按照5%的税率征收。

52. 个人所得税有哪些税收优惠？

答：根据《个人所得税法》及其实施条例以及财政部、国家税务总局的若干规定，对个人所得税项目给予减税免税的优惠。

（1）免征项目

1）省级人民政府、国务院部委和中国人民解放军军以上单位，以及外国组织、国际组织颁发的科学、教育、技术、文化、卫生、体育、环境保护等方面的奖金。

2）国债和国家发行的金融债券利息。国债利息，是指个人持有中华人民共和国财政部发行的债券而取得的利息；国家发行的金融债券利息，是指个人持有经国务院批准发行的金融债券而取得的利息。

3）按照国家统一规定发给的补贴、津贴。是指按照国务院规定发给的政府特殊津贴、院士津贴、资深院士津贴，以及国务院规定免纳个人所得税的其他补贴、津贴。

4）福利费、抚恤金、救济金。福利费，是指根据国家有关规定，从企业、事业单位、国家机关、社会团体提留的福利费或者工会经费中支付给个人的生活补助费；救济金，是指各级人民政府民政部门支付给个人的生活困难补助费。

5）保险赔款。是指发生各种灾害事故后，从保险公司取得的赔偿款项。

6）军人的转业费、复员费。是指按照中国人民解放军有关规定的标准，在转业或者复员时领取的转业费、复员费。

7）按照国家统一规定发给干部、职工的安家费、退职费、退休工资、离休工资、离休生活补助费。

8）依照我国有关法律规定应予免税的各国驻华使馆、领事馆的外交代表、领事官员和其他人员的所得。是指依照《中华人民共和国外交特权与豁免条例》和《中华人民共和国领事特权与豁免条例》规定免税的所得。

9）中国政府参加的国际公约、签订的协议中规定免税的所得。

10）经国务院财政部门批准免税的所得。

11）其他免征个人所得税的规定。

①自2008年3月7日起，生育妇女按照县级以上人民政府根据国家有关规定制定的生育保险办法，取得的生育津贴、生育医疗费或其他属于生育保险性质的津贴、补贴，免征个人所得税。

②企事业单位按照国家或省（自治区、直辖市）人民政府规定的缴费比例或办法实际缴付的基本养老保险费、基本医疗保险费和失业保险费，免征个人所得税。

企事业单位和个人超过规定的比例和标准缴付的基本养老保险费、基本医疗保险费和失业保险费，应将超过部分并入个人当期的工资、薪金收入，计征个人所得税。

③个人实际领（支）取原提存的基本养老保险金、基本医疗保险金、失业保险金和住房公积金时，免征个人所得税。

④关于发给见义勇为者的奖金问题。对乡、镇（含乡、镇）以上人民政府或经县（含县）以上人民政府主管部门批准成立的有机构、有章程的见义勇为基金或者类似性质组织，奖励见义勇为者的奖金或奖品，经主管税务机关批准，免征个人所得税。

⑤对个人取得的教育储蓄存款利息所得以及国务院财政部门确定的其他专项储蓄存款或者储蓄性专项基金存款的利息所得，免征个人所得税。

⑥对个人按《廉租住房保障办法》规定取得的廉租住房货币补贴，免征个人所得税；对于所在单位以廉租住房名义发放的不符合规定的补贴，应征收个人所得税。

⑦对佣金中的展业成本，不征收个人所得税；对劳务报酬部分，扣除实际缴纳的营业税金及附加后，依照税法有关规定计算征收个人所得税。

根据目前保险营销员展业的实际情况，佣金中展业成本的比例暂定为40%。

（2）减征项目

1）有下列情形之一的，经批准可以减征个人所得税。

①残疾、孤老人员和烈属的所得。

②因严重自然灾害造成重大损失的。

③其他经国务院财政部门批准减税的。

减征个人所得税，其减征的幅度和期限由省、自治区、直辖市人民政府规定。

2）个人取得的下列所得，暂免征收个人所得税：

①以非现金形式或实报实销形式取得的住房补贴、伙食补贴、搬迁费、洗衣费。

②按合理标准取得的境内、外出差补贴。

③外籍个人取得的探亲费、语言培训费、子女教育费等，经当地税务机关审核批准为合理的部分。可以享受免征个人所得税优惠的探亲费，仅限于外籍个人在我国的受雇地与其家庭所在地（包括配偶或父母居住地）之间搭乘交通工具，且每年不超过两次的费用。

④个人举报、协查各种违法、犯罪行为而获得的奖金。

⑤个人办理代扣代缴税款手续，按规定取得的扣缴手续费。

⑥对按《国务院关于高级专家离休退休若干问题的暂行规定》和《国务院办公厅关于杰出高级专家暂缓离休审判问题的通知》精神，达到离休、退休年龄，但确因工作需要，适当延长离休、退休年龄的高级专家（指享受国家发放的政府特殊津贴的专家、学者），其在延长离休、退休期间的工资、薪金所得，视同退休工资、离休工资免征个人所得税。

⑦凡符合下列条件之一的外籍专家取得的工资、薪金所得可免征个人所得税：根据世界银行专项贷款协议由世界银行直接派往我国工作的外国专家；联合国组织直接派往我国工作的专家；为联合国援助项目来华工作的专家；援助国派往我国专为该国无偿援助项目工作的专家；根据两国政府签订文化交流项目来华工作 2 年以内的文教专家，其工资、薪金所得由该国负担的；根据我国大专院校国际交流项目来华工作 2 年以内的文教专家，其工资、薪金所得由该国负担的；通过民间科研协定来华工作的专家，其工资、薪金所得由该国政府机构负担的。

⑧对被拆迁人按照国家有关城镇房屋拆迁管理办法规定的标准取得的拆迁补偿款，免征个人所得税。

53. 如何计算个人所得税的应纳税所得额?

答：个人所得税应纳税额是根据各项应税项目的应纳税所得额，依照税法规定的适用税率和费用扣除标准所计算出来的。

（1）应纳税所得额的规定

由于个人所得税的应税项目不同，取得某项所得所需费用也不相同，因此，计算个人应纳税所得额时需按不同应税项目分项计算。以某项应税项目的收入额减去税法规定的该项费用减除标准后的余额，为该项应纳税所得额。

1）费用减除标准。按税法规定：

①工资、薪金所得，以每月收入额减除费用2000元后的余额，为应纳税所得额。

②个体工商户的生产、经营所得，以每一纳税年度的收入总额，减除成本、费用以及损失后的余额，为应纳税所得额。

成本、费用，是指纳税义务人从事生产、经营所发生的各项直接支出和分配计入成本的间接费用以及销售费用、管理费用、财务费用；损失，是指纳税义务人在生产、经营过程中发生的各项营业外支出。

个人独资企业的投资者以全部生产经营所得为应纳税所得额；合伙企业的投资者按照合伙企业的全部生产经营所得和合伙协议约定的分配比例，确定应纳税所得额，合伙协议没有约定分配比例的，以全部生产经营所得和合伙人数量平均计算每个投资者的应纳税所得额。

上述所称生产经营所得，包括企业分配给投资者个人的所得和企业当年留存的所得（利润）。

从事生产、经营的纳税义务人未提供完整、准确的纳税资料，不能正确计算应纳税所得额的，由主管税务机关核定其应纳税所得额。

③对企事业单位的承包经营、承租经营所得，以每一纳税年度的收入总额，减除必要费用后的余额，为应纳税所得额。

每一纳税年度的收入总额，是指纳税义务人按照承包经营、承租经营合同规定分得的经营利润和工资、薪金性质的所得；减除必要费用，是指按月减除2000元。

④劳务报酬所得、稿酬所得、特许权使用费所得、财产租赁所得，每次收入不超过4000元的，减除费用800元；4000元以上的，减除20%的费用，其余额为应纳税所得额。

⑤财产转让所得，以转让财产的收入额减除财产原值和合理费用后的余额，为应纳税所得额。

财产原值，是指：

A. 有价证券，为买入价以及买入时按照规定交纳的有关费用。

B. 建筑物，为建造费或者购进价格以及其他有关费用。

C. 土地使用权，为取得土地使用权所支付的金额、开发土地的费用以及其他有关费用。

D. 机器设备、车船，为购进价格、运输费、安装费以及其他有关费用。

E. 其他财产，参照以上方法确定。

纳税义务人未提供完整、准确的财产原值凭证，不能正确计算财产原值的，由主管税务机关核定其财产原值。

合理费用，是指卖出财产时按照规定支付的有关费用。

⑥利息、股息、红利所得，偶然所得和其他所得，以每次收入额为应纳税所得额。

2）附加减除费用适用的范围和标准。按照税法的规定，对在中国境内无住所而在中国境内取得工资、薪金所得的纳税义务人和在中国境内有住所而在中国境外取得工资、薪金所得的纳税义务人，可以根据其平均收入水平、生活水平以及汇率变化情况确定附加减除费用，附加减除费用适用的范围和标准由国务院规定。

国务院在发布的《个人所得税法实施条例》中，附加减除费用适用的范围和标准作了具体规定：

①附加减除费用适用的范围，包括：

A. 在中国境内的外商投资企业和外国企业中工作的外籍人员。

B. 应聘在中国境内的企业、事业单位、社会团体、国家机关中工作的外籍专家。

C. 在中国境内有住所而在中国境外任职或者受雇取得工资、薪金所得的个人。

D. 国务院财政、税务主管部门确定的其他人员。

②附加减除费用标准。

上述适用范围内的人员附加减除费用标准为2800元。

③华侨和香港、澳门、台湾同胞参照上述附加减除费用标准执行。

3）每次收入的确定。《个人所得税法》对纳税义务人取得的劳务报酬所得，稿酬所得，特许权使用费所得，财产租赁所得，利息、股息、红利所得，偶然所得和其他所得，都明确规定应该按次计算征税。

每次收入，是指：

①劳务报酬所得，根据不同劳务项目的特点，分别规定为：

A. 属于一次性收入的，以取得该项收入为一次。

B. 属于同一项目连续取得收入的，以1个月内取得的收入为一次。

②稿酬所得，以每次出版、发表取得的收入为一次。具体可细分为：

A. 同一作品再版取得的所得，应视为另一次稿酬所得计征个人所得税。

B. 同一作品先在报刊上连载，然后再出版，或先出版，再在报刊上连载的，应视为两次稿酬所得征税。即连载作为一次，出版作为另一次。

C. 同一作品在报刊上连载取得收入时，以连载完成后取得的所有收入合并为一次，计征个人所得税。

D. 同一作品在出版和发表时，以预付稿酬和分次支付稿酬等形式取得的稿酬收入，应合并计算为一次。

E. 同一作品出版、发表后，因添加印数而追加稿酬的，应与以前出版、发表时取得的稿酬合并计算为一次，计征个人所得税。

③特许权使用费所得，以一项特许权的一次许可使用所取得的收入为一次。

一个纳税义务人，可能不仅拥有一项特许权利，每一项特许权的使用权也可能不止一次地向他人提供。因此，对特许权使用费所得的

“次”的界定，明确为每一项使用权的每次转让所取得的收入为一次。如果该次转让取得的收入是分笔支付的，则应将各笔收入所取得的收入为一次。如果该次转让取得的收入是分笔支付的，则应将各笔收入相加为“次”的收入，计征个人所得税。

④财产租赁所得，以一个月内取得的收入为一次。

⑤利息、股息、红利所得，以支付利息、股息、红利时取得的收入为一次。

⑥偶然所得，以每次取得该项收入为一次。

⑦其他所得，以每次收入为一次。

对财产转让所得，应按照一次转让财产的收入额减除财产原值和合理费用后的余额，计算纳税。

需要注意的是：两个或者两个以上的个人共同取得同一项目收入的，应当对每个人取得的收入分别按照税法规定减除费用后计算纳税。

4）应纳税所得额的其他规定。

①关于捐赠。

A. 对个人通过中国青少年社会教育基金会、中国职工发展基金会、中国西部人才开发基金会、中远慈善基金会、张学良基金会、周培源基金会、中国孔子基金会、中华思源工程扶贫基金会、中国交响乐发展基金会、中国肝炎防治基金会、中国电影基金会、中华环保联合会、中国社会工作协会、中国麻风防治协会、中国扶贫开发协会和中国国际战略研究基金会16家单位用于公益救济性的捐赠，在申报应纳税所得额30%以内的部分，准予在计算缴纳个人所得税税前扣除。

B. 对个人通过国家批准成立的非营利性的公益组织或国家机关对宣传文化事业的公益性捐赠，经税务机关审核后，纳税人缴纳个人所得税时，捐赠额未超过纳税人申报的应纳税所得额30%的部分，可从其应纳税所得额中扣除。

C. 对个人通过中国禁毒基金会的公益、救济性捐赠，未超过申报的个人所得税应纳税所得额30%的部分，准予在缴纳个人所得税税前扣除。

D. 对个人通过中国华侨经济文化基金会、中国少数民族文化艺术基金会、中国文物保护基金会和北京大学教育基金会用于公益救济性的捐赠，个人在申报应纳税所得额30%以内的部分，准予在计算个人所得税税前扣除。

E. 对个人通过中国金融教育发展基金会、中国国际民间组织合作促进会、中国社会工作协会孤残儿童救助基金管理委员会、中国发展研究基金会、陈嘉庚科学奖基金会、中国友好和平发展基金会、中华文学基金会、中华农业科教基金会、中国少年儿童文化艺术基金会和中国公安英烈基金会用于公益救济性捐赠，个人在申报应纳税所得额30%以内的部分，准予在计算个人所得税税前扣除。

F. 对个人通过中国教育发展基金会用于公益救济性捐赠，准予在缴纳个人所得税前全额扣除。

G. 对个人通过中国老龄事业发展基金会、中国华文教育基金会、中国绿化基金会、中国妇女发展基金会、中国关心下一代健康体育基金会、中国生物多样性保护基金会、中国儿童少年基金会和中国光彩事业基金会用于公益救济性捐赠，准予在缴纳个人所得税税前全额扣除。

H. 对个人通过中国医药卫生事业发展基金会用于公益救济性捐赠，准予在缴纳个人所得税前全额扣除。

②个人捐赠住房作为廉租住房的，捐赠额未超过其申报的应纳税所得额30%的部分，准予从其应纳税所得额中扣除。

③个人按照国家或省（自治区、直辖市）人民政府规定的缴费比例或办法实际缴付的基本养老保险费、基本医疗保险费和失业保险费，允许在个人应纳税所得额中扣除。

单位为个人缴付和个人缴付的基本养老保险费、基本医疗保险费、失业保险费、住房公积金，从纳税义务人的应纳税所得额中扣除。

④个人所得（不含偶然所得和经国务院财政部门确定征税的其他所得）用于资助非关联的科技机构和高等学校研究开发新产品、新技术、新工艺所发生的研究开发经费，经主管税务机关确定，可以全额在下月（工资、薪金所得）或下次（按次计征的所得）或当年（按年计征的所得）计征个人所得税时，从应纳税所得额中扣除，不足抵扣

的，不得结转抵扣。

⑤个人所得的形式，包括现金、实物、有价证券和其他形式的经济利益。所得为实物的，应当按照取得的凭证上所注明的价格计算应纳税所得额；无凭证的实物或者凭证上所注明的价格明显偏低的，参照市场价格核定应纳税所得额。所得为有价证券的，根据票面价格和市场价格核定应纳税所得额。所得为其他形式的经济利益的，参照市场价格核定应纳税所得额。

（2）工资、薪金所得应纳税额的计算

工资、薪金所得应纳税额的计算公式为：

应纳税额＝应纳税所得额×适用税率－速算扣除数＝（每月收入额－2000元或4800元）×适用税率－速算扣除数

需要注意以下几个问题：

1）特定行业职工的工资、薪金所得的计税问题。特定行业，是指采掘业、远洋运输业、远洋捕捞业以及国务院财政、税务主管部门确定的其他行业。对特定行业可以实行按年计算、分月预缴的方式计征。

即对采掘业、远洋运输业、远洋捕捞业等因季节、产量等因素取得工资、薪金收入出现较大波动的实际情况，税法规定可按月预缴，自年度终了之日起30日内，合计其全年工资、薪金所得，再按12个月平均并计算实际应纳的税款，多退少补。

2）雇主为雇员负担个人所得税的计税问题。当雇主全额负担雇员税款时，应将雇员取得的不含税收入换算为应纳税所得额后，再计算企业代为缴纳的个人所得税；当雇主定额负担雇员税款时，应将雇员取得的工资、薪金收入换算成应纳税所得额后，计缴个人所得税；当雇主定率负担雇员税款时，应将雇员取得的未含雇主负担的税款收入额换算成应纳税所得额后，计缴个人所得税。

（3）个体工商户生产、经营所得应纳税额的计算

个体工商户的生产、经营所得应纳税额的计算公式为：

应纳税额＝应纳税所得额×适用税率－速算扣除数

或：

应纳税额＝（全年收入总额－成本、费用以及损失）×适用税率－

速算扣除数

需要注意以下几个问题:

个体工商户生产、经营取得的所得，在计算应纳税额时，规定了准予扣除的项目和标准，以及不准予扣除的支出。包括:

1）准予扣除的项目和标准。

①对个体工商户业主、个人独资企业和合伙企业投资者的生产经营所得依法计征个人所得税时，个体工商户业主、个人独资企业和合伙企业投资者本人的费用扣除标准统一确定为24000元/年（2000元/月）。

从业人员的工资扣除标准，由各省、自治区、直辖市地方税务局根据当地实际情况确定，并报国家税务总局备案。

投资者的费用扣除标准为24000元/年（2000元/月）。投资者的工资不得在税前扣除。

②个体户自申请营业执照之日起至开始经营之日止所发生符合规定的费用，除为取得固定资产、无形资产的支出以及应计入资产价值的汇兑损益、利息支出外，可作为开办费，并自开始生产经营之日起不短于5年的期限分期均额扣除。

③个体户在生产经营过程中的借款利息支出，未超过按中国人民银行规定的同类、同期贷款利率计算的数额部分，准予扣除。

④个体户个人低值易耗品的支出，原则上一次摊销，但一次性购入价值较大的，应分期摊销。分期摊销的价值标准和期限，由各省、自治区、直辖市地方税务局确定。

⑤个体户购置税控收款机的支出，应在2~5年内分期扣除。具体期限由各省、自治区、直辖市地方税务局确定。

⑥个体户发生的与生产经营有关的修理费用，可据实扣除。修理发生不均衡或数额较大的，应分期扣除。

⑦个体户发生的与生产经营有关的财产保险、运输保险以及从业人员的养老、医疗及其他保险费用支出，按国家规定的标准计算扣除。

⑧个体户按规定缴纳的消费税、营业税、城市维护建设税、资源税、土地使用税、土地增值税、房产税、车船使用税、印花税、耕地

占用税以及教育费附加准予扣除。

⑨个体户在生产经营过程中租入固定资产而支付的费用，分别按以下规定处理：以融资租赁方式租入固定资产而发生的租赁费，应计入固定资产价值，不得直接扣除。以经营租赁方式租入固定资产的租赁费，可据实扣除。

⑩个体户发生的与生产经营有关的业务招待费，由其提供合法凭证或单据，经主管税务机关审核后，在其收入总额5‰以内的部分，据实扣除。

⑪个体户将其所得通过中国境内的社会团体、国家机关向教育和其他社会公益事业以及遭受严重自然灾害地区、贫困地区的捐赠，捐赠额不超过其应纳税所得额30%的部分，可以据实扣除。纳税人直接给受益人的捐赠不得扣除。

⑫个体户的年度经营亏损，经申报主管税务机关审核后，允许用下一年度的经营所得弥补，下一年度所得不足弥补的，允许逐年延续弥补，但不得超过5年。

⑬个体户在生产经营过程中发生与家庭生活混用的费用，由主管税务机关核定分摊比例，据此计算确定属于生产、经营过程中发生的费用，准予扣除。

2）不得扣除的支出。资本性支出；对外投资支出；被罚没的财物、支付的罚款；缴纳的个人所得税、固定资产调节税以及税收的滞纳金、罚金和罚款；各种赞助支出；自然灾害或者意外事故损失有赔偿的部分；分配给投资者的股利；用于个人和家庭的支出；与生产经营无关的其他支出；国家税务总局规定的不准扣除的其他支出。

3）个人独资企业和合伙企业生产经营所得，个人所得税应纳税额的计算方法：

方法一，查账征税。

凡实行查账征税办法的，生产经营所得按照《个体工商户个人所得税计税办法（试行）》的规定确定。但下列项目的扣除依照以下规定执行：

①投资者的扣除标准，由各省、自治区、直辖市地方税务局参照

个人所得税法“工资、薪金所得”项目的费用扣除标准确定。投资者的工资不得在税前扣除。

②企业从业人员的工资支出按标准在税前扣除，具体标准由各省、自治区、直辖市地方税务局参照企业所得税计税工资标准确定。

③投资者及其家庭发生的生活费用不允许在税前扣除。

④企业生产经营和投资者及其家庭生活共用的固定资产，难以划分的，由主管税务机关根据企业的生产经营类型、规模等具体情况，核定准予在税前扣除的折旧费用的数额或比例。

⑤企业实际发生的工会经费、职工福利费、职工教育经费分别在其计税工资总额的2%、14%、1.5%的标准内据实扣除。

⑥企业每一纳税年度发生的广告和业务宣传费不超过当年销售（营业）收入2%的部分，可据实扣除；超过部分可无限期向以后的纳税年度结转。

⑦企业计提的各种准备金不得扣除。

⑧投资者兴办两个或两个以上企业，并且企业性质全部是独资的，年底终了后，汇算清缴时，应纳税款的计算按以下方法进行：汇总其投资兴办的所有企业的经营所得作为应纳税所得额，以此确定适用税率，计算出全年经营所得的应纳税额，再根据每个企业的经营所得占所有企业经营所得的比例，分别计算出每个企业的应纳税额和应补缴税额。计算公式如下：

应纳税所得额 = ∑各企业的经营所得

应纳税额 = 应纳税所得额 × 税率 − 速算扣除数

本企业应纳税额 = 应纳税额 × 本企业的经营所得 ÷ ∑各企业的经营所得

本企业应补缴的税额 = 本企业应纳税额 − 本企业预缴的税额

方法二，核定征收。

核定征收方式，包括定额征收、核定应税所得率征收以及其他合理的征收方式。

实行核定应税所得率征收方式的，应纳所得税额的计算公式如下：

应纳所得税额 = 应纳税所得额 × 适用税率

应纳税所得额＝收入总额×应税所得率

或：

应纳税额所得＝成本费用支出额÷(1－应税所得率)×应税所得率

企业经营多业的，无论其经营项目是否单独核算，均应根据其主营项目确定其适用的所得税率。

实行核定征收的投资者，不能享受个人所得税的优惠政策。

实行查账征税方式的个人独资企业和合伙企业改为核定征收方式后，在查账征税方式下认定的年度经营亏损未弥补完的部分，不得再继续弥补。

（4）对企事业单位的承包经营、承租经营所得应纳税额的计算

对企事业单位的承包经营、承租经营所得，其个人所得税应纳税额的计算公式为：

应纳税额＝应纳税所得额×适用税率－速算扣除数

需要注意以下几个问题：

1）对企业、事业单位承包经营、承租经营以每一纳税年度收入总额减除必要费用后的余额为应纳税所得额。收入总额，是指纳税人按承包经营、承租经营合同规定分得的承包或承租的利润以及在承包、承租期限内按月或者按次取得的工资、薪金性质所得，减除必要的费用是指每月减除2000元。

2）承包人、承租人对企业经营成果不拥有所有权，仅按合同规定取得一定所得的，其所得按工资、薪金所得项目征税。

3）承包人、承租人按合同规定只向发包方、出租方缴纳一定费用后，经营成果归其所有的，按承包经营、承租经营项目征税。

4）承包经营、承租经营所得，按年计算，如果在一个纳税年度内，承包经营、承租经营期限不满12个月的，以实际承包期、承租期为一个纳税年度。

5）纳税人在1年内分次取得承包经营、承租经营所得的，应分次预缴税款、年终汇算清缴，多退少补。

（5）劳务报酬所得应纳税额的计算

对劳务报酬所得，其个人所得税应纳税额的计算公式为：

1）每次收入不足4000元的：

应纳税额＝应纳税所得额×适用税率＝(每次收入额－800)×20%

2）每次收入在4000元以上的：

应纳税额＝应纳税所得额×适用税率＝每次收入额×(1－20%)×20%

3）每次收入的应纳税所得额超过20000元的：

应纳税额＝应纳税所得额×适用税率－速算扣除数＝每次收入额×(1－20%)×适用税率－速算扣除数

4）为纳税人代付税款的计算方法。如果单位或个人为纳税人代付税款的，应当将单位或个人支付给纳税人的不含税支付额（或称纳税人取得的不含税收入额）换算为应纳税所得额，然后按规定计算应代付的个人所得税款。计算公式为：

①不含税收入额不超过3360元（即含税收入额4000元）的：

A. 应纳税所得额＝(不含税收入额－800)÷(1－税率)

B. 应纳税额＝应纳税所得额×适用税率

②不含税收入额超过3360元（即含税收入额4000元）的：

A. 应纳税所得额＝[(不含税收入－速算扣除数)×(1－20%)]÷[1－税率×(1－20%)]

或应纳税所得额＝(不含税收入额－速算扣除数)×(1－20%)÷当级换算系数

B. 应纳税额＝应纳税所得额×适用税率－速算扣除数

需要注意是，纳税人兼有不同的劳务报酬所得，应分别减除费用，分别计算个人所得税。

（6）稿酬所得应纳税额的计算

稿酬所得应纳税额的计算公式为：

1）每次收入不足4000元的：

应纳税额＝应纳税所得额×适用税率×(1－30%)＝(每次收入额－800)×20%×(1－30%)

2）每次收入在4000以上的：

应纳税额＝应纳税所得额×适用税率×(1－30%)＝每次收入额×

(1－20%)×20%×(1－30%)

需要注意的是：稿酬所得，以每次出版、发表取得收入为一次。出版单位预付或分次支付稿酬或加印该作品支付稿酬，均应合并一次计算。

（7）特许权使用费所得应纳税额的计算

特许权使用费所得应纳税额的计算公式为：

1）每次收入不足4000元的：

应纳税额＝应纳税所得额×适用税率＝(每次收入额－800)×20%

2）每次收入在4000以上的：

应纳税额＝应纳税所得额×适用税率＝每次收入额×(1－20%)×20%

（8）利息、股息、红利所得应纳税额的计算

利息、股息、红利所得应纳税额的计算公式为：

应纳税额＝应纳税所得额×适用税率＝每次收入额×20%

需要注意以下几个问题：

1）股份制企业在分配股息、红利时，以股票形式向股东个人支付应得的股息、红利，应以派发红股的股票票面金额为收入额。

2）个人购买社会福利有奖募捐奖券一次中奖不超过10000元的，免征个人所得税。

3）个人存款利息分段计算：

自2007年8月15日起，对储蓄存款利息所得按5%的税率征收个人所得税。对储蓄存款的利息所得按政策调整前和调整后分时段计算，并按不同的税率计征利息税。税款由银行营业机构在结付利息时代扣代缴。

（9）财产租赁所得应纳税额的计算

1）应纳税所得额。财产租赁所得一般是以个人每次取得的收入，定额或定率减除规定费用后的余额为应纳税所得额。每次收入不超过4000元，定额减除费用800元；每次收入在4000元以上，定率减除20%的费用。财产租赁所得以1个月内取得的收入为一次。

在确定财产租赁的应纳税所得额时，纳税人在出租财产的过程中缴纳的税金和教育费附加，可持完税（缴款）凭证，从其财产租赁收入中扣除。准予扣除的项目除了规定费用和有关税、费外，还准予扣除能够提供有效、准确凭证，证明由纳税人负担的该出租财产实际开支的修缮费用。允许扣除的修缮费用，以每次800元为限。一次扣除不完的，准予在下一次继续扣除，直到扣完为止。

个人出租财产取得的财产租赁收入，在计算缴纳个人所得税时，应依次扣除以下费用：

①财产租赁过程中缴纳的税费。

②由纳税人负担的该出租财产实际开支的修缮费用。

③税法规定的费用扣除标准。

应纳税所得额的计算公式为：

A. 每次（月）收入不超过4000元的：

应纳税所得额 = 每次（月）收入额 - 准予扣除项目 - 修缮费用(800元为限) - 800元

B. 每次（月）收入超过4000元的：

应纳税所得额 = 每次（月）收入额 - 准予扣除项目 - 修缮费用(800元为限) × (1 - 20%)

2）应纳税额的计算方法。财产租赁所得适用20%的比例税率。但对个人按市场价格出租的居民住房取得的所得，暂减按10%的税率征收个人所得税。其应纳税额的计算公式为：

应纳税额 = 应纳税所得额 × 适用税率

需要说明的是：在确定财产租赁的应纳税所得额时，纳税人在出租财产过程中缴纳的税金和教育费附加，可持完税凭证，从其财产租赁收入中扣除。准予扣除的项目除了规定的费用和有关税费外，还准予扣除能提供有效、准确凭证，证明由纳税人负担的该出租财产实际开支的修缮费用。允许扣除的修缮费用，以每次800元为限。一次扣除不完的，准予在下一次继续扣除，直到扣完为止。个人出租财产取得的财产租赁收入，在计算缴纳个人所得税时，应依次扣除以下费用：财产租赁过程中缴纳的税费；由纳税人负担的该出租财产实际开支的修缮费用；税法规定的其他费用扣除标准。

在实际征税过程中，有时会出现财产租赁所得的纳税人不明确的情况。对此，在确定财产租赁所得纳税人时，应以产权凭证为依据。无产权凭证的，由主管税务机关根据实际情况确定纳税人。如果产权所有人死亡，在未办理产权继承手续期间，该财产出租且有租金收入的，以领取租金收入的个人为纳税人。

（10）财产转让所得应纳税额的计算

财产转让所得应纳税额的计算公式为：

应纳税额 = 应纳税所得额 × 适用税率 =（收入总额 – 财产原值 – 合理税费）× 20%

需要注意的是：纳税人未提供完整、准确的原值凭证，不能正确计算原值的，由主管税务机关核定原值。

根据个人所得税法规定，股权成功转让后，转让方个人因受让方个人未按规定期限支付价款而取得的违约金收入，属于因财产转让而产生的收入。转让方个人取得的该违约金应并入财产转让收入，按照"财产转让所得"项目计算缴纳个人所得税，税款由取得所得的转让方个人向主管税务机关自行申报缴纳。

（11）境外所得的税额扣除

税法规定，纳税义务人从中国境外取得的所得，准予其在应纳税额中扣除已在境外缴纳的个人所得税税额。但扣除额不得超过该纳税义务人境外所得依照我国税法规定计算的应纳税额。

这里，依照税法规定计算的应纳税额，是指纳税义务人从中国境外取得的所得，区别不同国家或者地区和不同所得项目，依照税法规定的费用减除标准和适用税率计算的应纳税额；同一国家或者地区内不同所得项目的应纳税额之和，为该国家或者地区的扣除限额。

纳税义务人在中国境外一个国家或者地区实际已经缴纳的个人所得税税额，低于依照规定计算出的该国家或者地区扣除限额的，应当在中国缴纳差额部分的税款；超过该国家或者地区扣除限额的，其超过部分不得在本纳税年度的应纳税额中扣除，但是可以在以后纳税年度的该国家或者地区扣除限额的余额中补扣。补扣期限最长不得超过5年。

(12) 应纳税额计算中的特殊问题

1) 企业为股东个人购买汽车个人所得税的征税方法。

①企业为股东购买车辆并将车辆所有权办到股东个人名下，其实质为企业对股东进行了红利性质的实物分配，应按照“利息、股息、红利所得”项目征收个人所得税。考虑到该股东个人名义下的车辆同时也为企业经营使用的实际情况，允许合理减除部分所得；减除的具体数额由主管税务机关根据车辆的实际使用情况合理确定。

②根据《中华人民共和国企业所得税暂行条例》以及有关规定，上述企业为个人股东购买的车辆，不属于企业的资产，不得在企业所得税前扣除折旧。

2) 关于个人独资企业和合伙企业对外投资分回利息、股息、红利的征税问题。个人独资企业和合伙企业对外投资分回的利息、股息、红利，不并入企业的收入，而应单独作为投资者个人取得的利息、股息、红利所得，按“利息、股息、红利所得”应税项目计算缴纳个人所得税。以合伙企业名义对外投资分回利息、股息、红利的，应分别确定各投资者的利息、股息、红利所得，分别按“利息、股息、红利所得”应税项目计算缴纳个人所得税。

3) 关于报刊、杂志、出版等单位的职员在本单位的刊物上发表作品、出版图书取得的所得征税的问题。任职、受雇于报刊、杂志等单位的记者、编辑等专业人员，因在本单位的报刊、杂志上发表作品取得的收入，属于因任职、受雇而取得的所得，应与其当月工资收入合并，按“工资、薪金所得”项目征收个人所得税。除上述专业人员外，其他人员在本单位的报刊、杂志上发表作品取得的所得，应按“稿酬所得”项目征收个人所得税。

出版社的专业作者撰写、编写或翻译的作品，由本社以图书形式出版而取得的稿费收入，应按“稿酬所得”项目计算缴纳个人所得税。

4) 关于个人取得公务交通、通讯补贴收入征税问题。个人因公务用车和通讯制度改革而取得的公务用车、通讯补贴收入，扣除一定标准的公务费用后，按照“工资、薪金所得”项目计征个人所得税。按月发放的，并入当月“工资、薪金”所得计征个人所得税；不按月发放的，分解到所属月份并与该月份“工资、薪金”所得合并后计征个人所得税。

5）关于个人提供担保取得收入征收个人所得税问题。个人为单位或他人提供担保获得报酬，应按照个人所得税法规定的“其他所得”项目缴纳个人所得税，税款由支付所得的单位或个人代扣代缴。

6）个人兼职取得的收入征收个人所得税问题。个人兼职取得的收入，应按照“劳务报酬所得”应税项目计征个人所得税。

7）退休人员再任职取得的收入征收个人所得税问题。退休人员再任职取得的收入，在减除按个人所得税法规定的费用扣除标准后，按“工资、薪金所得”应税项目缴纳个人所得税。

8）个人股票期权所得征收个人所得税的问题。

①股票期权所得的概念。企业员工股票期权（以下简称股票期权）是指上市公司按照规定的程序授予本公司及其控股企业员工的一项权利，该权利允许被授权员工在未来时间内以某一特定价格购买本公司一定数量的股票。

这里的“某一特定价格”被称为“授予价”或“施权价”，即根据股票期权计划可以购买股票的价格，一般为股票期权授予日的市场价格或该价格的折扣价格，也可以是按照事先设定的计算方法约定的价格；“授予日”，也称“授权日”，是指公司授予员工上述权利的日期；“行权”，也称“执行”，是指员工根据股票期权计划选择购买股票的过程；员工行使上述权利的当日为“行权日”，也称“购买日”。

②股票期权所得性质的确认及其具体征税规定。

A. 员工接受实施股票期权计划企业授予的股票期权时，除另有规定外，一般不作为应税所得征税。主要是指：部分股票期权在授权时即约定可以转让，且在境内或境外存在公开市场及挂牌价格（以下称可公开交易的股票期权）。员工接受该可公开交易的股票期权时，按以下规定进行税务处理：

a. 员工取得可公开交易的股票期权，属于员工已实际取得有确定价值的财产，应按授权日股票期权的市场价格，作为员工授权日所在月份的工资薪金所得，并按规定计算缴纳个人所得税。如果员工以折价购入方式取得股票期权的，可以授权日股票期权的市场价格扣除折价购入股票期权时实际支付的价款后的余额，作为授权日所在月份的工资薪金所得。

b. 员工取得上述可公开交易的股票期权后，转让该股票期权所取得的所得，属于财产转让所得，按规定进行税务处理。即个人将行权后的境内上市公司股票再行转让而取得的所得，暂不征收个人所得税；个人转让境外上市公司的股票而取得的所得，应按税法的规定计算应纳税所得额和应纳税额，依法缴纳税款。

c. 员工取得可公开交易的股票期权后，实际行使该股票期权购买股票时，不再计算缴纳个人所得税。

B. 员工行权时，其从企业取得股票的实际购买价（施权价）低于购买日公平市场价（指该股票当日的收盘价，下同）的差额，是因员工在企业的表现和业绩情况而取得的与任职、受雇有关的所得，应按“工资、薪金所得”适用的规定计算缴纳个人所得税。

对因特殊情况，员工在行权日之前将股票期权转让的，以股票期权的转让净收入，作为工资薪金所得征收个人所得税。股票期权的转让净收入，一般是指股票期权转让收入。如果员工以折价购入方式取得股票期权的，可以股票期权转让收入扣除折价购入股票期权时实际支付的价款后的余额，作为股票期权的转让净收入。

员工行权日所在期间的工资薪金所得，应按下列公式计算工资薪金应纳税所得额：

股票期权形式的工资薪金应纳税所得额=(行权股票的每股市场价－员工取得该股票期权支付的每股施权价)×股票数量

这里，员工取得该股票期权支付的每股施权价，一般是指员工行使股票期权购买股票实际支付的每股价格。如果员工以折价购入方式取得股票期权的，上述施权价可包括员工折价购入股票期权时实际支付的价格。

C. 员工将行权后的股票再转让时获得的高于购买日公平市场价的差额，是因个人在证券二级市场上转让股票等有价证券而获得的所得，应按照“财产转让所得”适用的征免规定计算缴纳个人所得税。

D. 员工因拥有股权而参与企业税后利润分配取得的所得，应按照“利息、股息、红利所得”适用的规定计算缴纳个人所得税。

③关于工资薪金所得境内外来源划分。按照《国家税务局关于在中国境内无住所个人以有价证券形式取得工资薪金所得确定纳税义务有关问题的通知》（国税函［2000］190号）有关规定，需对员工因参加企业股票期权计划而取得的工资薪金所得确定境内或境外来源的，应按照该员工据以取得上述工资薪金所得的境内、外工作期间月份数比例计算划分。

④关于应纳税款的计算。

A. 认购股票所得（行权所得）的税款计算。员工因参加股票期权计划而从中国境内取得的所得，按本通知规定应按工资薪金所得计算纳税的，对该股票期权形式的工资薪金所得可区别于所在月份的其他工资薪金所得，单独按下列公式计算当月应纳税款：

应纳税额 =（股票期权形式的工资薪金应纳税所得额/规定月份数 × 适用税率 – 速算扣除数）× 规定月份数

上款公式中的规定月份数，是指员工取得来源于中国境内的股票期权形式工资薪金所得的境内工作期间月份数，长于12个月的，按12个月计算；公式中适用税率和速算扣除数，以本纳税年度内取得的股票期权形式工资薪金所得累计应纳税所得额除以规定月份数后的商数，对照《国家税务总局关于印发〈征收个人所得税若干问题的规定〉的通知》（国税发［1994］089号）所附税率表确定；公式中的本纳税年度内股票期权形式的工资薪金所得累计已纳税款，不含本次股票期权形式的工资薪金所得应纳税款。

B. 转让股票（销售）取得所得的税款计算。对于员工转让股票等有价证券取得的所得，应按现行税法和政策规定征免个人所得税。即，个人将行权后的境内上市公司股票再行转让而取得的所得，暂不征收个人所得税；个人转让境外上市公司的股票而取得的所得，应按税法的规定计算应纳税所得额和应纳税额，依法缴纳税款。

C. 参与税后利润分配取得所得的税款计算。员工因拥有股权参与税后利润分配而取得的股息、红利所得，除依照有关规定可以免税或减税的外，应全额按规定税率计算纳税。

⑤每“次”的应纳税款。员工以在一个公历月份中取得的股票期权形式工资薪金所得为一次。

A. 员工在一个纳税年度中多次取得股票期权形式工资薪金所得的，其在该纳税年度内首次取得股票期权形式的工资薪金所得，应按照以下公式计算应纳税额：

应纳税额=(股票期权形式的工资薪金应纳税所得额/规定月份数×适用税率－速算扣除数)×规定月份数

B. 本年度内以后每次取得股票期权形式的工资薪金所得，应按以下公式计算应纳税款：

应纳税款=(本纳税年度内取得的股票期权形式工资薪金所得累计应纳税所得额÷规定月份数×适用税率－速算扣除数)×规定月份数－本纳税年度内股票期权形式的工资薪金所得累计已纳税款

需要注意的是，公式中的本纳税年度内取得的股票期权形式工资薪金所得累计应纳税所得额，包括本次及本次以前各次取得的股票期权形式工资薪金所得应纳税所得额。

C. 员工多次取得或者一次取得多项来源于中国境内的股票期权形式工资薪金所得，而且各次或各项股票期权形式工资薪金所得的境内工作期间月份数不相同的，以境内工作期间月份数的加权平均数为规定月份数，但最长不超过 12 个月，计算公式如下：

规定月份数 = Σ各次或各项股票期权形式工资薪金应纳税所得额与该次或该项所得境内工作期间月份数的乘积/Σ各次或各项股票期权形式工资薪金应纳税所得额

54. 个人所得税的账务处理是怎样的?

答：个人所得税的核算方法取决于纳税办法。个人所得税的纳税办法包括自行申报纳税和代扣代缴两种，对采用自行申报纳税的个人所得税的纳税人，除实行查账征收的个体工商户外，一般不需要进行会计核算。所以只需介绍个人所得税的代扣代缴的会计处理。

（1）会计科目的设置

代扣代缴，是指按照税法规定有扣缴义务的单位和个人，向个人支付应纳税所得时，应计算应纳税额，从其所得中扣出并缴入国库，同时向税务机关报送扣缴个人所得税报告表。对扣缴义务人按照所扣缴的税款，付给2%的手续费。

实际工作中，一般在“应交税费——代扣代缴个人所得税”明细账户进行核算。代扣时，借记“应付职工薪酬”账户，贷记“应交税费——代扣代缴个人所得税”账户；实际代缴税款时，借记“应交税费——代扣代缴个人所得税”账户，贷记“银行存款”账户。

（2）具体的账务处理

1）工资、薪金所得应纳税款的计算。

例2–12：张某为外商投资企业中方雇员，2007年4月外商投资企业支付其薪金7200元，同月张某还收到其所在的派遣单位支付的薪金1900元。问：外商投资企业、派遣单位应如何扣缴个人所得税？张某实际应缴纳多少个人所得税？

①外商投资企业应扣缴个人所得税为：

代扣税额 =（每月收入额 − 1600）× 适用税率 − 速算扣除数 =（7200 − 1600）× 20% − 375 = 745（元）

借：应付职工薪酬　　745

　　贷：应交税费——应交个人所得税　　745

②派遣单位应扣缴个人所得税为：

代扣税额 = 每月收入额 × 适用税率 − 速算扣除数 = 1900 × 10% − 25 = 165（元）

借：在建工程　　165

　　贷：应交税费——应交个人所得税　　165

③个人实际应交个人所得税为：

应交税额 =（每月收入额 − 1600）× 适用税率 − 速算扣除数 =（7200 + 1900 − 1600）× 20% − 375 = 1125（元）

借：应交税费——应交个人所得税　　215

　　贷：现金　　215

注：2007 年税前扣除适用 1600 元标准。张某已纳税额910（745 + 165）元，只需补缴 215 元。

例 2–13：某商场经理张某 2008 年 3 月份工资性收入 4300 元，合同约定企业为其负担个人所得税款。该商场职工李某同月取得工资性收入 3500 元，合同约定个人负担个人所得税。计算该公司应代扣代缴的个人所得税款。

张某应纳税所得额 =（4300 – 2000 – 125）÷（1 – 15%）= 2558.82（元）

李某应纳税所得额 = 3500 – 2000 = 1500（元）

应纳税额 =（2558.82 × 15% – 125）+（1500 × 10% – 25）= 383.82（元）

账务处理：

借：应付职工薪酬 383.82

贷：应交税费——应交个人所得税 383.82

2）对企业、事业单位承包经营、承租经营所得应纳税款的计算。承包经营和承租经营形式多样，收入方式也比较灵活，但归结起来不外有两种形式，一是纳税人按照承包或承租合同的规定，从发包或包租单位分得的经营利润；二是承包人、承租人在经营期限内，按月或者按次取得的工资。

承包经营，租赁经营所得税款的计算，同工资、薪金所得的计算一样。应先将纳税人取得的不含税收入核算为应纳税所得，然后再计算其应纳税额。

例 2–14：张某 2008 年 3 月初与某事业单位签订承包合同经营招待所，期限为 3 年，规定每年从承包经营利润中上交承包费 20%。招待所当年实现经营利润 100000 元。计算张某应缴纳的个人所得税是多少？

①2007 年应缴纳的个人所得税为：

应纳税所得额 = 承包经营利润 – 上交费用 – 每月必要费用扣除 = 100000 – 100000 × 20% – 2000 × 10 = 60000（元）

②应纳税额 = 应纳税所得额 × 适用税率 – 速算扣除数 = 60000 ×

35% - 6750 = 14250（元）

③会计处理：

借：应付职工薪酬　　14250

　　贷：应交税费——应交个人所得税　　14250

借：应交税费——应交个人所得税　　14250

　　贷：现金　　14250

例 2-15：某公司经理 2008 年年初承包本企业，协议计划工资采取与经济效益挂钩的办法，每月取得固定工资收入 3800 元，年终兑现效益工资 90000 元。计算其全年共预缴个人所得税及全年应交纳的个人所得税。

①全年共预缴个人所得税 = [(3800 - 1600) × 15% - 125] × 2 + [(3800 - 2000) × 10% - 25] × 10 = 1960（元）

②平均月收入 = (3800 × 12 + 90000) ÷ 12 = 11300（元）

③全年应纳税额 = [(11300 - 1600) × 20% - 375] × 2 + [(11300 - 2000) × 20% - 375] × 10 = 17980（元）

④年终补缴税款 = 17980 - 1960 = 16020（元）

账务处理：

①1~2 月份的账务处理：

借：管理费用　　3800

　　贷：应付职工薪酬　　3800

借：应付职工薪酬　　3800

　　贷：现金　　3595

　　　　应交税费——应交个人所得税　　205

借：应交税费——应交个人所得税　　205

　　贷：银行存款　　205

②3~12 月份的账务处理：

借：应付职工薪酬　　3800

　　贷：现金　　3645

　　　　应交税费——应交个人所得税　　155

借：应交税费——应交个人所得税　　155

贷：银行存款 155

③年终的账务处理：

借：管理费用 90000

贷：应付职工薪酬 90000

借：应付职工薪酬 90000

贷：现金 73980

应交税费——应交个人所得税 16020

借：应交税费——应交个人所得税 16020

贷：银行存款 16020

3）稿酬所得应纳税额的计算。

例 2-16：某科研人员在某出版社出版一部专著，获稿酬 30000 元，计算出版社代扣的个人所得税款。

①计算应纳税额：

应纳税所得额 = 30000 × (1 – 20%) = 24000（元）

应纳税额 = 24000 × 20% × (1 – 30%) = 3360（元）

若上述著作为两人合著，计算出版社代扣的个人所得税。（假设每人完成一半工作量）

应纳税所得额 = 30000 ÷ 2 × (1 – 20%) = 12000（元）

应纳税额 = 12000 × 20% × (1 – 30%) = 1680（元）

②账务处理为：

借：销售费用 30000

贷：应交税费——应交个人所得税 3360

现金 26640

借：应交税费——应交个人所得税 3360

贷：银行存款 3360

例 2-17：某人 2007 年初发表短篇小说一部，取得稿酬 8000 元，同时该小说在一家报纸上连载 4 次，每次取得稿酬 900 元。由于该小说畅销，年内加印后该作者取得加印稿酬 1500 元。

按照税法规定，出版小说取得稿酬后，同时又将小说在报刊上连载取得稿酬的，应分别计算应缴纳的个人所得税。个人每次以图书、报刊方式出版、发表同一作品，不论出版单位预付还是分次支付稿酬，或者加印该作品再得稿酬，均应合并一次计算纳税。

①年初取得稿酬与加印后取得稿酬应视为“一次”：

应纳税额 =（8000 + 1500）×（1 – 20%）× 20% ×（1 – 30%）= 1064（元）

②连载取得的稿酬合并计算为“一次”：

（900 × 4 – 800）× 20% ×（1 – 30%）= 392（元）

4）劳务报酬所得、特许权使用费所得和其他所得应纳税额的账务处理。企业支付给个人的劳务报酬、特许权使用费和其他所得，由支付单位在向纳税人支付时代扣代缴个人所得税，并计人该企业的有关期间费用的账户，即企业在支付上述各项所得时，借记“管理费用”、“财务费用”、“销售费用”等科目，贷记“应交税费”和“现金”科目。

例 2–18：某演员进行商业演出，取得一次性演出收入 40000 元，计算应代扣代缴个人所得税。

①计算应纳税额：

应纳税所得额 = 40000 ×（1 – 20%）= 32000（元）

应纳所得税额 = 32000 × 30% – 2000 = 7600（元）

②账务处理为：

借：管理费用	40000	
贷：现金		32400
应交税费——应交个人所得税		7600
借：应交税费——代扣代缴个人所得税	7600	
贷：银行存款		7600

5）转让财产所得应纳税款的账务处理。企业向个人购买财产属于企业购置固定资产项目，其支付的税金作为固定资产的购置成本。即在购买个人财产时，按支付的全部价款，借记“固定资产”科目，按应扣缴的个人所得税贷记“应交税费”，按应支付的全部价款减去个人所得税税款后的余额，贷记“现金”科目。

例 2–19：某居民将私房转让，房屋面积为 200m²，转让给某企业做销售门市部，转让收入 320000 元；该房产原值为 100000 元，修缮费 10000 元，转让过程中发生其他费用 2000 元。计算企业应代扣代缴的税额。

①应纳税所得额 = 320000 – 100000 – 10000 – 2000 = 208000（元）

应纳税额 = 208000 × 20% = 41600（元）

②账务处理为：

借：固定资产　　363600

　贷：应交税费——应交个人所得税　　41600

　　现金　　322000

借：应交税费——应交个人所得税　　41600

　贷：银行存款　　41600

6）代扣代缴手续费的账务处理：

税务部门按扣缴税款的 2%付给代扣代缴单位和个人的手续费，由税务部门按月填开收入退还书发给扣缴义务人，扣缴义务人按收入退还回书向指定银行办理税款退库手续。收到手续费后，代扣代缴单位的账务处理如下：

借：银行存款

　贷：应交税金——应交个人所得税

冲减企业管理费：

借：应交税金——应交个人所得税

　贷：管理费用

55. 税法对个人所得税的征收管理有哪些规定?

答：个人所得税的征收管理，实行自行申报纳税和代扣代缴两种。

（1）自行申报

自行申报纳税，是由纳税人自行在纳税期限内，向税务机关申报取得的应税所得项目和数额，如实填写个人所得税纳税申报表，并按照税法规定计算应纳税额，据此缴纳个人所得税的一种方法。

1）自行申报纳税的纳税义务人。纳税义务人有下列情形之一的，应当按照规定到主管税务机关办理纳税申报：

①年所得12万元以上的。

②从中国境内两处或者两处以上取得工资、薪金所得的。

③从中国境外取得所得的。

④取得应税所得，没有扣缴义务人的。

⑤国务院规定的其他情形。

需要注意的是：年所得12万元以上的纳税人，不包括在中国境内无住所，且在一个纳税年度中在中国境内居住不满1年的个人；从中国境外取得所得的纳税人，是指在中国境内有住所，或者无住所而在一个纳税年度中在中国境内居住满1年的个人。

2）申报内容。

①年所得12万元以上的纳税人，在纳税年度终了后，应当填写《个人所得税纳税申报表（适用于年所得12万元以上的纳税人申报）》，并在办理纳税申报时报送主管税务机关，同时报送个人有效身份证件复印件，以及主管税务机关要求报送的其他有关资料。

②年所得12万元以上，是指纳税人在一个纳税年度取得下列所得的合计数额达到12万元：工资、薪金所得；个体工商户的生产、经营所得；对企事业单位的承包经营、承租经营所得；劳务报酬所得；稿酬所得；特许权使用费所得；利息、股息、红利所得；财产租赁所得；财产转让所得；偶然所得；经国务院财政部门确定征税的其他所得。

③不包含以下所得：个人所得税法规定的免税所得；可以免税的来源于中国境外的所得；按照国家规定单位为个人缴付和个人缴付的基本养老保险费、基本医疗保险费、失业保险费、住房公积金。

④自行申报的纳税义务人，在申报纳税时，其在中国境内已扣缴的税款，准予按照规定从应纳税额中扣除。

3）纳税期限。除特殊情况外，纳税人应在取得应纳税所得的次月7日内向主管税务机关申报所得并缴纳税款。

①年所得12万元以上的纳税人，在纳税年度终了后3个月内向主管税务机关办理纳税申报。

②个体工商户的生产、经营所得应纳的税款，按年计算，分月预缴，由纳税义务人在次月7日内预缴，年度终了后3个月内汇算清缴，

多退少补。

③对企事业单位的承包经营、承租经营所得应纳的税款，按年计算，由纳税义务人在年度终了后 30 日内缴入国库，并向税务机关报送纳税申报表。

纳税义务人在 1 年内分次取得承包经营、承租经营所得的，应当在取得每次所得后的 7 日内预缴，年度终了后 3 个月内汇算清缴，多退少补。

④从中国境外取得所得的纳税义务人，应当在年度终了后 30 日内，将应纳的税款缴入国库，并向税务机关报送纳税申报表。

4）自行申报纳税的申报方式。纳税人可以采取数据电文、邮寄等方式申报，也可以直接到主管税务机关申报，或者采取符合主管税务机关规定的其他方式申报。

纳税人采取数据电文方式申报的，应当按照税务机关规定的期限和要求保存有关纸质资料。

纳税人采取邮寄方式申报的，以邮政部门挂号信函收据作为申报凭据，以寄出的邮戳日期为实际申报日期。纳税期限最后一日是法定休假日的，以休假日的次日为期限的最后一日。

纳税人可以委托有税务代理资质的中介机构或者他人代为办理纳税申报。

5）申报地点。申报地点一般应为收入来源地的主管税务机关。

①年所得 12 万元以上的纳税人，纳税申报地点为：

A. 在中国境内有任职、受雇单位的，向任职、受雇单位所在地主管税务机关申报。

B. 在中国境内有两处或者两处以上任职、受雇单位的，选择并固定向其中一处单位所在地主管税务机关申报。

C. 在中国境内无任职、受雇单位，年所得项目中有个体工商户的生产、经营所得或者对企事业单位的承包经营、承租经营所得（以下统称生产、经营所得）的，向其中一处实际经营所在地主管税务机关申报。

D. 在中国境内无任职、受雇单位，年所得项目中无生产、经营所得的，向户籍所在地主管税务机关申报。在中国境内有户籍，但户籍所在地与中国境内经常居住地不一致的，选择并固定向其中一地主管税务机关申报。在中国境内没有户籍的，向中国境内经常居住地主管税务机关申报。

②从中国境内两处或者两处以上取得工资、薪金所得的纳税申报地点为：

从两处或者两处以上取得工资、薪金所得的，选择并固定向其中一处单位所在地主管税务机关申报。

③从中国境外取得所得的纳税申报地点为：

从中国境外取得所得的，向中国境内户籍所在地主管税务机关申报。在中国境内有户籍，但户籍所在地与中国境内经常居住地不一致的，选择并固定向其中一地主管税务机关申报。在中国境内没有户籍的，向中国境内经常居住地主管税务机关申报。

④个体工商户向实际经营所在地主管税务机关申报。

⑤个人独资、合伙企业投资者兴办两个或两个以上企业的，区分不同情形确定纳税申报地点为：

A. 兴办的企业全部是个人独资性质的，分别向各企业的实际经营管理所在地主管税务机关申报。

B. 兴办的企业中含有合伙性质的，向经常居住地主管税务机关申报。

C. 兴办的企业中含有合伙性质，个人投资者经常居住地与其兴办企业的经营管理所在地不一致的，选择并固定向其参与兴办的某一合伙企业的经营管理所在地主管税务机关申报。

⑥纳税人要求变更申报纳税地点的，须经原主管税务机关批准。

⑦纳税申报地点，除特殊情况外，5 年以内不得变更。

（2）代扣代缴

代扣代缴，是指按照税法规定负有扣缴义务的单位或者个人，在向个人支付应纳税所得时，应计算应纳税额，从其所得中扣出并缴入国库，同时向税务机关报送扣缴个人所得税报告表。这种方法，有利于控制税源，防止漏税和逃税。

1）扣缴义务人和代扣代缴的范围。

①扣缴义务人。凡支付个人应税所得的企业（公司）、事业单位、机关、社团组织、军队、驻华机构、个体户等单位或者个人，为个人所得税的扣缴义务人。

这里所说的驻华机构，不包括外国驻华使领馆和联合国及其他依法享有外交特权和豁免的国际组织驻华机构。

②代扣代缴的范围。扣缴义务人向个人支付下列所得，应代扣代缴个人所得税：

A. 工资、薪金所得。

B. 对企事业单位的承包经营、承租经营所得。

C. 劳务报酬所得。

D. 稿酬所得。

E. 特许权使用费所得。

F. 利息、股息、红利所得。

G. 财产租赁所得。

H. 财产转让所得。

I. 偶然所得。

J. 经国务院财政部门确定征税的其他所得。

扣缴义务人向个人支付应纳税所得（包括现金、实物和有价证券）时，不论纳税人是否属于本单位人员，均应代扣代缴其应纳的个人所得税税款。

这里所说支付，包括现金支付、汇拨支付、转账支付和以有价证券、实物以及其他形式的支付。

2）扣缴义务人的义务及应承担的责任。

①扣缴义务人应指定支付应纳税所得的财务会计部门或其他有关部门的人员为办税人员，由办税人员具体办理个人所得税的代扣代缴工作。

代扣代缴义务人的有关领导要对代扣代缴工作提供便利，支持办税人员履行义务；确定办税人员或办税人员发生变动时，应将名单及时报告主管税务机关。

②扣缴义务人的法人代表（或单位主要负责人）、财会部门负责人及具体办理代扣代缴款的有关人员，共同对依法履行代扣代缴义务负法律责任。

③同一扣缴义务人的不同部门支付应纳税所得时，应报办税人员汇总。

④扣缴义务人在代扣税款，必须向纳税人开具税务机关统一印制的代扣代收税款凭证，并详细注明纳税人姓名、工作单位、家庭住址和居民身份证或护照号码（无上述证件的，可用其他能有效证明身份的证件）等个人情况。对工资、奖金所得和利息、股息、红利所得等，因纳税人数众多、不便一一开具代扣代收税款凭证的，经主管税务机关同意，可不开具代扣代收税款凭证，但应通过一定形式告知纳税人已扣缴税款。纳税人为持有完税依据而向扣缴义务人索取代扣代收税款凭证的，扣缴义务人不得拒绝。

扣缴义务人应主动向税务机关申领代扣代收税款凭证，据以向纳税人扣税。非正式扣税凭证，纳税人可以拒收。

⑤扣缴义务人对纳税人的应扣未扣的税款，其应纳税款仍然由纳税人缴纳，扣缴义务人应承担应扣未扣税款50%以上至3倍的罚款。

⑥扣缴义务人应设立代扣代缴税款账簿，正确反映个人所得税的扣缴情况，并如实填写《扣缴个人所得税报告表》及其他有关资料。

3）代扣代缴期限。扣缴义务人每月所扣的税款，应当在次月7日内缴入国库，并向主管税务机关报送《扣缴个人所得税报告表》、代扣代收税款凭证和包括每一纳税人姓名、单位、职务、收入、税款等内容的支付个人收入明细表以及税务机关要求报送的其他有关资料。

扣缴义务人违反上述规定不报送或者报送虚假纳税资料的，一经查实，其未在支付个人收入明细表中反映的向个人支付的款项，在计算扣缴义务人应纳税所得额时不得作为成本费用扣除。

扣缴义务人因有特殊困难不能按期报送《扣缴个人所得税报告表》及其他有关资料的，经县级税务机关批准，可以延期申报。

第三章　财产税及核算疑难问答

1. 什么是契税？契税具有哪些特点？

答：契税是以所有权发生转移变动的不动产为征税对象，向产权承受人征收的一种财产税。征收契税既有利于通过法律形式保护纳税人的合法权益，使产权转移有合法的依据，以及避免或减少产权纠纷；又有利于调控房地产市场，规范市场交易行为，并可以增加财政收入，为地方经济建设积累资金。

契税除了具有强制性、固定性、无偿性外，还有其独特之处：

1）契税是由土地、房屋权属转移承受人缴纳的行为税。

2）契税是对土地、房屋权属转移行为征收，转移一次，征收一次。

3）从全国范围来讲，采用了幅度比例税率，从地方来讲，采用了单一的比例税率。

4）根据土地、房屋权属转移的不同方式，确立计税依据。

2. 契税的纳税人包括哪些？契税的征税范围包括哪些？

答：（1）纳税义务人

契税的纳税义务人是境内转移土地、房屋权属，承受的单位和个人。

其中，境内是指在中华人民共和国实际税收行政管辖范围内。

土地、房屋权属是指土地使用权和房屋所有权。

承受是指以受让、购买、受赠、交换等方式取得土地、房屋权属的行为。

单位是指企业单位、事业单位、国家机关、军事单位和社会团体以及其他组织。

个人是指个体经营者及其他个人，包括中国公民和外籍人员。

(2) 征税范围

契税的征税范围为境内转移土地、房屋权属。具体包括以下几项内容：

1) 国有土地使用权出让。国有土地使用权出让是指土地使用者向国家交付土地使用权出让费用，国家将国有土地使用权在一定年限内让与土地使用者的行为。

2) 土地使用权转让。包括出售、赠与和交换，不包括农村集体土地承包经营权的转移；土地使用权的转让是指土地使用者以出售、赠与、交换或者其他方式将土地使用权转移给其他单位和个人的行为。

出售，是指土地使用者以土地使用权作为交易条件，取得货币、实物、无形资产或者其他经济利益的行为。

赠与，是指土地使用者将其土地使用权无偿转让给受赠者的行为。

交换，是指土地使用者之间相互交换土地使用权的行为。

3) 房屋买卖。即以货币为媒介，出卖者向购买者过渡房产所有权的交易行为。以下几种特殊情况，视为买卖房屋：

①以房产抵债或实物交换房屋。经当地政府和有关部门批准，以房抵债和实物交换房屋，均视同房屋买卖，应由产权承受人，按房屋现值缴纳契税。

②以房产作投资或作股权转让。这种交易业务属房屋产权转移，应根据国家房地产管理的有关规定，办理房屋产权交易和产权变更登记手续，视同房屋买卖，由产权承受方按契税税率计算缴纳契税。

③买房拆料或翻建新房。

④房屋赠与。

房屋赠与是指房屋产权所有人将房屋无偿转让给他人所有。房屋赠与的前提必须是产权无纠纷。赠与人和受赠人双方自愿。

由于房屋是不动产，价值较大，故法律要求赠与房屋应有书面合同，并到房地产管理机关或农村基层政权机关办理登记过户手续，才能生效。如果房屋赠与行为涉及涉外关系，还需公证处证明和外事部门认证，才能生效。

⑤房屋交换。房屋交换是指房屋所有者之间互相交换房屋的行为。

⑥承受国有土地使用权支付的土地出让金。对承受国有土地使用权支付的土地出让金，要计征契税。不得以减免土地出让金而减免契税。

需要注意的是：

1）以补偿征地款方式取得的房产。这是因为土地被征用后，征地单位用所建房产产权以补偿征地款的方式转移给被征单位或者个人。这种房地产转移方式，实质上是被征地单位或个人以征地款购买房产的行为，应依法缴纳契税。

2）购买经济适用住房、安居房，应照章缴纳契税。

3）私立学校、医院不属于国家机关、事业单位、社会团体、军事单位的教学、医疗设施，不在免税范围之内，应照章缴纳契税。

4）集资建商品房。房地产公司为满足个人购房需要，以预收售房款的方式，“集资”建商品房，属房屋买卖行为，应照章缴纳契税。

对经当地政府有关部门批准的行政、企事业单位，以预收售房款的方式，“集资”建房，其房屋产权属于出资者个人所有的，属房屋买卖行为，应照章缴纳契税。

行政、企事业单位向有当地正式城镇户口的本单位职工“集资”建房，按房改政策规定卖给职工，该职工又是第一次购买公有住房，且在规定住房标准面积以内的，免征契税。

5）以房地产抵债。以房地产抵债发生了土地使用权、房屋所有权的转移，按政策规定，必须到当地土地管理部门和房产管理部门办理土地使用权、房屋所有权变更登记手续，所以，应视同房屋买卖和土地使用权转让征收契税。

6）法院拍卖的房屋。法院没收非法所得后进行拍卖的房屋，因房屋所有权已发生转移，属房屋买卖性质，应照章缴纳契税。

3. 契税的征收对象应具备的条件是什么?

答: 契税的征收对象是土地、房屋权属转移的行为 ,其应具备的三个条件是:

1)转移的客体是土地使用权和房屋所有权。

2)权属客体必须发生转移,即由一方转到另一方,权属主体发生变更,即由一个权属人变为另一个人。

3)发生经济利益关系,除赠与外,当权属客体发生转移时,承受方必须支付相应的经济利益,如货币、实物、无形资产或者其他经济利益。

4. 契税的计税依据是什么?契税的税率是怎样规定的?

答:(1)计税依据

契税的计税依据为不动产的价格。由于土地、房屋产权转移方式不同,定价方法不同,因而具体计税依据视不同情况而决定。

1)国有土地使用权出让、土地使用权出售、房屋买卖,为成交价格;成交价格是指土地、房屋权属转移合同确定的价格,包括承受者应交付的货币、实物、无形资产或者其他经济利益。

2)土地使用权赠与、房屋赠与,由征收机关参照土地使用权出售、房屋买卖的市场价格核定。

3)土地使用权交换、房屋交换,为所交换的土地使用权、房屋的价格的差额。就是说,交换价格相等时,免征契税;交换价格不相等时,由多交付的货币、实物、无形资产或者其他经济利益的一方缴纳契税。

成交价格明显低于市场价格并且无正当理由的,或者所交换土地使用权、房屋的价格的差额明显不合理并且无正当理由的,由征收机关参照市场价格核定。

4)土地、房屋权属以下列方式转移的,视同土地使用权转让、房屋买卖或者房屋赠与征税：

①以土地、房屋权属作价投资、入股。

②以土地、房屋权属抵债。

③以获奖方式承受土地、房屋权属。

④以预购方式或者预付集资建房款方式承受土地、房屋权属。

5）以划拨方式取得土地使用权，经批准转让房地产时，由房地产转让者补交契税。计税依据为补交的土地使用权出让费用或者土地收益。

6）房屋附属设施征收契税的依据。

①采取分期付款方式购买房屋附属设施土地使用权、房屋所有权的，应按合同规定的总价款计征契税。

②承受的房屋附属设施权属为单独计价的，按照当地确定的适用税率征收契税；与房屋统一计价的，适用与房屋相同的契税税率。

（2）契税的税率

契税税率实行3%~5%的幅度税率。实行幅度税率是考虑到我国经济发展的不平衡，各地经济差别较大的实际情况。契税的适用税率，由省、自治区、直辖市人民政府在前款规定的幅度内按照本地区的实际情况确定，并报财政部和国家税务总局备案。

5. 确定契税计税依据的原则是什么？如何计算契税的应纳税额？

答：（1）确定契税计税依据的原则

有成交价格并经征收机关审核认可的，以成交价格作为计税依据；没有成交价格的或虽有成交价格但低于所交易房地产实际价值太多，征收机关不予认可的，以征收机关参照价格核定的计税价格（或者评估价格）作为计税依据。此外，对土地使用权交换、房屋交换行为，其契税计税依据为所交换的土地使用权、房屋的价格差额。

（2）应纳税额的计算

契税采用比例税率。当计税依据确定以后，应纳税额的计算比较简单，计算公式为：

应纳税额 = 计税依据 × 税率

应纳税额以人民币计算。转移土地、房屋权属以外汇结算的，按照纳税义务发生之日中国人民银行公布的人民币市场汇率中间价折合成人民币计算。

例 3-1：某市居民甲拥有两套住房，将其中一套出售给居民乙取得收入 550000 元；将另一套两居室住房与居民丙交换成两处一室住房，并支付给居民丙换房价差款 120000 元，计算每个人应缴纳的契税（假定税率为 5%）。

①甲应缴纳契税 = 120000 × 5% = 6000（元）

②乙应缴纳契税 = 550000 × 5% = 27500（元）

③丙不缴纳契税。

6. 纳税人分期支付土地、房屋权属转移成交价款应怎样征收契税，其依据是什么？

答：纳税人分期支付土地、房屋成交价款，应按合同规定的总支付金额一次性缴纳契税。

其依据是：

1）权属转移行为在合同生效的同时即已发生，与付款方式无关。

2）契税是对土地、房屋权属转移行为征税，无论付款行为多少期次，权属转移是一次性行为，所以应在合同生效时一次性征收契税。

3）易于税收管理。

7. 家庭成员之间的房产转让（过户），为什么也要按照市场价格缴纳契税？

答：家庭成员之间的房产转让（过户），如果是无偿转让的，属于赠与行为，根据《中华人民共和国契税暂行条例》规定，应由征收机关参照该房屋买卖的市场价格核定征收房屋赠与的契税（目前的适用税率为 4%)；如果是有偿转让，则属于买卖行为（目前普通住宅的适用税率为 2%)，其申报的成交价格若明显低于市场价格，应按照《中华人民共和国契税暂行条例》的规定，由征收机关参照市场价格核定契税计税价格征收契税。否则，其明显低于市场价格的部分，应视同房屋赠与行为征收契税。

8. 存量房买卖为什么要如实申报成交价格?

答：存量房买卖必须如实按实际成交价格进行契税纳税申报，如进行虚假的申报，一是可能产生一系列法律上的纠纷，给买卖双方都带来不必要的麻烦和损失以致引起诉讼；二是我国目前正在进行社会信用体系的建设，努力打造一个诚信社会，虚假的纳税申报，对买卖双方的个人信用记录以及房产中介的诚信记录都将产生极其不利的影响，信用监督和信用服务网络体系的建立，将对失信行为形成社会惩戒；三是根据《税收征收管理法》有关规定，对故意隐报、瞒报房屋成交价格，进行虚假的纳税申报，不缴或者少缴税款的，是偷税行为。征收机关将依法给予相应的处罚，构成犯罪的，依法追究刑事责任。因此，房屋买卖必须如实申报成交价格。

9. 契税减税、免税手续的时间有哪些规定？申请契税减免税时应提供哪些资料?

答：根据《中华人民共和国契税暂行条例细则》规定，纳税人符合减免契税规定的，应当在签订土地、房屋权属转移合同后 10 日内，向土地、房屋权属所在地的契税征收机关办理减税或免税手续。

纳税人申报契税减免税时，应提供土地、房屋权属转移主要证明材料，单位及用途资料，土地房屋权属转移价格及其他利益转移资料。

10. 职工购买住房、廉租房的契税优惠政策有哪些?

答: 1)城镇职工按规定第一次购买公有住房的,免征契税;此外,财政部、国家税务总局规定:对各类公有制单位为解决职工住房而采取集资建房方式建成的普通住房,或由单位购买的普通商品住房,经当地县以上人民政府房改部门批准、按照国家房改政策出售给本单位职工的,如属职工首次购买住房,均可免征契税。

城镇职工按规定第一次购买公有住房的,是指经县级以上人民政府批准,在国家规定标准面积以内购买的公有住房。城镇职工享受免征契税,仅限于第一次购买的公有住房。超过国家规定标准面积的部分,仍应按照规定缴纳契税。

2)因不可抗力灭失住房而重新购买住房的,酌情准予减征或者免征。不可抗力是指自然灾害、战争等不可预见、不可避免,并不能克服的客观情况。

3)对廉租住房经营管理单位购买住房作为廉租住房、经济适用住房经营管理单位回购经济适用住房继续作为经济适用住房房源的,免征契税。

对个人购买经济适用住房,在法定税率基础上减半征收契税。

4)法院拍卖的房屋,没收非法所得后进行拍卖的房屋缴纳契税。法院拍卖的房屋、没收非法所得后进行拍卖的房屋,因房屋所有权已发生转移,属房屋买卖性质,应照章缴纳契税。

11. 企业改制重组过程中,相关房地产权属转移所涉及的契税优惠政策有哪些?

答: 为了支持企业改革的逐步深化,加快建立现代企业制度,促进国民经济持续、健康发展,财政部、国家税务总局出台了有关企业改制方面的契税优惠政策,具体内容如下:

1)企业公司制改造。非公司制企业,按照《中华人民共和国公司法》的规定，整体改建为有限责任公司（含国有独资公司）或股份有限公司，或者有限责任公司整体改建为股份有限公司的，对改建后的公司承受原企业土地、房屋权属的，免征契税。

非公司制国有独资企业或国有独资责任公司，以其部分资产与他人组建新公司，且该国有独资企业（公司）在新设公司中所占股份超过50%，对新设公司承受该国有独资企业（公司）的土地、房屋权属的，免征契税。

2）企业股权重组。在股权转让中，单位、个人承受企业股权、企业土地、房屋权属不发生转移，不征收契税。

国有、集体企业实施“企业股份合作制改造”，由职工买断企业产权，或向其职工转让部分产权，或者通过其职工投资增资扩股，将原企业改造为股份合作制企业的，对改造后的股份合作制企业承受原企业的土地、房屋权属，免征契税。

3）企业合并。两个或两个以上的企业，依据法律规定、合同约定，合并改建为一个企业，对其合并后的企业承受原合并各方的土地、房屋权属，免征契税。

4）企业分立。企业依照法律规定、合同约定分设为两个或两个以上投资主体相同的企业，对派生方、新设方承受原企业土地、房屋权属，不征收契税。

5）企业出售。国有、集体企业出售，被出售企业法人予以注销，并且买受人妥善安置企业30%以上职工的，对其承受所购企业的土地、房屋权属，减半征收契税；全部安置原企业职工的，免征契税。

6）企业关闭、破产。企业依照有关法律、法规的规定实施关闭、破产后，债权人（包括关闭、破产企业职工）承受关闭、破产企业土地、房屋权属以抵偿债务的，免征契税；对非债权人承受关闭、破产企业土地、房屋权属，凡妥善安置原企业30%以上职工的，减半征收契税；全部安置原企业职工的，免征契税。

7）其他。经国务院批准实施债权转股权的企业，对债权转股权后新设立的公司承受原企业的土地、房屋权属，免征契税。

12. 契税的会计处理是怎样的？

答：契税应纳税款，通过“应交税费——应交契税”账户进行核算。该账户的借方发生额，反映实际已纳的契税；其贷方发生额，反映应缴纳的契税；期末余额在贷方，反映应缴未缴的契税。

（1）企业取得房产所有权

按规定计算应纳契税税额时，应借记“固定资产”、“在建工程”等科目，贷记“应交税费——应交契税”科目。实际缴纳契税时，借记“应交税费——应交契税”科目，贷记“银行存款”等科目。

例 3–2：某企业接受捐赠房产一栋，房屋按市场售价为 100 万元。计算该企业应缴纳的契税。

①接受捐赠时：

应纳税额 = 100 × 5% = 5（万元）

借：固定资产　　50000

　　贷：应交税费——应交契税　　50000

②实际缴纳契税时：

借：应交税费——应交契税　　50000

　　贷：银行存款　　50000

例 3–3：甲公司将其拥有的一栋写字楼与乙公司拥有的一座商厦相交换，双方协议规定由甲公司企业补付现金 800 万元，契税税率为 5%，则应纳税额为：

①甲企业应缴纳契税：

应纳税额 = 8000000 × 5% = 400000（元）

借：固定资产　　400000

　　贷：应交税费——应交契税　　400000

②实际缴纳契税时：

借：应交税费——应交契税　　400000

　　贷：银行存款　　400000

（2）有偿取得使用权

企业有偿取得的土地使用权，应作为无形资产入账，相应地，为取得该项土地使用权而缴纳的契税，也应当计入无形资产价值。

例 3–4：某企业收到投资者以土地使用权作价 100 万元投入企业作为资本。按规定，以土地使用权作价投资，应视同土地使用权转让并缴纳契税。假如当地契税税率为 5%，则：

①该企业应缴纳契税：

应纳税额 = 1000000 × 5% = 50000（元）

借：无形资产 50000

贷：应交税费——应交契税 50000

②实际缴纳契税时：

借：应交税费——应交契税 50000

贷：银行存款 50000

（3）无偿取得使用权

对于企业无偿取得的土地使用权，则一般不将该土地使用权作为无形资产入账，相应地，企业缴纳的契税，可作为当期费用入账。

例 3–5：某企业 2006 年收到当地政府无偿划入的土地一块，该企业申报缴纳契税，契税征收机关参照同样土地市价，确定该土地使用价格为 800000 元，当地税务机关规定契税税率为 5%，则：

①该企业应缴纳契税：

应纳税额 = 800000 × 5% = 40000（元）

借：管理费用 40000

贷：应交税费——应交契税 40000

②实际缴纳契税时：

借：应交税费——应交契税 40000

贷：银行存款 40000

13. 税法对契税的缴纳有哪些具体规定？

答：（1）契税的纳税环节

契税的纳税环节是在签订土地、房屋权属转移合同或纳税人取得其他土地、房屋权属转移合同性质凭证之后，办理土地使用权证、房屋所有权证之前。

经批准减征、免征契税的纳税人改变有关土地、房屋的用途，不再属于规定的减征、免征契税范围的，应当补缴已经减征、免征的税款。

（2）纳税义务发生时间

契税的纳税义务发生时间是纳税人签订土地、房屋权属转移合同的当天，或者纳税人取得其他具有土地、房屋权属转移合同性质凭证的当天。

纳税人因改变土地、房屋用途应当补缴已经减征、免征契税的，其纳税义务发生时间为改变有关土地、房屋用途的当天。

（3）纳税期限

纳税人应当自纳税义务发生之日起 10 日内，向土地、房屋所在地的契税征收机关办理纳税申报，并在契税征收机关核定的期限内缴纳税款。

（4）纳税地点

纳税人在取得土地、房屋所在地的财政机关或者地方税务机关。具体征收机关由省、自治区、直辖市人民政府确定。

纳税人办理纳税事宜后，契税征收机关应当向纳税人开具契税完税凭证。

纳税人应当持契税完税凭证和其他规定的文件材料，依法向土地管理部门、房产管理部门办理有关土地、房屋的权属变更登记手续。

纳税人未出具契税完税凭证的，土地管理部门、房产管理部门不予办理有关土地、房屋的权属变更登记手续。

14. 新车船税的制定背景及主要变化有哪些？

答：（1）制定背景

2006年12月29日，国务院颁布了第482号令，公布了《中华人民共和国车船税暂行条例》。从2007年1月1日起施行。新条例是在原车船使用税和车船使用牌照税的基础上合并修订而成的。

改革车船使用税和车船使用牌照税主要基于这样几点考虑：一是外资企业适用1951年原政务院发布的《车船使用牌照税暂行条例》，内资企业适用1986年国务院发布的《车船使用税暂行条例》，内外税制不统一，不符合简化税制与公平税负的要求。二是车船使用税和车船使用牌照税的征免税范围不尽合理。对自行车等非机动车和拖拉机征税，而对行政事业单位的车辆不征税，显然有失公平的原则，也不能体现国家的惠农政策及对弱势群体的照顾。三是税额标准几十年没有调整，明显偏低，收入规模太小，致使该税种的作用难以发挥。四是没有有效的控管手段，漏征漏管现象严重。

基于这种情况，国务院决定合并两个暂行条例，制定《中华人民共和国车船税暂行条例》，开征车船税以取代原车船使用税和车船使用牌照税。

（2）主要变化

《中华人民共和国车船税暂行条例》（以下简称《条例》）立足现实，着眼长远，针对车船使用（牌照）税存在的问题，在适用范围和税收性质、税目税额、减免税范围和征管等几个方面进行了完善。

1）合并两个税种。为统一税政、简化税制，《条例》将现行的车船使用牌照税和车船使用税合并为车船税，统一适用于各类纳税人。同时，《条例》将纳税人由现行的“拥有并且使用车船的单位和个人”改为“车辆、船舶的所有人或者管理人”，这样规定，既有利于实际执行中界定纳税人，同时也有利于建立和完善我国的财产税体系，为地方财政建立一个稳定的税收来源。

2）适当调整了税目分类和税额标准。《条例》将车辆、船舶税额表合并为《车船税税目税额表》，将二轮和三轮摩托车合并为一类，将不同吨位的机动船合并为一类。《条例》没有对车船的税目进行分类，而是授权财政部、税务总局在《车船税税目税额表》规定的税目范围内具体明确，以便将来财政部、税务总局在制定具体税目分类及税额或者税额幅度时，可以综合考虑车船税的性质和节能环保等方面的要求。在此基础上，考虑到改革开放以来我国的经济发展比较迅速，居民收入水平和物价水平都有了较大提高，以及目前各地实际执行情况等因素，对车船的年税额标准做了适当调整。

3）对车船税的减免项目进行了调整。考虑到公平税负、拓宽税基的原则要求，《条例》一方面取消了对经营性车船（如港作车船、工程船）、财政负担其经费的单位（如国家机关、事业单位、人民团体）的自用车船免税的规定，取消了确有困难的纳税人由省级人民政府予以定期减免税的规定；另一方面，为了保护环境，照顾低收入群体，落实中央建设社会主义新农村的精神，《条例》将非机动车船（不包括非机动驳船）、拖拉机和捕捞、养殖渔船列入免税范围，并授权省级人民政府可以对城乡公共交通车船给予定期减税、免税。

4）加大了税收监管的力度。《条例》规定从事机动车交通事故责任强制保险业务的保险机构为机动车车船税的扣缴义务人，在销售机动车交通事故责任强制保险时代收代缴车船税。这一规定，可有效堵塞机动车车船税的征管漏洞，提高税源控管的水平。

15. 什么是车船税？哪些车船需要缴纳车船税？车船税应该由谁来缴纳？

答： 车船税是在中华人民共和国境内对拥有或者管理车辆、船舶的纳税人征收的一种税。需要缴纳车船税的车船是依法应在公安、交通、农业等车船管理部门登记的车船。具体分为两大类，一类是车辆，一类是船舶。其中，车辆为机动车，包括载货汽车和载客汽车，还有三轮汽车、低速汽车以及摩托车这几类。另外我们对一些专项作业车以及轮式专用机械车，也征收车船税。船舶作为机动车和非机动驳船作为车船税的征收对象。车船税是对车船的拥有者、管理者征收的税收，这个税也应该由车辆和船舶的拥有者和管理者来缴纳。

16. 车船税的征税对象主要有哪些?

答：车船税的征税对象是依法在公安、交通、农业等车船管理部门登记的车船，具体分为车辆和船舶两大类。其中：

1）车辆为机动车，包括载客汽车、载货汽车、三轮汽车、低速货车、摩托车、专项作业车和轮式专用机械车。机动车辆，指依靠燃料等能源为动力运行的车辆，包括：乘人汽（电）车、载货汽车和摩托车等。

2）船舶为机动船和非机动驳船。机动船舶，指依靠燃料等能源为动力运行的船舶。包括客货轮船、气垫船、拖轮和机帆船等。非机动船舶，指依靠畜力或人力运行的船舶，包括木船、驳船、帆船等。

17. 车船税的计税依据有哪些？税率（税额）是怎样规定的?

答：（1）计税依据

车船使用税以《车船使用税暂行条例》规定的应税车船为征税对象，以征税对象的计量标准为计税依据，从量计征。

车船使用税的计税依据，按车船的种类和性能，分别确定为辆、净吨位和自重吨位三种：

1）载客汽车，以“辆”为计税依据。

2）载货汽车，以“自重吨位”为计税依据。

3）船舶，以“净吨位”为计税依据。所谓“净吨位”，是指额定（或称预定）装运货物的船舱（或车厢）所占用的空间容积。载货汽车的净吨位，一般按额定的载重量计算；机动船的净吨位，一般是额定装运货物和载运旅客的船舱所占有的空间容积，即船舶各个部位的总容积，扣除按税法规定的非营业用所占容积，包括驾驶室、轮机间、业务办公室、船员生活用房等容积后的容积。

（2）税额和税率

车船税适用定额税率。定额税率计算简便，适宜于从量计征的税种。《车船使用税暂行条例》对应税车辆实行有幅度的定额税率，即对各类车辆分别规定一个最低到最高的年税额，同时授权省、自治区、直辖市人民政府在规定的税额幅度内，根据当地的实际情况，对同一计税标准的车辆，具体确定适用税额。同时对船舶税额采取分类分级、全国统一的固定税额。采取这种办法，是考虑到船舶流动性大、行程较长的特点。具体税额、税率如表 3–1 所示。

表 3–1 车船税税目税额表

税 目	计税单位	每年税额	备 注
载客汽车	每辆	60~660 元	包括电车
载货汽车	按自重每吨	16~120 元	包括半挂牵引车、挂车
三轮汽车低速货车	按自重每吨	24~120 元	
摩托车	每辆	36~180 元	
船舶	按净吨位每吨	3~6 元	拖船和非机动驳船分别按船舶税额的 50%计算

注：专项作业车、轮式专用机械车的计税单位及每年税额由国务院财政部门、税务主管部门参照本表确定。

18. 税法对车船税的应纳税额是如何规定的？

答：车船使用税应纳税额的计算，因计税依据不同，其计算公式为：

载客汽车应纳税额 = 应税车辆数量 × 适用税额

载货汽车应纳税额 = 自重吨位 × 适用单位税额

三轮汽车低速货车应纳税额 = 自重吨位 × 适用单位税额

摩托车应纳税额 = 应税车辆数量 × 适用税额

船舶应纳税额 = 净吨位数 × 适用单位税额

拖船和非机动驳船 = 净吨位数 × 适用单位税额 × 50%

例 3–6：某交通运输企业拥有载货汽车（自重 10 吨）50 辆、客车 20 辆，其中载重汽车有 5 辆为企业厂内行驶车辆，不领取行驶执照，也不上公路行驶。计算该企业应缴纳的车船使用税额（该企业适用税额：载货汽车年纳税额每吨 80 元，大客车年纳税额每辆 200 元）。

应纳税额 = (50 − 5) × 10 × 80 + 20 × 200 = 40000（元）

例 3–7：某海上运输公司拥有船舶 30 艘，其中净吨位为 1000 吨的 15 艘、净吨位为 2000 吨的 20 艘、净吨位为 5000 吨的 5 艘。假设上述三类船舶的税额分别为 3.5 元/吨、4 元/吨和 4.5 元/吨。计算该公司应缴纳的车船税。

按净吨位计算机动船的应纳税额为：

应纳税额 = 15 × 1000 × 3.5 + 20 × 2000 × 4 + 5 × 5000 × 4.5 = 325000（元）

19. 对应税车船，如何办理纳税？

答：(1) 在税务机关办理纳税的流程

首次办理时，需先登记本单位（个人）所拥有或管理的车船（包括免税车船）的基本信息。填交《地方税务局车辆（船舶）情况登记表》，并提供税务登记证件副本复印件（个人提供有效身份证件及复印件）、组织机构代码证复印件（个人车船所有人无须提供）、车船管理协议书（车船管理人提供）、《机动车登记证书》或《机动车行驶证》、《船舶所有权登记证书》、《船舶国籍证书》的原件及复印件。车船基本情况在办税大厅综合服务窗口登记后方可到征收窗口进行纳税申报。申报时，填交《地方税务局车船税纳税申报表（车辆/船舶）》。纳税人在办理设立（开业）税务登记时，应一并填交《地方税务局车辆（船舶）情况登记表》，如未办理车船登记的，应按上述程序办理。

已办理登记的车船情况发生变动的，纳税人需及时到所在地的区地方税务局（税务所）办理车船信息变动登记手续。

已办理登记的车船，次年申报时，应填交《地方税务局车船税纳税申报表（车辆/船舶）》，并持所有车船的《机动车行驶证》、《船舶所有权登记证书》原件或复印件办理纳税。

（2）在保险机构办理纳税的流程

单位纳税人需提供组织机构代码复印件（个人提供有效身份证件复印件）、投保经办人身份证明、《机动车登记证书》及《机动车行驶证》复印件。

在办理“交强险”业务时，已在税务机关缴纳车船税的车辆需向办理“交强险”业务的保险机构提供税务机关开具的完税凭证的原件及复印件；已办理减免税的车辆需向办理“交强险”业务的保险机构提供税务机关开具的减免税证明的原件及复印件；如果属于减半征收的车辆并已在税务机关缴纳了非减半部分的车船税，需向办理“交强险”业务的保险机构提供税务机关开具的减免税证明和完税凭证的原件及复印件；如果属于减半征收的车辆并未在税务机关缴纳非减半部分的车船税，需向办理“交强险”业务的保险机构提供减免税证明的原件及复印件。

由于新购置的车辆必须先办理“交强险”业务后才能办领车牌手续，为了保护纳税人权益，纳税人在领取车牌后必须向原办理“交强险”业务的保险机构补登车辆信息。

在实行交强险之后，规定所有的机动车的所有人、管理人都应该投保交强险，而交强险所覆盖的机动车基本上与车船税所规定的机动车范围是基本一致的。因此，为了从整合社会资源、提供更好、更快捷的服务角度出发。条例规定由机动车交通事故责任强制保险的经办机构——保险公司代收代缴车船税，也就是相当于在办理交强险的平台上代收了车船税，方便了客户。

从 2007 年 7 月 1 日起，机动车车船税将由经营机动车“交强险”的保险公司代收代缴。

20. 扣缴义务人代收代缴车船税时，纳税人有哪些权利、义务？

答：（1）纳税人的权利

为了维护纳税人的合法权益，《条例》规定纳税人对扣缴义务人代收代缴税款有异议的，可以向纳税所在地的地方税务机关提出。而且，纳税人缴税后，扣缴义务人应当为纳税人开具注明已收税款信息的机动车交通事故责任强制保险的保险单，作为已缴纳税款的证明。纳税人如有需要，可以持该保险单到纳税所在地的地方税务机关开具完税凭证。

（2）纳税人的义务

依法纳税是每个公民应尽的义务。车船税的纳税人应当按照税务机关的规定及时、足额缴纳车船税。机动车车船税的纳税人不得拒绝扣缴义务人依法代收代缴车船税。

21. 纳税人在什么情况下可以申请退还车船税?

答：为了减轻纳税人的损失，条例规定，如果已缴纳了车船税的车船被盗抢、报废或灭失，纳税人可以向纳税所在地的主管地方税务机关申请退还自被盗抢、报废、灭失月份起至年度终了期间的税款。

已办理退税的被盗抢车船又找回的，纳税人应从公安机关出具相关证明的当月起计算缴纳车船税。

22. 车船税的账务处理是怎样的?

答：在车船使用税的征收过程中，特别是纳税申报环节，会涉及相关的会计处理程序及账务处理。

（1）会计科目设置

为了核算车船使用税的应交及已交等情况，应在“应交税费”科目下设置“应交车船使用税”明细科目，贷方登记按规定计算应交纳的车船使用税，借方登记已交纳的车船使用税，期末贷方余额为尚未交纳的车船使用税。

（2）账务处理

企业按规定计算出应交纳的车船使用税时，借记“管理费用——车船使用税”科目，贷记“应交税费——应交车船使用税”科目。按规定，车船使用税按年征收，分期交纳。具体纳税期限由省、自治区、直辖市人民政府规定。企业在缴纳税款时，借记“应交税费——应交车船使用税”科目，贷记“银行存款”科目。

例 3-8：某海洋运输公司 2007 年 1 月拥有机动船 100 只，其中净吨位 400 吨机动船 10 只，1000 吨机动船 15 只，2000 吨机动船 10 只，5000 吨机动船 30 只，8000 吨机动船 30 只，20000 吨机动船 5 只。当地规定按季缴纳车船使用税，税额如表 3-2 所示。

表 3-2

税　目	计税单位	每年税额（元）
净吨位 400 吨船舶	按净吨位每吨	1.6
净吨位 1000 吨船舶	按净吨位每吨	2.2
净吨位 2000 吨船舶	按净吨位每吨	3.2
净吨位 5000 吨船舶	按净吨位每吨	4.2
净吨位 8000 吨船舶	按净吨位每吨	4.2
净吨位 20000 吨船舶	按净吨位每吨	5

①计算企业全年应纳车船使用税税额：

年应纳税额 = 400 × 10 × 1.6 + 1000 × 15 × 2.2 + 2000 × 10 × 3.2 + 5000 × 30 × 4.2 + 8000 × 30 × 4.2 + 20000 × 5 × 5 = 2241400（元）

②计算企业 1 月份应纳车船使用税税额：

应纳税额 = 2241400 ÷ 12 = 186783.33（元）

③账务处理为：

1 月末企业作账务处理：

借：管理费用　　　　　　　　　　186783.33
　　贷：应交税费——应交车船使用税　　　　186783.33

2 月末、3 月末企业作同样账务处理。

一季度终了，企业按规定缴纳本季度应纳税额为：

借：应交税费——应交车船使用税　　　560350
　　贷：银行存款　　　　　　　　　　　　560350

例 3-9：某汽车运输公司 2007 年 1 月拥有自重 6 吨货车 10 辆，自重 9 吨货车 10 辆，自重 5 吨挂车 6 辆，大轿车 20 辆，中型面包车

20 辆，微型面包车 10 辆，乘人小轿车 4 辆。当地规定按季缴纳车船使用税，税额如表 3–3 所示。

表 3–3

税　目	计税单位	每年税额（元）
载货汽车	按自重每吨	50
载客汽车（大轿车）	每辆	280
载客汽车（中型面包车）	每辆	230
载客汽车（微型面包）	每辆	150
载客汽车（小轿车）	每辆	150

当地规定，机动车挂车按机动载货汽车的 7 折征收车船使用税。2 月份企业又购进微型面包车 10 辆，小轿车 2 辆，并于 3 月份开始使用。

试计算 1~3 月企业应纳车船使用税税额并进行会计处理。

（1）载货汽车年应纳税额

年应纳税额 $=6\times10\times50+9\times10\times50+5\times6\times0.7\times50=8550$（元）

（2）载人汽车应纳税额

年应纳税额 $=20\times280+20\times230+10\times150+4\times150=12300$（元）

（3）全年应纳税额

全年应纳税额 $= 8550 + 12300 = 20850$（元）

（4）1~2 月份应纳税额及账务处理

1~2 月份应纳税额 $= 20850 \div 12 = 1737.5$（元）

1~2 月份的账务处理为：

借：管理费用　　1737.5

　贷：应交税费——应交车船使用税　　1737.5

（5）3 月份应纳税额及账务处理

企业 2 月份新购进的车辆，于 3 月份开始使用，应从 3 月份开始计算缴纳车船使用税。

新购进车辆全年应纳车船使用税：

年应纳税额 $= 10 \times 150 + 2 \times 150 = 1800$（元）

每月应纳税额 $= 1800 \div 12 = 150$（元）

3 月应纳税额 = 1737.5 + 150 = 1887.5（元）

3 月份应作账务处理为：

借：管理费用　　　　　　　　　　　　1887.5

　　贷：应交税费——应交车船使用税　　　　　　1887.5

（6）企业本季度末缴纳车船使用税税款

本季度应缴纳车船使用税额 = 1737.5 + 1737.5 + 1887.5 = 5362.5（元）

借：应交税费——应交车船使用税　　　5362.5

　　贷：银行存款　　　　　　　　　　　　　　5362.5

23. 车船税的征收和管理有哪些具体规定？

答：（1）车船税的纳税义务发生时间

纳税人从车船管理部门核发车船登记证书或者行驶证书所记载日期的当月起就负有缴纳车船税的义务，应当按照税务机关规定的纳税期限缴纳车船税。

纳税人如果没有办理车船的登记手续，则以车船购置发票所载开具时间的当月作为纳税义务开始的时间；若纳税人无法提供车船购置发票，则由地方税务机关核定纳税义务开始的时间。

为了减轻纳税人的损失，条例规定，如果已缴纳了车船税的车船被盗抢、报废或灭失，纳税人可以向纳税所在地的主管地方税务机关申请退还自被盗抢、报废、灭失月份起至年度终了期间的税款。已办理退税的被盗抢车船又找回的，纳税人应从公安机关出具相关证明的当月起计算缴纳车船税。

车船税的减免税，机动车船的所有人或者管理人在规定的申报期限内向其所在地的区地方税务局申请办理减免税手续。纳税人购买“交强险”前应办理减免税手续，保险机构根据税务机关出具的减免税证明（拖拉机、军队和武警专用车辆、警用车辆除外）不再代收代缴车船税，未经税务机关批准减免税的，一律按规定代收代缴车船税。

新购置的机动车船，所有人或者管理人应从车船管部门登记之日起当年内，到其所在地的区地方税务局申请办理减免税手续。

（2）纳税期限

车船税按年征收、分期缴纳。车船税按年一次征收。每年开征时间为2~4月份，具体时间由县、市税务机关确定。交通运输公司等个别单位一次交纳税款有困难的，可由县、市税务机关根据实际情况分两期缴纳，但下期的税款应于八月底前缴纳。纳税期限由省、自治区、直辖市人民政府确定。

（3）纳税地点

车船使用税的纳税地点为纳税人所在地。“纳税人所在地”，对单位，是指经营所在地或机构所在地；对个人，是指住所所在地。需要注意的事，企业的车船上了外省的车船牌照，仍应在企业经营所在地纳税，而不在领取牌照所在地纳税。

24. 什么是资源税？资源税具有哪些特点与作用？

答：（1）资源税的概念

资源税是对在中国境内从事矿产品开采和生产盐的单位和个人，为调节因资源生成和开发条件差异而形成的级差收入，就其销售数量征收的一种税。资源，一般泛指自然界的天然物质财富。它包括的范围十分广泛，如矿产资源、动物资源、植物资源、海洋资源、水利资源、太阳能资源、空气、阳光等。根据我国宪法，城市土地、矿藏、森林、水利、山岭、草原、滩涂、荒地等自然资源都属国家所有。

（2）资源税的特点

资源税与其他税种相比，有以下几个特点：

1）征税范围较窄，只对特定的资源开发征税。我国现行的资源税，既不是对各种自然资源都征税，也不是对所有具有商品属性的资源都征税，而是选择主要矿产资源征税。在矿产资源中，又根据矿产品价格和采掘实际情况，选择品目，分批分步逐步开征。当前只对级差收入多，产量大又易于控制的原油、天然气、煤炭、黑色和有色金属原矿、其他非金属矿原矿盐等七种资源的开发征税。

2）以开采所得的级差收入为征税对象。由于开发资源的条件（如土壤、气候、地理位置、开发条件等）差异，同量的投入，开发同一品种资源会取得不同等级的收入（不包括加工的产品），这就是资源开发中的级差收入。资源税的征税对象既不是产品，也不是经营所得，而是开发资源者所得的级差收入。

3）实行差别税额从量征收。我国现行资源税实行从量定额征收，一方面税收收入不受产品价格、成本和利润变化的影响，能够稳定财政收入；另一方面有利于促进资源开采企业降低成本，提高经济效率。同时，资源税按照“资源条件好、收入多的多征；资源条件差、收入少的少征”的原则，根据矿产资源等级分别确定不同的税额，以有效地调节资源级差收入。

4）实行源泉课征。不论采掘或生产单位是否属于独立核算，资源税均规定在采掘或生产地源泉控制征收，这样既照顾了采掘地的利益，又避免了税款的流失。这与其他税种由独立核算的单位统一缴纳不同。

（3）资源税的作用

1）调节资源级差收入，有利于企业在同一水平上竞争。

2）加强资源管理，有利于促进企业合理开发、利用。

3）与其他税种配合，有利于发挥税收杠杆的整体功能。

25. 税法对资源税的纳税人、征收范围是怎样规定的？资源税的改革趋势是什么？

答：（1）资源税的纳税人

《中华人民共和国资源税暂行条件》规定，在中国境内从事应税资源开采或生产而进行销售或自用的所有单位和个人，都是资源税的纳税义务人。这里所称的单位，是指国有企业、集体企业、私营企业、股份制企业和行政单位、事业单位、军事单位、社会团体及其他单位。这里所称的个人，是指个体经营者和其他从事开采资源的个人。

收购未税矿产品的单位（包括独立矿山、联合企业以及其他收购未税矿产品的单位）为资源税的扣缴义务人。具备一定条件的收购未税矿产品的个体户为资源税的扣缴义务人。

需要说明的是：其他单位包括“三资”企业，也就是说，除国务院另有规定的除外，“三资”企业也一律按规定征收资源税。国务院规定，中外合作开采石油、天然气，按规定征收矿区使用费，暂不征资源税。

（2）资源税的征收范围

目前资源税开征的范围包括矿产品和盐。

1）矿产品类。

①原油：只包括开采的天然原油，不包括人造原油。

②天然气：指专门开采的天然气或与原油同时开采的天然气，暂不包括煤矿开采的天然气。

③煤炭：指原煤，不包括以原煤加工洗煤和选煤及其他煤炭制品。

④其他非金属原矿：指上述三种非金属矿和井矿盐以外的其他非金属原矿。

⑤黑色金属原矿：如铁、锰、铬原矿石。

⑥有色金属原矿，具体包括铜、铅、锌、铝、钨、锡、锑、镍、黄金、其他有色金属矿原矿石。

2）盐类。

①固体盐，包括：海盐原盐、湖盐原盐、井矿盐等。

②液体盐，指卤水。

在资源税的征收范围上，需要说明的有两点：一是盐税作为一个独立税种被取消后，纳入了资源税的征收范围，同时对盐征收一道增值税；二是金属和非金属矿产品及其深加工产品在实施新的增值税后有些原有产品的税负比原来税负降低幅度较大，需要通过资源税收缴国库。因此，对黑色金属矿产品、有色金属矿产品、非金属矿产品甩下来的收入，分别用征收铁矿石、有色金属矿石、非金属矿资源税的形式收回来，从而扩大了资源税的征收范围。

（3）资源税的改革趋势

资源税的税制改革势在必行，必须加大保护资源的力度，将资源税的征收范围进行调整和扩大。在目前的宏观政策大背景下，节能减排、资源综合利用越来越成为发展的焦点问题。资源税改革方案考虑将原来没有纳入资源税征收范围的一些自然资源也全部纳入资源税征收范围，比如，地下水开采等，以促进资源的综合利用，杜绝浪费性使用。

1）资源税改革方案考虑将目前从量征收改为从价征收，即定率征收。不过从价征收可能不会有很强的针对性，也就是说，可能不会区分贫矿、富矿细化税率标准。

目前，我国的资源税是按照从量征收的原则征税，即按照开采量来确定征税的多少，例如，一个油田或矿山，开采的油或矿是按照每吨的固定税额来定额征收的，开采的数量越大，征收的资源税也越多。

资源税的改革，拟按照从价征收的方式来征税，即固定税率，征收比例税。这样一来，矿产和盐产品的销售价格发生变化，资源税虽然税率固定，但税额会跟着销售价格发生相应变化，与市场行情的变动紧密联系。但是，按照销售价格来从价征收的方式，很难区分贫矿、富矿开采的艰难程度，而是统一按照销售价来定率征税。

2）资源税改革中，从价征收与从量征收并存的征收方式。在价格波动明显的时候，按照从价征收的方式征税比较理想；但是在价格相对稳定的时候，继续维持从量征收则是更好的选择。比如污染较大的高硫煤，它的价格比较低，如果按照从价征收的方式征收资源税，高硫煤就比价格相对较高的低硫煤占便宜了。

总之，资源税改革将导致资源税税负的提高。经测算，矿产资源的资源税将从每吨 10 元左右，提高到每吨 20~30 元。资源税的税负成本提高，将促使企业加大资源的综合性利用，促进节能减排。同时，在价格传递作用的影响下，加工企业的成本压力也将加大。

26. 资源税的计税依据是什么？资源税的税目主要有哪些？

答：（1）资源税的计税依据

资源税实行分产品类别，从量定额计征的办法，其计税依据为课税数量。

1）纳税人开采或者生产应税产品销售的，以销售数量为课税数量。

2）纳税人开采或者生产应税产品自用的，以自用数量为课税数量。

3）纳税人以自产的液体盐加工固体盐销售的，以加工的固体盐数量为课税数量。

4）纳税人不能准确提供应税产品销售数量或者移送使用数量的，以应税产品的产量或主管税务机关确定的折算比例换算成的数量为销售数量。

5）原油中稠油、高凝油与稀油划分不清的或不容易划分的，不再区分稠油、高凝油、稀油，统按原油的数量课税。

6）煤炭对于连续加工前无法正确计算原煤动用量的，可按加工产品的综合回收率，将加工产品实际销售和自用量折算成原煤动用量作为课税数量。

7）金属与非金属矿产品因无法准确掌握纳税人销售或移送使用金融和非金属矿产品原矿数量的，可将其精矿按选矿比折算成原矿数量作为课税数量。

（2）资源税的税目

资源税的税目、税额，如表3–4所示。

表3–4 资源税税目税额表

税 目	税额幅度
矿产品类	
一、原油	8~30元/吨
二、天然气	2~15元/千立方米
三、煤炭	0.3~5元/吨
四、其他非金属矿原矿	0.5~20元/吨或者立方米
五、黑色金属矿原矿	2~30元/吨
六、有色金属矿原矿	0.4~30元/吨
盐类	
一、固体盐	10~60元/吨
二、液体盐	2~10元/吨

关于扣缴义务人适用的税额，必须遵守以下规定：

1）独立矿山、联合企业收购未税矿产品的单位，按照本单位应税产品税额标准，依收购数量，代扣代缴资源税。

2）其他单位收购的未税矿产品，按主管税务机关核定的应税产品税额标准，依据收购的数量代扣代缴资源税。

资源税应税产品的具体适用税额，按《资源税税目税额明细表》（略）执行；表中未列名称的其他非金属原矿和其他有色金属矿原矿，由省、自治区、直辖市人民政府决定征收或者缓征资源税，并报财政部和国家税务总局备案。矿产品等级的划分，按暂行条例所附《几个主要品种的矿山资源等级表》（略）执行。等级表中未列举名称的纳税人适用的税额，由省、自治区、直辖市人民政府根据纳税人的资源状况，参照《资源税税目税额明细表》和《几个主要品种的矿山资源等级表》确定的邻近矿山的税额标准，在30%的浮动幅度内核定，并报财政部和国家税务总局备案。

纳税人开采或生产不同税目应税产品的，应当分别核算不同税目应税产品的课税数量；未分别核算或不能准确提供不同税目应税产品课税数量的，从高适用税额。

税目、税额幅度的调整，由国务院决定。

27. 资源税的计税额如何确定？

答：资源税的计税额，应按不同税目分别确定。

（1）原油、天然气

1）纳税人对外直接销售石油、天然气，以实际销售量为计税额。

2）纳税人自产自用的原油、天然气，以自用量为计税额。

3）无法确定原油、天然气销售数量或自用量的，以其产量为计税额或由主管税务机关确定的折算比核算成的数量为征税数量。

4）原油中的稠油、高凝油与稀油划分不清或不易划清的，一律按原油数量为计税额。

(2)原煤

1）以对外直接销售量和自用量为计税额。

2）以自产原煤连续加工，以加工前移送量为计税额，无法计算移送用量的，按加工产品的综合回收率，将加工产品销量和自用量折算成原煤数量作为计税额。

(3)金属矿原矿和非金属矿原矿

1）纳税人对外直接销售的，以实际销售量为计税额。

2）纳税人自用的，以实际移送数量为计税额。

3）无法准确掌握移送原矿数量的，可将其矿折算成原矿数量作为计税额。

(4)盐

1）纳税人直接销售海盐原盐、湖盐原盐、井矿盐和液体盐的，以其销售数量为计税额。

2）纳税人以自产的盐加工精制后销售或直接用于制碱及加工其他产品的，均以自用的移送数量为计税额。

3）纳税人以自产的液体盐加工固体盐，以加工销售的固体盐的数量为计税额。

4）纳税人以外购的液体盐加工固体盐，其加工耗用液体盐的已纳税额，准予抵扣。

以上规定中的自产自用产品的范围，包括用于生产和非生产两部分。

28. 资源税应纳税额怎样计算?

答：资源税应纳税额应根据应税产品的课税数量和规定的单位税额计算，计算公式为：

应纳税额 = 课税数量 × 单位税额

实际操作中应注意：

①煤炭连续加工前无法正确计算原煤移送使用量时，其应纳税额为：

应纳税额 = 加工产品的实际销量或自用量 × 加工产品的综合回收率 × 单位税额

②无法准确掌握移送使用金属和非金属矿产品原矿数量时，其应纳税额为：

应纳税额 = 自用精矿数量 × 精矿与原矿的折算比 × 单位税额

③纳税人以外购液体盐加工固体盐的，耗用液体盐已税额允许扣除，其应纳税额为：

应纳税额 = 固体盐数量 × 固体盐单位税额 – 耗用液体盐已纳资源税额

例 3–10：某油田 12 月份生产原油 20 万吨，自用原油深加工 6 万吨，对外销售 12 万吨，适用单位税额 8 元/吨，计算其应纳的资源税。

计税额 = 120000 + 60000 = 180000（吨）

应税税额 = 180000 × 8 = 1440000（元）

例 3–11：某盐场 8 月份以自产液体盐加工固体盐 3500 吨，当月售出 2800 吨，以外购液体盐 1200 吨加工固体盐 800 吨，当月全部售出；另外还直接销售自产液体盐 1000 吨。计算该盐场当期应纳的资源税（固体盐单位税额 12 元/吨，液体盐单位税额 3 元/吨）。

①自产液体盐加工固体盐应纳税额 = 2800 × 12 = 33600（元）

②外购液体盐加工固体盐应纳税额 = 800 × 12 – 1200 × 3 = 6000（元）

③销售自产液体盐应纳税额 = 1000 × 3 = 3000（元）

④当月共应纳税额 = 33600 + 6000 + 3000 = 42600（元）

29. 资源税的账务处理是怎样的?

答：(1) 资源税会计科目的设置

凡需缴纳资源税的企业，应在“应交税费”科目设置“应交资源税”明细科目。“应交税费——应交资源税”科目的借方发生额，反映企业已缴的或按规定允许抵扣的资源税；贷方发生额，反映应缴的资源税；期末借方余额，反映多缴或尚未抵扣的资源税，期末贷方余额，反映尚未缴纳的资源税。

（2）销售应税资源税产品的会计核算

企业对外销售应税矿产品，在按资源税条例规定计算出应纳资源税税额时，借记“营业税金及附加”等科目，贷记“应交税费——应交资源税”科目。

企业实际缴纳资源税时，应借记“应交税费——应交资源税”科目，贷记“银行存款”等科目；企业与税务机关结算上月税款时，对于应补缴的资源税款，借记“应交税费——应交资源税”，贷记“银行存款”等；对于多缴的资源税，按规定可在下月退回或抵缴，退回税款时，借记“银行存款”等科目，贷记“应交税费——应交资源税”科目。

（3）自产自用应税产品的会计核算

自产自用这种情况也应按规定缴纳资源税。企业应按规定计算出自产自用应税产品应缴纳的资源税，借记“生产成本”、“制造费用”、“在建工程”、“管理费用”等科目，贷记“应交税费——应交资源税”科目。

（4）企业收购未税矿产品的会计核算

按照《资源税暂行条例》规定，收购未税矿产品的单位为资源税的扣缴义务人。企业应按收购未税矿产品实际支付的收购款，借记“材料采购”、“原材料”等科目，贷记“银行存款”等科目，按代扣代缴的资源税，借记“材料采购”、“原材料”等科目，贷记“应交税费——应交资源税”科目；上缴资源税时，借记“应交税费——应交资源税”科目，贷记“银行存款”科目。

（5）外购液体盐加工固体盐的会计核算

企业在购入液体盐时，按允许抵扣的资源税税额，借记“应交税费——应交资源税”科目，按外购价款扣除允许抵扣资源税后的数额，借记“材料采购”等科目，按应支付的全部价款，贷记“银行存款”、“应付账款”、“应付票据”等科目；企业加工成固体盐后，在销售时，借记“银行存款”等科目，贷记“产品销售收入”等科目，按计算出的销售固体盐应缴纳的资源税税额，借记“营业税金及附加”科目，贷记“应交税费——应交资源税”科目；将销售固体盐应纳资源税扣抵液体盐已纳资源税后的差额上缴时，借记“应交税费——应交资源税”科目，贷记“银行存款”科目。

30. 税法对资源税的缴纳有哪些规定？

答：(1) 纳税义务的发生时间

对资源税纳税义务的发生时间，具体规定是：

1) 纳税人采用预收货款结算方式的，为发出应税产品的当天。

2) 纳税人采取分期收款结算方式的，为销售合同规定的收款日的当天。

3) 纳税人采取其他方式结算的，为收讫销货款或取得索取货款凭证的当天。

4) 纳税人自产自用的应税产品，为移送使用的当天。

5) 扣缴义务人代扣代缴的时间为支付货款的当天。

(2) 纳税期限

资源税的纳税期限为1日、3日、5日、10日、15日和1个月。具体期限由主管税务机关具体规定。以1个月为一期纳税的，纳税人应自期满10日之内申报纳税；其余均自期满之日起5日内预交税款，于次月1日至10日内申报纳税并结清上月税款。不能按固定期限纳税的，可以按次纳税。

(3) 纳税地点

1) 资源税的纳税人，应向应税产品的开采地或者生产地所在的税务机关缴税。

2) 纳税人在本省（自治区、直辖市）范围内开采的应税产品，需要调整纳税地点的，应由省级税务机关确定。

3) 跨省开采应税产品的单位，其下属生产开采与核算单位不在同一省市的，一律在开采地纳税。

4) 扣缴义务人代扣代缴的资源税，应当向收购地主管税务机关缴纳。

31. 什么是房产税？房产税具有哪些特点？

答：（1）房产税的概念

房产税，是对城市、县城、建制镇和工矿区的房产征收相应税额的一种税种。

（2）房产税的特点

1）房产税属于财产税中的个别财产税，其征税对象只是房屋。

2）征收范围限于城镇的经营性房屋。

3）区别房屋的经营使用方式来确定征税办法，对于自用的房屋按计税余值征税，对于出租、出典的房屋按租金收入征税。

32. 税法对房产税的纳税人、征收范围及征收对象是怎样规定的？

答：（1）房产税的纳税人

房产税的纳税人是拥有房屋产权的单位和个人。

1）产权属于国家所有的，由经营管理单位纳税；产权属于集体和个人所有的，由集体单位和个人纳税。

2）产权出典的，由承典人纳税。所谓产权承典，是产权所有人将房屋、生产资料等产权，在一定期限内典给他人使用而取得资金的一种融资业务。这种业务大多发生于出典人急需用款，但又想保留产权回赎权的情况。承典人向出典人交付一定的典价之后，在质押期限内即获抵押物品的支配权，并可转典。产权的典价一般要低于卖价。出典人在规定期限内须归还典价的本金和利息，方可赎回出典房屋等的产权。由于在房屋出典期间，产权所有人已无权支配房屋，因此，税法规定由对房屋具有支配权的承典人为纳税人。

3）产权所有人、承典人不在房产所在地的，或者产权未确定及租典纠纷未解决的，由房产代管人或使用人缴纳。所谓租典纠纷，是指产权所有人在房产出典与租赁关系上，与承典人、租赁人发生的各种争议，特别是权利和义务的争议悬而未决的。此外还有一些产权归属不清的问题，也都属于租典纠纷。对租典纠纷尚未解决的房产，规定由代管人或使用人为纳税人，主要目的在于加强征收管理，保证税款及时入库。

4）纳税单位与免税单位共同使用的房屋，按各自使用的部分划分，分别征收或免征房产税。

5）对居民住宅区内业主共有的经营性房产，由实际经营（包括自营和出租）的代管人或使用人缴纳房产税。

6）外商投资企业和外国企业暂不缴纳房产税。

工矿区是指工商业比较发达，人口比较集中，符合国务院规定的建制镇标准，但尚未设立镇建制的大中型工矿企业所在地。

（2）征税对象

房产税的征税对象是房产。

所谓房产，是指有屋面和围护结构，能够遮风避雨，可供人们在其中生产、学习、工作、娱乐、居住或储藏物资的场所。但独立于房屋的建筑物如围墙、暖房、水塔、烟囱、室外游泳池等不属于房产。但室内游泳池属于房产。

由于房地产开发企业开发的商品房在出售前，对房地产开发企业而言是一种产品，因此，对房地产开发企业建造的商品房，在售出前，不征收房产税；但对售出前房地产开发企业已使用或出租、出借的商品房应按规定征收房产税。

33. 房产税的税率是如何规定的？房产税的计税依据是什么？房产税的应纳税额是如何计算得出的？

答：（1）房产税的税率

房产税采用比例税率，根据计征方式，使用两种税率。

1）以房产价值，从价计征的，税率为1.2%。

2）以房租租金，从租计征的，税率为12%。但对个人按市场价格出租的居民住房，用于居住的，可暂减按4%的税率征收房产税。

（2）房产税的计税依据

房产税的计税依据是房产的计税余值和房产出租的租金收入。按房产计税余值征税的，称为从价计征，按房产出租租金征税的，称为从租计征。

由于房产的价值有原值、净值和市价三种表现形式，按原值计征，虽然计税比较稳定，但实际房产价值会随使用年限的延伸逐渐减少，最后原值只是一个“空壳”，按净值计征较为合理，新老企业税负公平，但比较麻烦，也不尽科学；按市价计征，从理论上讲最合理，但市场价格瞬息万变，难以掌握，也不易准确计算。因此，对于从价计征，税法规定按照房产原值扣除10%~30%的余值作为计税额计算缴纳。具体扣减幅度由省、自治区、直辖市人民政府确定。没有房产原值作为依据的，由房产所在地税务机关参考同类房产核定。

房产原值：应包括与房屋不可分割的各种附属设备或一般不单独计算价值的配套设施。主要有：暖气，卫生，通风等。纳税人对原有房屋进行改建、扩建的，要相应增加房屋的原值。

此外，还应注意以下问题：

第一，对于以房产投资联营，投资者参与投资利润分红，共担风险的，以房产余值作为计税依据计征房产税；对于以房产投资，收取固定收入，不承担风险，实际上是以联营名义收取租金的，应按规定由出租方按租金收入计征房产税。

第二，融资租赁房屋的计税方法按税法规定，对于企业自用房产，应以房产的计税余值为计按照规定，对于融资租赁房屋，由于租赁费中包含了房屋的价款、手续费和融资利息等，与一般房屋租赁的租金的内涵不同，且租赁期满后，当承租方支付最后一笔租赁费后，房屋的产权要转移到承租方，实际上这是一种变相的分期付款购买固定资产的形式，所以在对融资租赁房屋计征房产税时，应以房产余值计算征收。

第三，自2006年1月1日起，为了维持和增加房屋的使用功能或使房屋满足设计要求，凡以房屋为载体，不可随意移动的附属设备和配套设施，如给排水、采暖、消防、中央空调、电气及智能化楼宇设备等，无论在会计核算中是否单独记账与核算，都应计入房产原值，计征房产税。

对于更换房屋附属设备和配套设施的，在将其价值计入房产原值时，可扣减原来相应设备和设施的价值；对附属设备和配套设施中易损坏、需要经常更换的零配件，更新后不再计入房产原值。

房产出租，以出租取得的租金收入作为计税依据。出租收入，包括房屋产权所有人出租房屋取得的货币收入、实物收入。以劳务或其他方式抵付房租收入的，应当根据同类房产的租金水平，由当地税务机关确定标准租金计征。

第四，新建房屋交付使用时，如中央空调设备已经计算在房产原值之中，则房产原值应包括中央空调设备；如其作单项固定资产入账，单独核算并提取折旧，则房产原值不应包括中央空调。旧房安装空调设备，一般都作单项固定资产入账，不应计入房产原值。

（3）应纳税额的计算

房产税的计税依据有两种，与之相对应的应纳税额的计算也分为两种：一是从价计征的计算；二是从租计征的计算。

1）从价计征。其计算公式为：

年应纳房产税额 = 房产原值 ×（1 – 规定的减除比例）× 适用税率

房产原值是“固定资产”科目中记载的房屋原价；规定扣除比例是省、自治区、直辖市、直辖市人民政府规定的 10%~30%的减除比例。

例 3–12： 甲企业的经营性用房原值为 1000 万，按照当地税务机关允许减除 30%后余值计税，适用税率为 1.2%。计算甲企业应纳房产税税额。

应纳税额 = 1000 ×（1 – 30%）× 1.2% = 8.4（万元）

2）从租计征。其计算公式为：

年应纳税额 = 年租金收入 × 适用税率

例 3–13： 某副食品公司房屋原值 180 万元，其中生活用房原值 25 万元，将原值 20 万元的临街房屋出租，每月租金 2 万元，计算该店年应纳房产税额。

年应纳税额 =（180 – 25 – 20）×（1 – 30%）× 1.2% + 2 × 12 × 12% =

4.014（万元）

例 3-14：甲企业 2007 年 8 月 31 日将原值 150 万元的房产向乙企业投资。投资协议规定，甲企业不参与乙企业的利润分配，每月固定收取收入 5 万元。该市规定按房产原值的 30%作为扣除额。则甲企业应缴纳的房产税为：

应纳房产税 = 150 × (1 − 30%) × 1.2% × 8 ÷ 12 + 5 × 4 × 12% = 3.24（万元）

例 3-15：某企业 2007 年 8 月 10 日将原值 300 万元的闲置房产出典给某金融机构，获得资金 100 万元。计算该房产当年应缴纳的房产税。该市规定按房产原值的 30%作为扣除额。

该企业 1~8 月份应缴纳的房产税 = 300 × (1 − 30%) × 1.2% × 8 ÷ 12 = 1.68（万元）

金融机构承典后，应缴纳的房产税 = 300 × (1 − 30%) × 1.2% × 4 ÷ 12 = 0.84（万元）

说明：按照规定，产权出典的，由承典人交纳。所以金融机构应缴纳承典后的房产税。

34. 纳税人拥有部分房屋的产权，其房产税如何计算缴纳？

答：对于纳税人拥有部分房屋的产权，应由主管地方税务机关根据具体情况核定纳税人面积和应纳税额。核定方法为：

应税面积 = 纳税人房屋建筑面积 ÷ 房屋总建筑面积 × 总占地面积

应纳税额=应税面积×单位税额标准

35. 未竣工但已使用的房产怎样征税？

答：纳税人在办理验收手续前已使用或出租、出借的新建房屋，应按规定征收房产税，对于纳税人未竣工先使用的房产，应自其使用次月起，就其实际使用部分计算征收房产税。

36. 个人无偿赠与不动产的营业税、契税及印花税的相关政策有哪些?

答:(1)个人无偿赠与不动产营业税的相关政策

个人向他人无偿赠与不动产，包括继承、遗产处分及其他无偿赠与不动产等三种情况，在办理营业税免税申请手续时，纳税人应区分不同情况向税务机关提交相关证明材料:

1）属于继承不动产的，继承人应当提交公证机关出具的“继承权公证书”、房产所有权证和《个人无偿赠与不动产登记表》。

2）属于遗嘱人处分不动产的，遗嘱继承人或者受遗赠人须提交公证机关出具的“遗嘱公证书”和“遗嘱继承权公证书”或“接受遗赠公证书”、房产所有权证以及《个人无偿赠与不动产登记表》。

3）属于其他情况无偿赠与不动产的，受赠人应当提交房产所有人“赠与公证书”和受赠人“接受赠与公证书”，或持双方共同办理的“赠与合同公证书”，以及房产所有权证和《个人无偿赠与不动产登记表》。

上述证明材料必须提交原件。

税务机关应当认真审核上述材料，资料齐全并且填写正确规范的，在提交的《个人无偿赠与不动产登记表》上签字盖章后退提交人，将有关公证证书复印件留存，同时办理营业税免税手续。

对个人无偿赠与不动产的，税务机关不得向其发售发票或者代为开具发票。

(2)个人无偿赠与不动产契税、印花税的相关政策

对于个人无偿赠与不动产行为，应对受赠人全额征收契税。

在缴纳契税和印花税时，纳税人须提交经税务机关审核并签字盖章的《个人无偿赠与不动产登记表》，税务机关（或其他征收机关）应在纳税人的契税和印花税完税凭证上加盖“个人无偿赠与”印章，在《个人无偿赠与不动产登记表》中签字并将该表格留存。

税务机关应积极与房管部门沟通协调，争取房管部门对持有加盖

"个人无偿赠与"印章契税完税凭证的个人，办理赠与产权转移登记手续，对未持有加盖"个人无偿赠与"印章契税完税凭证的个人，不予办理赠与产权转移登记手续。

37. 企业停产、撤销后应否停征房产税？

答： 企业停产、撤销后，对他们原有的房产闲置不用的，经省、自治区、直辖市税务局批准，可暂不征收房产税；如果这些房产转让给其他征税单位使用或者企业恢复生产，则应依照规定征收房产税。

38. 企业无原值房产的计税依据如何确定？

答： 对于企业无房产原值或房产原值明显偏低的房屋，企业自建房暂按下列房屋估价标准执行：钢结构、钢混结构的按 1500 元/米^{2}计算；砖混结构按 1100 元/米^{2}计算；砖木结构、其他结构按 500 元/米^{2}计算。对于企业外购无房产原值或房产原值明显偏低的房屋，由主管地方税务机关参照同类房产核定。

以上房价是按余值计算的，均不再减除 30%的扣除额。

39. 个人所得税中涉及不动产的政策是怎样规定的？

答：（1）个人将受赠不动产对外销售，其营业税的相关政策

个人将通过无偿受赠方式取得的住房对外销售征收营业税时，对通过受赠、继承、遗嘱、离婚、赡养关系、直系亲属赠与方式取得的住房，该住房的购房时间按照发生上述行为前的购房时间确定，对通过其他无偿受赠方式取得的住房，该住房的购房时间按照发生受赠行为后新的房屋产权证或契税完税证明上注明的时间确定。

（2）个人将受赠不动产对外销售，其个人所得税的相关政策

受赠人取得赠与人无偿赠与的不动产后，再次转让该项不动产的，在缴纳个人所得税时，以财产转让收入减除受赠、转让住房过程中缴纳的税金及有关合理费用后的余额为应纳税所得额，按 20%的适用税率计算缴纳个人所得税。

在计征个人受赠不动产个人所得税时，不得核定征收，必须严格按照税法规定据实征收。

40. 基建工地的临时性房屋，征收房产税吗？

答： 凡是在基建工地为基建工地服务的各种工棚、材料棚、休息棚和办公室、食堂、茶炉房、汽车房等临时性房屋，不论是施工企业自行建造，还是由基建单位出资建造交施工企业使用的，在施工期间，一律免征房产税。但是，如果在基建工程结束后，施工企业将这种临时性房屋交还或者估价转让给基建单位的，应当从基建单位接收的次月起，依照规定征收房产税。

41. 房产税的账务处理是怎样的？

答：（1）房产税会计科目的设置

为了反映和核算企业应缴、已缴、多缴或欠缴的房产税的情况，应设置“应交税费——应交房产税”科目进行核算。

该科目贷方反映按规定计算应缴的房产税税额，借方反映实际缴纳的房产税税额。贷方余额，表示企业欠缴或需补缴的房产税税额；借方余额，表示企业实际多缴纳的房产税税额。

当企业计算出应缴的房产税时，借记“管理费用”等科目，贷记“应交税费——应交房产税”科目；当按规定实际上缴房产税时，借记“应交税费——应交房产税”科目，贷记“银行存款”等科目。

（2）房产税的会计处理

房产税的征收实行按年征收，分期缴纳的办法。纳税人按规定计算出应纳的房产税时，借记“管理费用”等科目，贷记“应交税费——应交房产税”科目；实际上交时，借记“应交税费——应交房产税”科目，贷记“银行存款”科目。

例 3–16：某公司 2006 年 12 月 31 日“固定资产——房产”账面原值为 300 万元。2007 年 2 月 1 日，企业将房产原值为 100 万元的房屋租给其他单位使用，每年收取租金收入 18 万元。当地税务机关规定扣除为 30%。试计算企业第一季度应纳房产税并进行会计处理。

1）1 月份应纳税额。

年应纳税额 = 3000000 × (1 – 30%) × 1.2% = 25200（元）

月应纳税额 = 年应纳税额 ÷ 12 = 25200 ÷ 12 = 2100（元）

则 1 月份应纳税额为 2100 元，会计分录为：

借：管理费用　　2100

　　贷：应交税费——应交房产税　　2100

2）2 月份应纳税额。

企业应按房产余值和租金收入分别计算应纳税额：

①按房产余值计算的应纳税额

年应纳税额 = (3000000 – 1000000) × (1 – 30%) × 1.2% = 16800（元）

月应纳税额 = 16800 ÷ 12 = 1400（元）

②按租金收入计算的应纳税额

年应纳税额 = 180000 × 12% = 21600（元）

月应纳税额 = 21600 ÷ 12 = 1800（元）

则 2 月份应纳税额为 3200 元，会计分录为：

借：管理费用　　3200

　　贷：应交税费——应交房产税　　3200

3）3 月份同 2 月份处理。

4）4 月初企业交纳第一季度的应纳税额。

借：应交税费——应交房产税　　8500

　　贷：银行存款　　8500

42. 房产税的征收与管理有哪些规定？

答：（1）房产税的纳税时间

企业应根据国家对其从事的具体业务类型和所处行业的具体规定

及时缴纳房产税，具体来说，纳税时间有以下几个方面的规定：

1）纳税人将原有房产用于生产经营，从生产经营之月起，缴纳房产税。

2）纳税人自行新建房屋用于生产经营，从建成之次月起，缴纳房产税。

3）纳税人委托施工企业建设的房屋，从办理验收手续之次月起，缴纳房产税。纳税人在办理手续前，即已使用或出租、出借的新建房屋，应从使用或出租、出借的当月起，缴纳房产税。

4）出租、出借房产，自交付出租、出借房产之次月起，缴纳房产税。

5）房地产开发企业自用、出租、出借本企业建造的商品房，自房屋使用或交付之次月起，缴纳房产税。

6）购置新建商品房，自房屋交付使用之次月起，缴纳房产税。

7）购置存量房，自办理房屋权属转移、变更登记手续，房地产权属登记机关签发房屋权属证书之次月起，缴纳房产税。

（2）房产税的纳税期限

房产税的纳税期限是指纳税人按照《中华人民共和国房产税暂行条例》规定缴纳房产税的期限。房产税实际按年计算、分期缴纳的征收办法。具体纳税期限由省、自治区、直辖市人民政府确定。各地一般规定按季或按半年征收一次。

（3）房产税的纳税地点

房产税的纳税地点为房产所在地，由房产所在地的税务机关负责征收。房产不在同一地方的纳税人，以房产的坐落地点分别向房产所在地的税务机关申报缴纳。

43. 什么是城市房地产税？其纳税人、纳税范围包括哪些？

答：1951 年 8 月国务院颁布了《中华人民共和国城市房地产税暂行条例》。1984 年进行利改税时，国务院决定将城市房地产税划分为房产税和城镇土地使用税两个税种，对内资企业和个人征收，对外商投资企业和外国企业继续征收城市房地产税。

（1）城市房地产税的纳税义务人

城市房地产税的纳税义务人为在我国境内拥有房屋产权的外商投资企业、外国企业和外籍个人以及华侨、港澳台同胞。

对于中方出地，外商投资企业和外国企业出资，在城市房地产税征税范围内联合建房的，为便于征管，暂对出资方在使用期限内比照房屋产权人就其分得的部分征收城市房地产税。

对于中方以房产入股，外方以资金入股合办企业的，如果该房屋的产权已过户到外商投资企业，则对外商投资企业征收城市房地产税；如果房屋产权尚未过户到外商投资企业，但房产已作为外商投资企业的固定资产入账，则对外商投资企业视同产权所有人征收城市房地产税。

（2）扣缴义务人

产权出典者，由承典人交纳；产权所有人、承典人不在当地或产权未确定及租典纠纷未解决者，均由代管人或使用人代为报缴。

产权人不在当地的，可由其代管人或使用人代为报缴城市房地产税。根据城市房地产税属地征收的原则，在征税范围内拥有房产的外籍个人、华侨和港澳台同胞如果不在房产所在地（即房产所在区县辖区内），由房产的代理人或使用人（含承租人）代缴城市房地产税。

（3）纳税范围

城市、县城、建制镇和工矿区。具体由各省、自治区、直辖市人民政府自行核定。

44. 城市房地产税的计税依据是什么？税率是多少？

答：（1）计税依据

1）房价、地价分别评定的，房产税以标准房价为计税依据，地产税以标准地价为计税依据。

2）标准房价与标准地价不易划分的城市，以标准房地合并价为计税依据。

3）标准房地价不易取得的，以标准房地租价为计税依据。

4）华侨、侨眷用侨汇购买或建造的租房，可以实际价格为计税依据。

具体地说，城市房地产税以房产原值为计税依据，因此纳税人的房产无论自用还是出租都应以房产原值为计税依据，计算缴纳城市房地产税。

（2）计税依据的确定

1）外商投资企业和外国企业拥有的房产，其计税依据按固定资产账面的房产原值确定。房产原值是指纳税人按照财务会计制度的规定，在“固定资产”科目中记载的房屋原价。对纳税人未按财务会计制度规定记载的，在计征城市房地产税时，应按规定调整房产原值。但对于与房屋不可分割的各种附属设备（如中央空调、暖气、卫生、通风、照明、煤气等设备，蒸气、压缩空气、石油、给水排水等管道和电力、电讯、电缆导线等各种管线，以及电梯、升降机、过道、晒台等），无论是否计入固定资产账面价值，都应作为应税房产原值，征收城市房地产税。

建房或购房过程中发生的大市政费等如已计入房产原值，则对其征收城市房地产税。

2）对房屋尚未竣工先行使用，或新建房屋已竣工验收，但房产原值尚未确定的，暂按其使用部分实际完成投资额或全部实际完成投资额计征，待房产原值确定后，再按房产原值计征。

3）外籍个人和华侨、港澳台同胞拥有的房产，其房产原值按买价或实际投资额确定。如果买价或实际投资额中含有大市政费等，并能够明确区分，在征收城市房地产税时可予以扣除。

4）对于企业将房屋进行更新改造或装饰装修而发生的费用，凡属按规定应计入房产原值的，则对其征收城市房地产税。

5）对于企业将房产进行评估，并按会计制度规定计入固定资产账面房产原值的，应按调整后的房产原值计征城市房地产税。

6）纳税人或代缴人不能提供房产原值的，由评估机构进行评估，并由税务机关确认；或由税务机关根据同类房产确定。

（3）城市房地产税的税率

1）城市房地产税依标准房价按年计征，年税率为1.2%。

2）标准房价不易求得的，依标准房租计征，年税率为1.8%。

45. 城市房地产税的应纳税额如何计算？

答： 城市房地产税的应纳税额的一般计算公式为：

应纳税额 = 计税依据 × 适用税率

由于计税依据的不同，所以在具体计算时，又分为两种：

1）以标准房价作为计税依据时：

应纳税额 = 标准房价 × 1.2%

2）以标准房租作为计税依据时：

应纳税额 = 标准房租 × 18%

46. 城市房地产税的征收与管理有哪些规定？

答：（1）纳税义务发生时间

对纳税人新建或购买的房产，应自建成验收成购买的次月起征收城市房地产税。

对尚未竣工先行使用的房产，应先就使用的部分从使用的次月起计征城市房地产税。

对于涉外房地产开发企业建成后尚未出售且未使用的商品房，在售出前可暂缓征收城市房地产税。

（2）纳税地点

城市房地产税纳税地点为房屋坐落地、土地使用地。

房产、地产不在同一地方的纳税人，应按房屋的坐落地、土地所在地分别向房产所在地、土地所在地的税务机关缴纳。

对于房屋产权所有人不在房产所在地，而由代管人或使用人代缴税款的，纳税地点为房产所在地。

(3) 纳税期限

城市房地产税按季或按半年分期缴纳，具体纳税期限由当地税务机关决定。

如果纳税人的房产原值发生增减变化，应在发生增减变化后 30 日内到主管地方税务机关办理补、退税申报手续。

(4) 城市房地产税的减免政策

对拥有房产的外商投资企业、外国企业和外籍个人以及华侨、港澳台同胞应缴纳的城市房地产税给予减征 30%的政策。

47. 城市房地产税如何进行账务处理?

答：企业在缴纳城市房地产税时，应通过“管理费用——城市房地产税”、“应交税费——应交城市房地产税”和“银行存款”等会计科目进行核算。

例 3–17：某省中外合资饭店，账面记载房屋、建筑物的固定资产原值为 450 万元，土地使用权账面余额为 2 万元（并按规定向房地产管理部门缴纳土地使用费），则企业的账务处理为：

应纳房产税 = 4500000 × 1.2% = 54000（元）

应纳地产税：由于土地使用权属于国家所有，且该单位已缴纳土地使用费，因此免予征收地产税。

账务处理为：

①计提时：

借：管理费用——城市房地产税　　54000

　　贷：应交税费——应交城市房地产税　　54000

②缴纳时：

借：应交税费——应交城市房地产税　　54000

　　贷：银行存款　　54000

48. 什么是城镇土地使用税？其纳税人、纳税范围是怎样规定的？

答：城镇土地使用税是对城市、县城、建制镇、工矿区范围内使用土地的单位和个人，按使用土地的面积定额征收的一种税，它以纳税人实际占用（使用）的土地面积为计税依据，按照固定税额征收。占用土地越多，缴纳的税越多。

（1）纳税人

在城市、县城、建制镇、工矿区范围内使用土地的单位和个人，为城镇土地使用税（以下简称土地使用税）的纳税人。所称单位，包括国有企业、集体企业、私营企业、股份制企业、外商投资企业、外国企业以及其他企业和事业单位、社会团体、国家机关、军队以及其他单位；所称个人，包括个体工商户以及其他个人。

具体来说，使用土地建房出租、出典的，房屋出租人、承典人为纳税人；出租人、承典人不在房屋所在地或房屋租典纠纷尚未解决的，由房屋代管人或者使用人缴纳；土地使用权共有的，由共有各方分别纳税。

（2）征税范围

城镇土地使用税在城市、县城、建制镇、工矿区的范围内征收。城市，按市行政区域（含郊区）的范围征收。县城，按县城行政区域（含镇郊）的范围征收。建制镇，按镇人民政府所在地的镇区范围征收，不包所辖行政村。工矿区为工商业比较发达，非农业人口达两千人以上，尚未设立建制镇的大中型工矿企业所在地的区域范围（各地在城市、县城、建制镇、工矿区以外设立的开发区、加工区、工业区），凡符合工矿区条件的，按工矿区征收土地使用税。

49. 城镇土地使用税的计税依据是什么？税率（税额）是怎样规定的？应纳税额如何计算？

答：（1）计税依据

土地使用税以纳税人实际占用的土地面积为计税依据，依照规定税额计算征收。土地占用面积的组织测量工作，由省、自治区、直辖市人民政府根据实际情况确定。

（2）城镇土地使用税税额

土地使用税每平方米年税额为：

1）大城市 1.5~30 元。

2）中等城市 1.2~24 元。

3）小城市 0.9~18 元。

4）县城、建制镇、工矿区 0.6~12 元。

省、自治区、直辖市人民政府，应当在规定的税额幅度内，根据市政建设状况、经济繁荣程度等条件，确定所辖地区的适用税额幅度。

市、县人民政府应当根据实际情况，将本地区土地划分为若干等级，在省、自治区、直辖市人民政府确定的税额幅度内，制定相应的适用税额标准，报省、自治区、直辖市人民政府批准执行。

经省、自治区、直辖市人民政府批准，经济落后地区土地使用税的适用税额标准可以适当降低，但降低额不得超过规定最低税额的30%。经济发达地区土地使用税的适用税额标准可以适当提高，但须报经财政部批准。

（3）应纳税额的计算

城镇土地使用税的应纳税额，依据纳税人实际占用的土地面积和适用单位税额进行计算。计算公式为：

应纳税额 = 计税土地面积 × 适用税率

土地使用权由多方共有的，由共有方按照各自实际使用面积占总面积的比例，分别计算缴纳土地使用税。

第四章　其他税种及核算疑难问答

1. 城市维护建设税具有哪些特点？其纳税义务人、征收范围有哪些？

答：城市维护建设税，属于特定目的税，是国家为加强城市的维护建设，扩大和稳定城市维护建设资金的来源而采取的一项税收措施，对我国城市的开发、建设、维护和改造以及加速城市维护建设事业的发展起着重要的作用。

（1）特点

城市维护建设税具有以下特点：

1）税款专款专用。

2）属于一种附加税。

3）根据城镇规模设计税率。

4）征收范围较广。

（2）纳税义务人

城市维护建设税的纳税义务人，是指负有缴纳“三税”义务的单位和个人，包括国有企业、集体企业、私营企业、股份制企业、其他企业和行政单位、事业单位、军事单位、社会团体、其他单位，以及个体工商户及其他个人。但目前，第一，外商投资企业和外国企业缴纳“三税”但不缴纳城市维护建设税；第二，进口货物单位和个人其进口的货物缴纳增值税（和消费税），也不缴纳城市维护建设税。

(3) 征收范围

城市维护建设税的征收范围，包括城市、县城、建制镇、工矿区。应根据行政区划作为划分标准。

2. 城市维护建设税的税率主要有哪几种?

答：城市维护建设税的税率，是指纳税人应缴纳的城市维护建设税税额与纳税人实际缴纳的“三税”税额之间的比率。城市维护建设税按纳税人所在地的不同，设置了三档地区差别比例税率，即：

1）纳税人所在地在市区的，税率为7%。

2）纳税人所在地在县城、镇的，税率为5%。

3）纳税人所在地不在市区、县城或镇的，税率为1%。

特殊情况：

1）由受托方代缴“三税”的纳税人，按受托方所在地适用税率计算代扣代缴的城市维护建设税。

2）流动经营等无固定纳税地点的纳税人，以经营地缴纳“三税”的，按经营地适用税率计征城建税。

另外，货物运输业按代开发票纳税人管理的所有单位和个人（包括外商投资企业、特区企业和其他单位、个人），凡按规定应当征收营业税，在代开货物运输业发票时一律按开票金额3%征收营业税，按营业税税款7%预征城市维护建设税。在代开发票时已征收的属于法律、法规规定的减征或者免征的城市维护建设税及高于法律、法规规定的城市维护建设税税率征收的税款，在下一征期退税。

3）对于铁道部集中缴纳的营业税税额，统一规定按5%税率缴纳城市维护建设税。

3. 城市维护建设税应纳税额应如何计算?

答：城市维护建设税的应纳税额大小由纳税人实际缴纳的“三税”税额决定，计算公式为：

应纳税额 = 计税依据 × 税率 =(企业实际缴纳的增值税 + 消费税 + 营业税) × 税率

例 4-1：上海某市区一家企业 2007 年 10 月份实际缴纳增值税 500000 元，缴纳消费税 20000 元，缴纳营业税 180000 元。计算该企业应纳的城市维护建设税税额。

应缴纳的城市维护建设税税额 = (增值税 + 消费税 + 营业税) × 税率 = (500000 + 20000 + 180000) × 7% = 49000（元）

4. 城市维护建设税的会计处理是怎样的?

答：企业应当在“应交税费”账户下设置“应交城市维护建设税”明细账户，用来核算企业应交城市维护建设税的发生和缴纳情况。该账户的贷方反映企业按税法规定计算出的应当缴纳的城市维护建设税，借方反映企业实际向税务机关缴纳的城市维护建设税，余额在贷方反映企业应交而未交的城市维护建设税。计算应缴纳的城市维护建设税时，借记“营业税金及附加”科目，贷记“应交税费——应交城市维护建设税”科目；实际缴纳税款时，借记“应交税费——应交城市维护建设税”科目，贷记“银行存款”科目。

例 4-2：某企业 2008 年 2 月底计算出本月应缴纳增值税 300000 元，营业税 100000 元。该企业地处市区，计算该企业应缴纳的城市维护建设税，3 月初向税务机关申报缴纳。

①计算本月应交城市维护建设税：

应纳城市维护建设税税额 = (300000 + 100000) × 7% = 28000（元）

②会计分录：

借：营业税金及附加 28000

　　贷：应交税费——应交城市维护建设税 28000

③实际缴纳时：

借：应交税费——应交城市维护建设税 28000

　　贷：银行存款 28000

5. 税法对城市维护建设税的纳税申报是如何规定的?

答:(1)纳税环节

城市维护建设税的纳税环节，是指城市维护建设税法规定的纳税人应当缴纳城市维护建设税的环节。城市维护建设税的纳税环节，实际就是纳税人缴纳“三税”的环节。纳税人只要发生“三税”的纳税义务，就要在同样的环节，分别计算缴纳城市维护建设税。

(2)纳税期限

由于城市维护建设税由纳税人在缴纳“三税”时同时缴纳的，所以其纳税期限分别与“三税”的纳税期限一致。根据增值税法和消费税法规定，增值税、消费税的纳税期限均分别为1日、3日、5日、10日、15日或者1个月；根据营业税法规定，营业税的纳税期限分别为5日、10日、15日或者1个月。增值税、消费税、营业税的纳税人的具体纳税期限，由主管税务机关根据纳税人应纳税额大小分别核定；不能按照固定期限纳税的，可以按次纳税。

(3)纳税地点

城市维护建设税以纳税人实际缴纳的增值税、消费税、营业税税额为计税依据，分别与“三税”同时缴纳，所以，“三税”的纳税地点就是城市维护建设税的纳税地点。但是，属于下列情况的，纳税地点为:

1)代扣代缴的纳税地点。代征、代扣代缴增值税、消费税、营业税的企业单位，同时也要代征、代扣代缴城市维护建设税，其城市维护建设税的纳税地点在代扣代收地。

2)银行的纳税地点。各银行缴纳的城市维护建设税，均由取得业务收入的核算单位在当地缴纳。

3)对管道局输油部分的收入，由取得收入的各管道局于所在地缴纳营业税。所以，其应纳城市维护建设税，也应由取得收入的各管道局于所在地缴纳营业税时一并缴纳。

4)对流动经营等无固定纳税地点的单位和个人，应随同“三税”

在经营地按适用税率缴纳。

5）跨省开采的油田，下属生产单位与核算单位不在一个省内的，其生产的原油，在油井所在地缴纳增值税，其应纳税款由核算单位按照各油井的产量和规定税率，计算汇拨各油井缴纳。所以，各油井应纳的城市维护建设税，应由核算单位计算，随同增值税一并汇拨又经所在地，由油井在缴纳增值税的同时，一并缴纳城市维护建设税。

6. 什么是印花税？印花税具有哪些特点？

答：印花税，是对经济活动的经济交往中书立、使用、领受具有法律效力的凭证的单位和个人征收的一种税。因采用在应税凭证上粘贴印花税票（简称贴花）的方式完成纳税义务而得名。印花税与其他税种相比具有以下的特点：

（1）兼有凭证税和行为税的性质

印花税是对单位和个人书立、领受的应税凭证征收的一种税，具有凭证税的性质，同时经济凭证必然反映经济行为，也就具有行为税的性质。

（2）征收面广

印花税征税范围广泛，涉及商品经济活动中的各个方面，从交易活动中的合同、单据、契约到确定纳税人权利义务的权利许可证；从生产经营活动的会计账册，到群众生活中财产转让的书据，既不局限生产领域，也不局限纳税人有无收益，只要书立，领受了凭证，就必须履行纳税义务。

（3）税负较轻

与其他税种比，印花税的税率较低，税额明显低于其他税种。

（4）由纳税人自行完税，不退税、不抵用

印花税由纳税人自行计提、自行购买印花税票、自行贴花的办法完成纳税义务。纳税人多贴或多缴的印花税不予退税，也不允许抵用。

（5）轻税重罚

由于印花税税负很轻而且又由纳税人自行完税，因此纳税人若不按规定履行纳税义务，就要重罚。条例规定，纳税人在应纳凭证上未贴或少贴印花税票的，除补贴外，还要处以补贴金额3~5倍的罚款；纳税人没有按规定注销印花税票的，处以未注销税票金额1~3倍的罚款；纳税人将用过的税票重用的，处以重用金额5倍或者2000元以上10000元以下的罚款。

7. 税法对印花税的纳税人、征税范围是怎样规定的？

答：（1）纳税义务人

凡在中国境内书立、领受、使用应税凭证的单位和个人均为印花税纳税义务人。单位和个人是指国内各类企业、事业、机关、团体、部队以及中外合资企业、合作企业、外资企业、外国企业和其他经济组织及其在华机构的单位和个人。

上述单位和个人，根据书立、使用、领受应税凭证不同，印花税纳税人可以分为立合同人、立据人、立账簿人、领受人和使用人五类。

1）立合同人。即合同的当事人。这里所说的当事人，是指对凭证有直接权利义务关系的单位和个人，不包括担保人、证人、鉴定人。

2）立据人。即产权转移书据当事人。如果立据人未贴印花或少贴印花，书据的持有人应负责补贴印花。所立书据以合同方式签订的，应由持有书据的各方分别按全额贴花。

3）立账簿人。具体是指设立并使用营业账簿的单位和个人。营业账簿，是指单位或者个人记载生产经营活动的财务会计核算账簿。

4）领受人。具体是指领取或接受并持有该项凭证的单位和个人。领受权利、许可证照的，以领受人为纳税人。

5）使用人。在国外书立、领受应税凭证，但在国内使用的，以使用人为纳税人。

需要强调的是，对上述应税凭证，凡有两方或两方以上当事人共同书立的，其当事人各方都是印花税的纳税人，应各就其所持凭证的计税金额履行纳税义务。

在代理经济业务中，由代理人代办经济业务的，则当事人的代理人具有代理纳税义务，代理纳税人与纳税人负有同等税收法律的义务和责任。

对在国外书立、领受而在国内使用的应税凭证，使用人为纳税义务人。

对政府部门发给的权利许可证照，领受人为纳税义务人。

(2) 征税范围

根据《中华人民共和国印花税暂行条例》及其实施细则规定，凡是在中华人民共和国境内书立、领受和在中国境外书立，但在中国境内具有法律效力，受中国法律保护的应税凭证，均属于印花税的征税范围。印花税对征税范围采取列举法，对列举的凭证征收，没有列举的不征收。征收范围分以下五类：

1）经济合同。包括购销、加工承揽、建设工程承包、财产租赁、货物运输、仓储保管、借款、财产保险、技术合同或者具有合同性质的凭证。

上述“具有合同性质的凭证”，是指具有合同效力的协议、契约、合约、单据、确认书及其他各种名称的凭证。

上述“建设工程承包合同”，是指建设工程勘察设计合同和建筑安装工程承包合同，包括总包合同、分包合同和转包合同。

在确定经济合同的范围时，应注意以下问题：

①未按期兑现合同，也应贴花。

②同时书立合同和开立单据时，只就合同贴花；凡不书立合同，只开立单据，以单据作为合同使用的，应就单据贴花。

2）产权转移书据。包括财产所有权、版权、商标专用权、专利权、专利技术使用权等转移所书立的书据。

上述“产权转移书据”是指单位和个人产权的买卖、继承、赠与、交换、分割等所立的书据。

3）营业账簿。包括单位和个人生产经营活动中所使用的各种账册，即记载资金的账簿和其他账簿。

资金账簿，是指反映生产经营单位“实收资本”和“资本公积”金额增减变化的账簿。

其他账簿，是指反映除资金资产以外的其他生产经营活动内容的账簿，即除资金账簿以外的归属于财务会计体系的生产经营用账册。

4）权利许可证照。指政府部门发给的工商营业执照、土地使用证、房屋产权证、商标注册证、专利证等。

5）经财政部门确定征收的其他凭证。

由于目前同一性质的凭证名称各异，不够统一，故各类凭证不论以何种样式或名称书立，只要其性质属于条例列举范围内的凭证，均应照章纳税。

为适应经济形势发展变化的需要，完善税制，国家税务总局对印花税的有关政策作出了明确规定：

①对纳税人以电子形式签订的各类应税凭证按规定征收印花税。

②对发电厂与电网之间、电网与电网之间（国家电网公司系统、南方电网公司系统内部各级电网互供电量除外）签订的购售电合同按购销合同征收印花税。

电网与用户之间签订的供用电合同不属于印花税列举征税的凭证，不征收印花税。

③对土地使用权出让合同、土地使用权转让合同按产权转移书据征收印花税。

④对商品房销售合同按照产权转移书据征收印花税。

8. 缴纳印花税的方法有哪些？

答：印花税应当在书立或领受时贴花。具体是指在合同签订时、账簿启用时和证照领受时贴花。如果合同是在国外签订，并且不便在国外贴花的，应在将合同带入境时办理贴花纳税手续。

印花税的纳税方法，根据税额大小、贴花次数以及税收征收管理的需要，分别采用下列三种纳税方法：

（1）自行贴花方法

自行贴花方法即“三自”纳税方法，是指纳税人在发生纳税义务时，应当根据应税凭证的性质和适用的税目税率，自行计算应纳税额，自行购买印花税票，自行一次贴足印花税票并加以注销或画销。

这种办法适用于应税凭证较少或者贴花次数较少的纳税人。

印花税票应当粘贴在应税凭证上，并由纳税人在每枚税票的骑缝处盖戳注销或画销。纳税人有印章的，加盖印章注销；纳税人没有印章的，可用钢笔或圆珠笔画几条横线注销。注销标记应与骑缝处相交。此外，对已贴花的凭证，修改后所载金额增加的，其增加部分应当补贴印花税票。

（2）汇贴或汇缴方法

所谓“汇贴”方法就是一张凭证的应纳税额超过500元的，应当向当地税务机关申请填写缴款书或完税凭证。将其中一联粘贴在凭证上或由税务机关在凭证上加注完税标记代替贴花。

所谓“汇缴”方法就是同一种类应纳税凭证，须频繁贴花的，纳税人可以根据实际情况自行决定是否采用按期汇总缴纳印花税的方式。税务机关对核准汇总缴纳印花税的单位，应发给汇缴许可证。汇总印花税的期限限额由当地税务机关确定，但最长不得超过一个月。凡汇总缴纳印花税的凭证，应加注税务机关指定的汇缴戳记、编号并装订成册后，将已贴印花或者缴款书的一联粘附册后，盖章注销，保存备查。

这种办法适用于应纳税额较大或者贴花次数频繁的纳税人。

（3）委托代征方法

委托代征方法主要是通过税务机关的委托，经由发放或者办理应纳税凭证的单位代为征收印花税税款。所谓发放或者办理应纳税凭证的单位，是指发放权利、许可证照的单位和办理凭证的鉴证、公证及其他有关事项的单位。

按规定，发放或者办理应纳税凭证的单位负有监督纳税人依法纳税的义务，即发放或者办理应纳税凭证的单位应对应纳税凭证是否已粘贴印花；粘贴的印花是否足额；粘贴的印花是否按规定注销进行监督。对未完成以上纳税手续的，应督促纳税人当场贴花。比如工商行政管理机关在核发各类营业执照和商标注册证的同时，负责代售印花税票，征收印花税款并且还要监督纳税人正确完成纳税手续。

在此需要强调的是，纳税人无论采用上述哪种方法都应妥善保存纳税凭证。凭证的保存期限，凡国家已有明确规定的，按规定办（比如《税收征收管理法实施细则》中规定的凭证保存期限为10年）；其余凭证均应在履行完毕后保存一年。

9. 印花税计税依据是什么？税率是怎样规定的？如何计算缴纳印花税？

答：（1）计税依据及税率

印花税的计税依据及税目税率如表4-1所示。

（2）应纳税额的计算

1）实行从价定率办法计税的应税凭证：

应纳税额 = 应税凭证所载金额 × 适用税率

2）实行从量定额办法计税的应税凭证：

应纳税额 = 应税凭证件数 × 单位税额

例4-3：某企业2007年12月份开业，领受工商营业执照、房屋产权证、土地使用证各1件。与投资企业签订转移专用技术使用权书据1份，金额50万元。当月签订产品购销合同5份，总金额为100万元。签订租用库房合同1份，月租金2万元。签订借款合同1份，金额80万元。企业“实收资本”150万元，其他各类营业账簿15本。2007年4月份“实收资本”账户余额200万元。

①企业领受权利、许可证照应纳税额 = 3 × 5 = 15（元）

②企业产权转移书据应纳税额 = 500000 × 0.5‰ = 250（元）

③企业购销合同应纳税额 = 1000000 × 0.3‰ = 300（元）

④企业租赁合同应纳税额 = 20000 × 1‰ = 20（元）

⑤企业借款合同应纳税额 = 800000 × 0.05‰ = 40（元）

⑥企业“实收资本”账簿应纳税额 = 1500000 × 0.5‰ = 750（元）

⑦企业增加“实收资本”应纳税额 = 500000 × 0.5‰ = 250（元）

⑧企业营业账簿应纳税额 = 15 × 5 = 75（元）

表 4-1 印花税税目税率表

税 目	范 围	税 率	纳税义务人	说 明
1. 购销合同	包括供应、预购、采购、购销结合及协作、调剂、补偿、易货等合同	按购销金额 0.3‰贴花	立合同人	
2. 加工承揽合同	包括加工、定做、修缮、修理、印刷、广告、测绘、测试等合同	按加工或承揽收入 0.5‰贴花	立合同人	
3. 建设工程勘察设计合同	包括勘察、设计合同	按收取费用 0.5‰贴花	立合同人	
4. 建筑安装工程承包合同	包括建筑、安装工程承包合同	按承包金额 0.3‰贴花	立合同人	
5. 财产租赁合同	包括租赁房屋、船舶、飞机、机动车辆、机械、器具、设备等	按租赁金额 1‰贴花。税额不足 1 元的按 1 元贴花	立合同人	
6. 货物运输合同	包括民用航空、铁路运输、海上运输、内河运输、公路运输和联运合同	按运输费用 0.5‰贴花	立合同人	单据作为合同使用的，按合同贴花
7. 仓储保管合同	包括仓储、保管合同	按仓储保管费用 1‰贴花	立合同人	仓单或栈单作为合同使用的，按合同贴花
8 借款合同	银行及其他金融组织和借款人（不包括银行同业拆借）所签订的借款合同	按借款金额 0.05‰贴花	立合同人	单据作为合同使用的，按合同贴花

续表

税　目	范　围	税　率	纳税义务人	说　明
9. 财产保险合同	包括财产、责任、保证、信用等保险合同	按投保金额 0.03‰贴花	立合同人	单据作为合同使用的，按合同贴花
10. 技术合同	包括技术开发、转让、咨询、服务等合同	按所载金额 0.3‰贴花	立合同人	
11. 产权转移书据	包括财产所有权和版权、商标专用权、专利权、专有技术使用权等转移书据	按所载金额 0.5‰贴花	立据人	
12. 营业账簿	生产、经营用账册	记载资金的账簿，按实收资本加资本公积与自有流动资金总额 0.5‰贴花。其他账簿按件贴花 5 元	立账簿人	
13. 权利、许可证照	包括政府部门发给的房屋产权证、工商营业执照、商标注册证、专利证、土地使用证	按件贴花 5 元	领受人	

合计应纳税额 = 15 + 250 + 300 + 20 + 40 + 750 + 250 + 75

= 1700（元）

10. 企业改制过程中对有关的印花税贴花有哪些规定？

答： 1）实行公司制改造的企业在改制过程中成立的新企业（重新办理法人登记的），其新启用的资金账簿记载的资金或因企业建立资本纽带关系而增加的资金，凡原已贴花的部分可不再贴花，未贴花的部分和以后新增加的资金按规定贴花。

公司制改造包括国有企业依《公司法》整体改造成国有独资有限责任公司；企业通过增资扩股或者转让部分产权，实现他人对企业的参股，将企业改造成有限责任公司或股份有限公司；企业以其部分财产和相应债务与他人组建新公司；企业将债务留在原企业，而以其优质财产与他人组建的新公司。

2）以合并或分立方式成立的新企业，其新启用的资金账簿记载的资金，凡原已贴花的部分可不再贴花，未贴花的部分和以后新增加的资金按规定贴花。合并包括吸收合并和新设合并。分立包括存续分立和新设分立。

3）企业债权转股权新增加的资金按规定贴花。

4）企业改制中经评估增加的资金按规定贴花。

5）企业其他会计科目记载的资金转为实收资本或资本供给的资金按规定贴花。

11. 关于铁路货运凭证有关印花税政策有哪些规定？

答：（1）纳税人

铁路货运业务中运费结算凭证载明的承、托运双方，均为货运凭证印花税的纳税人。

代办托运业务的代办方在向铁路运输企业交运货物并取得运费结算凭证时，应当代托运方缴纳印花税。代办方与托运方之间办理的运费结算清单，不缴纳印花税。

（2）应纳税凭证和计税依据

铁路货运运费结算凭证为印花税应税凭证，包括：

1）货票（发站发送货物时使用）。

2）运费杂费收据（到站收取货物运费时使用）。

3）合资、地方铁路货运运费结算凭证（合资铁路公司、地方铁路单独计算核收本单位管内运费时使用）。

（3）计税依据

上述凭证中所列运费为印花税的计税依据，包括统一运价运费、特价或加价运费、合资和地方铁路运费、新路均摊费、电力附加费。

1）对分段计费一次核收运费的，以结算凭证所记载的全程运费为计税依据。

2）对分段计费分别核收运费的，以分别核收运费的结算凭证所记载的运费为计税依据。

（4）应纳税额的计算

以运费金额按5‱的税率分别计算承、托运双方的应纳税额。税额不足一角的免税，超过一角的四舍五入计算到角。

（5）税款缴纳

铁路运输企业代征的托运方应纳的印花税与铁路运输企业应纳的印花税统一由各铁路运输企业汇总后按下列方式缴入国库。

1）铁路局（含广铁集团、青藏铁路公司）应缴纳印花税，依照铁路体制改革前所属原汇总缴纳印花税单位2004年印花税款占铁路局印花税的比例计算，按季向原汇总缴纳单位所在地的地方税务机关缴纳。对采用异地汇款方式缴纳税款的，原汇总缴纳单位所在地的地方税务机关应通知铁路局将税款直接汇入税务机关在国库开设的“待缴库税款”专户。

2）集装箱和特货公司货运业务应纳的印花税向总机构所在地税务机关缴纳。

3）合资铁路公司、地方铁路货运业务应纳的印花税向机构所在地税务机关缴纳。

（6）手续费

地方税务机关根据国家有关规定，按代征印花税税款金额的5%付给铁路部门代征手续费。手续费由税务机关按规定及时给付，铁路部门不得从代征税款中直接扣除。

12. 哪些凭证免缴印花税？

答： 印花税暂行条例规定，对已缴纳印花税的凭证副本或抄本，免纳印花税。但以副本、抄本视同正式文本使用的，应缴纳印花税。

对财产所有人将财产赠给政府、社会福利单位、学校所书立的收据，免纳印花税。

另外，经财政部批准免税的其他凭证，将由财政部具体予以明确。

13. 印花税的处罚有哪些规定？

答： 纳税人有下列行为之一的，由税务机关根据情节轻重，予以处罚：

1）在应纳税凭证上未贴或少贴印花税票的或者以粘贴在应税凭证上的印花税票未注销或者未画销的，由税务机关追缴其不缴或者少缴税款、滞纳金，并处不缴或者少缴税50%以上5倍以下的罚款。

2）已贴用的印花税票揭下重用造成不缴或者少缴印花税的，由税务机关追缴其不缴或者少缴税款、滞纳金，并处不缴或者少缴税50%以上5倍以下的罚款；构成犯罪的，依法追究刑事责任。

3）伪造印花税票的，由税务机关责令改正，处2000元以上1万元以下的罚款；情节严重的，处1万元以上5万元以下的罚款；构成犯罪的，依法追究刑事责任。

4）按期汇总缴纳印花税的纳税人，超过税务机关核定的纳税期限，不缴或者少缴印花税的，由税务机关追缴其不缴或者少缴税款、滞纳金，并处不缴或者少缴税50%以上5倍以下的罚款；情节严重的，同时撤销其汇缴许可证；构成犯罪的，依法追究刑事责任。

5）纳税人违反以下规定，由税务机关责令限期改正，可处2000元以下的罚款，情节严重的，处2000元以上1万元以下的罚款：

①凡汇总缴纳印花税的凭证，应加注税务机关指定的汇缴戳记、编号并装订成册后，将已贴印花或者缴款书的一联粘附册后，盖章注销，保存备查。

②纳税人对纳税凭证应妥善保存。凭证的保存期限，凡国家已有明确规定的，按规定办；其余凭证均应在履行完毕后保存一年。

14. 印花税的会计处理是怎样的？

答：企业缴纳印花税，一般都是自行计算、购买、注销，不会形成税款债务；因此，不通过“应交税费”账户核算，直接在“管理费用”中列支。

例4-4：某工业企业于2008年1月份开业，领受工商营业执照、房屋产权证、土地使用证、商标注册证各一份。注册资本200万元，实收资本200万元。除记载资金的账簿外，还设有6本营业账簿。计算应纳的印花税并作会计分录。

1）领受权利许可证照应缴纳的印花税 = 5 × 4 = 20（元）

2）设置账簿应缴纳的印花税 = 2000000 × 0.5‰ + 6 × 5 = 1030（元）

应纳税额 = 20 + 1030 = 1050（元）

缴纳印花税时：

借：管理费用　　　　1050

　　贷：银行存款　　　　1050

15. 什么是土地增值税？土地增值税有哪些特点？

答：（1）土地增值税的概念

土地增值税，是国家凭借其政治权力，参与国有土地增值收益分配的一个税种。具体地说，土地增值税是一种以纳税人转让国有土地使用权、地上的建筑物及其附着物所取得的增值额为征税对象，依照规定的税率征收的税种。

（2）土地增值税的特点

1）土地增值税以转让房地产所取得的增值额为计税依据。

我国土地增值税属于“土地转移增值税”，以转让房地产取得的增值额为征税对象，增值额为纳税人转让房地产收入，减去税法规定准予扣除项目金额后的余额。

2）土地增值税实行按次征收。

土地增值税在房地产的转让环节实行道道课税、按次征收，即每转让一次就征收一次土地增值税。

3）土地增值税实行超率累进税率。

土地增值税的税率是以转让房地产增值率的高低为依据，按累进原则设计的，实行分级计税。增值率高的税率高，多纳税；增值率低的税率低，少纳税。

4）土地增值税属于特定行为目的税。

土地增值税是贯彻国家宏观调控政策而出台的一个税种。土地增值税的开征可以增加财政收入，加强国家对房地产开发、交易行为的宏观调控，抑制土地炒买炒卖，维护国家利益。

16. 税法对土地增值税的纳税人和征税范围是怎样规定的?

答：（1）纳税义务人

土地增值税的纳税义务人是转让国有土地使用权、地上的建筑物及其附着物（以下简称转让房地产）并取得收入的单位和个人。包括内外资企业，行政事业单位，社会团体及中外籍个人等。

（2）征税范围

《土地增值税暂行条例》及其实施细则规定，土地增值税的征税范围包括转让国有土地使用权、地上的建筑物及其附着物连同国有土地使用权一并转让而取得的增值性收入的行为。

1）转让国有土地使用权。所谓国有土地使用权，是指土地使用人根据国家法律、合同等的规定，对国家所有的土地享有的使用权利。土地增值税只对企业、事业和个人等经济主体转让国有土地使用权的行为征税。对属于集体所有的土地，按现行规定必须先由国家征用后才能转让。自行转让集体土地是一种违法行为，应由有关部门依照相关法律处理，而不纳入土地增值税的征税范围。

2）地上的建筑物及其附着物连同国有土地使用权一并转让。所谓地上建筑物，是指建于地上的一切建筑物，包括地上、地下的各种附属设施。如厂房、仓库、商店、医院、住宅、地下室、围墙、烟囱、电梯、中央空调、管道等。

附着物，是指附着于土地上的、不能移动，一经移动即遭损坏的种植物、养殖物及其他物品。

需要注意的：一是土地增值税的征税范围不包括国有土地使用权的出让所得的收入；二是土地增值税的征税范围不包括未转让土地使用权、房产产权的行为（如房地产的出租）。

国有土地使用权出让，是指国家以土地所有者的身份将土地使用权在一定年限内让与土地使用者，并由土地使用者向国家支付土地使用权出让金的行为，属于土地买卖的一级市场。土地使用权出让的出让方是国家，国家凭借土地的所有权向土地使用者收取土地的租金。实质上国家并没有把土地使用权永久地转让给土地使用者。因此，土地出让权的出让所得收入不属于土地增值税的征税范围。

国有土地使用权的转让是指土地使用者通过出让等形式取得土地使用权后，将土地使用权再转让的行为，包括出售、交换和赠与，它属于土地买卖的二级市场。土地使用权的转让，其地上的建筑物、其他附着物的所有权随之转让。土地使用权的转让，属于土地增值税的征税范围。

由于土地增值税是对转让国有土地使用权、地上的建筑物及其附着物并取得收入的单位和个人，就其转让房地产所取得的增值额征收的一种税，所以转让房地产是否取得收入是判断是否属于土地增值税征税范围的标准之一。这里所指的收入包括转让房地产的全部价款及有关的经济收益，即包括货币收入、实物收入和其他收入。因此继承、赠与方式无偿转让房地产的行为均不属于征税范围。

17. 特殊情况下土地增值税的征税范围如何确定?

答： 1）以出售方式转让国有土地使用权、地上建筑物及其附着物。此种情况下，应缴纳土地增值税。包括：仅对土地进行通水、通电、通路和平整土地开发，不进行房产开发，然后直接将空地出售；进行房地产开发建造后出售；存量房出售。

2）房地产出租。出租人虽然取得了租金收入，但没有发生房产产权、土地使用权的转让，故不征收土地增值税。

3）房地产抵押。在抵押期间由于没有发生权属变更，不增收土地增值税；待抵押期满后，视该房地产是否转移占有而确定是否征收土地增值税。对于以房地产抵债而发生房地产权属转让的，应列入征税范围。

4）房地产交换。房地产的交换即发生了房产产权、土地使用权的转移，交换双方取得了实物形态的收入，应缴纳土地增值税。但对个人之间互换自有居住用房地产的，经当地税务机关核实，可以免征土地增值税。

5）房地产开发。房地产开发通常指取得国有土地使用权后进行房屋开发建造后出售，在卖房的同时土地使用权也随之发生转让。因此房地产开发及发生了产权的转让又取得了收入，应纳入土地增值税的征收范围。

6）存量房地产的买卖。即旧屋出售。这种行为应当到有关部门办理房产产权和土地使用权的转移变更手续；原土地使用权属于无偿划拨的，还应到土地管理部门补交土地出让金。

7）以继承、赠与方式转让房地产。此种情况下只发生房地产产权转让，没有取得相应的收入，属于无偿转让房地产行为，不征收土地增值税。

8）房地产的重新评估。这种情况主要指国有企业在清产核资时对房地产进行重新评估而使其升值的情况。在这种情况下房地产虽然有增值，但其既没有发生房地产权属的转移，房产产权人、土地使用权人也没取得收入，所以不属于土地增值税的征税范围。

9）房地产的代建房行为。是指房地产开发公司代客户进行房地产的开发，开发完成后向客户收取代建收入的行为。对房地产开发公司而言，虽取得收入，但没有发生房地产权属的转移，其收入属于劳务收入性质，所以不属于土地增值税的征税范围。

18. 单位以土地作价投资入股是否应缴纳土地增值税？

答：以土地作价投资入股是否征收土地增值税应当区分不同情况处理：

1）对 2006 年 3 月 2 日以前发生、以土地作价投资入股的，不论所投资的土地是否用于房地产开发，土地增值税均暂免征收；在转让以土地作价入股的股份时，应当征收土地增值税。

2）对 2006 年 3 月 2 日以后发生的、以土地投资入股的应区分两种情况：

①如果被投资、联营的企业为从事房地产开发企业，则以土地投资的公司应当缴纳土地增值税。

②如果被投资、联营的企业为非从事房地产开发企业或者被投资、联营的企业并非将土地用于房地产开发的，应暂免征收土地增值税。

19. 房地产开发企业土地增值税清算应注意哪些问题？

答：（1）土地增值税的清算单位

土地增值税以国家有关部门审批的房地产开发项目为单位进行清算，对于分期开发的项目，以分期项目为单位清算。

开发项目中同时包含普通住宅和非普通住宅的，应分别计算增值额。

（2）土地增值税的清算条件

符合下列情形之一的，纳税人应进行土地增值税的清算：

1）房地产开发项目全部竣工、完成销售的。

2）整体转让未竣工决算房地产开发项目的。

3）直接转让土地使用权的。

符合下列情形之一的，主管税务机关可要求纳税人进行土地增值税清算：

1）已竣工验收的房地产开发项目，已转让的房地产建筑面积占整个项目可售建筑面积的比例在85%以上，或该比例虽未超过85%，但剩余的可售建筑面积已经出租或自用的。

2）取得销售（预售）许可证满三年仍未销售完毕的。

3）纳税人申请注销税务登记但未办理土地增值税清算手续的。

4）省税务机关规定的其他情况。

（3）免征土地增值税的情形

1）纳税人建造普通标准住宅出售，增值额未超过扣除项目金额20%的。

2）因国家建设需要依法征用、收回的房地产。

（4）非直接销售和自用房地产的收入确定

1）房地产开发企业将开发产品用于职工福利、奖励、对外投资、分配给股东或投资人、抵偿债务、换取其他单位和个人的非货币性资产等，发生所有权转移时应视同销售房地产，其收入按下列方法和顺序确认：

①按本企业在同一地区、同一年度销售的同类房地产的平均价格确定。

②由主管税务机关参照当地当年、同类房地产的市场价格或评估价值确定。

2）房地产开发企业将开发的部分房地产转为企业自用或用于出租等商业用途时，如果产权未发生转移，不征收土地增值税，在税款清算时不列收入，不扣除相应的成本和费用。

20. 房地产开发企业进行土地增值税清算时允许扣除的项目有哪些?

答：1）房地产开发企业办理土地增值税清算时计算与清算项目有关的扣除项目金额，应根据土地增值税暂行条例第六条及其实施细则第七条的规定执行。除另有规定外，扣除取得土地使用权所支付的金额、房地产开发成本、费用及与转让房地产有关的税金，须提供合法有效凭证；不能提供合法有效凭证的，不予扣除。

允许扣除的项目是指：

①取得土地使用权所支付的金额，是指纳税人为取得土地使用权所支付的地价款和按国家统一规定交纳的有关费用。

②开发土地和新建房及配套设施的成本、费用：

A. 开发土地和新建房及配套设施的成本，是指纳税人房地产开发项目实际发生的成本，包括土地征用及拆迁补偿费、前期工程费、建筑安装工程费、基础设施费、公共配套设施费、开发间接费用。

B. 开发土地和新建房及配套设施的费用，是指与房地产开发项目有关的销售费用、管理费用、财务费用。

财务费用中的利息支出，凡能够按转让房地产项目计算分摊并提供金融机构证明的，允许据实扣除，但最高不能超过按商业银行同类同期贷款利率计算的金额。其他房地产开发费用，按上述①、②项规定计算的金额之和的5%以内计算扣除。

凡不能按转让房地产项目计算分摊利息支出或不能提供金融机构证明的，房地产开发费用按上述①、②项规定计算的金额之和的10%以内计算扣除。

③旧房及建筑物的评估价格，是指在转让已使用的房屋及建筑物时，由政府批准设立的房地产评估机构评定的重置成本价乘以成新度折扣率后的价格。评估价格须经当地税务机关确认。

④与转让房地产有关的税金，是指在转让房地产时缴纳的营业税、城市维护建设税、印花税。因转让房地产交纳的教育费附加，也视同

税金予以扣除。

⑤财政部规定的其他扣除项目。从事房地产开发的纳税人，可按上述①、②项规定计算的金额之和，加计20%的扣除。

需要注意的是，纳税人成片受让土地使用权后，分期分批开发、转让房地产的，其扣除项目金额的确定，可按转让土地使用权的面积占总面积的比例计算分摊，或按建筑面积计算分摊，也可按税务机关确认的其他方式计算分摊。

2）房地产开发企业办理土地增值税清算所附送的前期工程费、建筑安装工程费、基础设施费、开发间接费用的凭证或资料不符合清算要求或不实的，地方税务机关可参照当地建设工程造价管理部门公布的建安造价定额资料，结合房屋结构、用途、区位等因素，核定上述四项开发成本的单位面积金额标准，并据以计算扣除。具体核定方法由省税务机关确定。

3）房地产开发企业开发建造的与清算项目配套的居委会和派出所用房、会所、停车场（库）、物业管理场所、变电站、热力站、水厂、文体场馆、学校、幼儿园、托儿所、医院、邮电通讯等公共设施，按以下原则处理：

①建成后产权属于全体业主所有的，其成本、费用可以扣除。

②建成后无偿移交给政府、公用事业单位用于非营利性社会公共事业的，其成本、费用可以扣除。

③建成后有偿转让的，应计算收入，并准予扣除成本、费用。

4）房地产开发企业销售已装修的房屋，其装修费用可以计入房地产开发成本。

房地产开发企业的预提费用，除另有规定外，不得扣除。

5）属于多个房地产项目共同的成本费用，应按清算项目可售建筑面积占多个项目可售总建筑面积的比例或其他合理的方法，计算确定清算项目的扣除金额。

21. 土地增值税的计税依据是什么?

答: 土地增值税以有偿转让房地产所得的土地增值额为计税的依据。

土地增值额为转让人转让房地产取得的收入扣减法定项目金额后的余额。

(1) 转让房地产收入

转让房地产收入是指纳税人转让房地产所取得的全部价款及有关的经济收益，包括货币收入、实物收入及其他收入。

1) 货币收入。纳税人转让国有土地使用权、地上建筑物及其附着物而取得的现金、银行存款、支票、汇票等各种信用票据和国库券、金融债券、企业债券、股票等有价证券。

2) 实物收入。纳税人转让国有土地使用权、地上建筑物及其附着物而取得的各种实物形态的收入，如各种建材物资、房屋、土地等不动产。

3) 其他收入。纳税人转让国有土地使用权、地上建筑物及其附着物而取得的无形资产或具有财产价值的权利，如专利权、商标权。

(2) 扣减项目

1) 法定扣减项目包括:

①取得土地使用权所交付的价款。是指纳税人为取得国有土地使用权时所支付的地价款或出让金，以及按国家统一规定缴纳的有关费用。

②开发土地和新建房及配套设施的成本。即纳税人房地产开发项目实际发生的成本（房地产开发成本），这些成本允许按实际发生数扣除。包括土地征用及拆迁补偿费、前期工程费、建筑安装工程费、基础设施费、公共配套设施费、开发间接费。

③开发土地和新建房及配套设施的费用。即房地产开发费用，是指与房地产开发项目有关的销售费用、管理费用、财务费用。

财务费用中的利息支出，在最高不超过按商业银行同类同期贷款利率计算的金额时，允许据实扣除。凡不能按转让房地产项目计算分摊利息支出以及不能提供金融机构证明的房地产开发费用，按上述①、②计算的金额之和的10%以内计算扣除。

管理费用、销售费用按上述①、②计算的金额之和的5%以内计算扣除。

上述计算的具体扣除比例，由省级人民政府规定。

④关于转让旧房准予扣除项目的计算问题：

纳税人转让旧房及建筑物，凡不能取得评估价格，但能提供购房发票的，经当地税务部门确认，《增值税暂行条例》第六条第（一）、（三）项规定的扣除项目的金额，可按发票所载金额并从购买年度起至转让年度止每年加计5%计算。对纳税人购房时缴纳的契税，凡能提供契税完税凭证的，准予作为"与转让房地产有关的税金"予以扣除，但不作为加计5%的基数。

对于转让旧房及建筑物，既没有评估价格，又不能提供购房发票的，地方税务机关可以根据《税收征管法》第三十五条的规定，实行核定征收。

评估价格是指转让已使用过的房屋及建筑物时，由政府批准设立的房地产评估机构评定的重置价乘以成新度折扣率后的价格。

⑤与转让房地产有关的税金。包括在转让房地产时缴纳的营业税、城市维护建设税、印花税、教育费附加。但房地产开发企业不得扣除印花税。

对于个人购入房地产再转让的，其在购入环节缴纳的契税，由于已经包含在旧房及建筑物的评估价格中，所以，不作为与转让房地产有关的税金予以扣除。

⑥财政部规定的其他扣除项目。是指对从事房地产开发的纳税人，可按本条①、②项即土地使用权支付金额及房地产开发项目实际发生成本金额之和，加计20%的扣除。

2）代收费用扣除。对县级以上人民政府要求房地产开发企业在售房时代收的各项费用，其代收费用计入房价向购买方一并收取的，可作为转让房地产收入计税，并相应在计算扣除项目金额时予以扣除。

但不得作为加计20%扣除的基数。

3）地价款和税费扣除。转让旧房的，应按房屋及建筑物的评估价格、取得土地使用权所支付的地价款和国家统一规定交纳的有关费用以及在转让环节缴纳的税金，作为扣除项目金额，计征土地增值税。对取得土地使用权未支付地价款或不能提供已支付地价款凭据的，不允许扣除该项地价款的金额。

4）评估费用扣除。纳税人转让旧房及建筑物所支付的评估费用，允许在计算增值额时据实扣除。

土地增值税条例还规定，对转让房地产成交价低于评估价而又无正当理由的，按评估的市场价确定其成交价，即按同类房地产市场交易价确定成交价。对纳税人不核实申报扣除项目金额的，则以评估房屋的重置成本价乘以成新度折扣率的价格或土地的基准地价或标准地价等确定。对纳税人成片受让土地使用权后分期分批开发，分块转让的，其扣除项目可按转让面积占总面积的比例计算分摊。对项目已竣工无法按实际成本计算的，可先按成本与收入配比原则计算，竣工后再结算。

22. 土地增值税的税率有哪些？如何计算土地增值税应纳税额？

答：（1）税率

土地增值税实行四级超率累进税率。其中最低税率为30%，最高税率为60%。具体税率如表4–2所示。

表4–2　土地增值税四级超率累进税率表

级次	增值额与扣除项目金额的比率	税率（%）	速算扣除系数（%）
1	不超过50%的部分	30	0
2	50%~100%（含）的部分	40	5
3	100%~200%（含）的部分	50	15
4	200%以上的部分	60	35

（2）应纳税额的计算

土地增值税按照纳税人转让房地产所取得的增值额和规定的税率计算征收。增值额是纳税人转让房地产所取得的收入减除规定扣除项目金额后的余额。具体的计算方法包括两种：一是超率累进税率法，二是速算扣除法。

1）超率累进税率法。计算公式为：

应纳税额 = Σ（每级距的土地增值额 × 适用税率）

即：

增值额未超过扣除项目金额 50%的部分，税率为 30%。

增值额超过扣除项目金额 50%、未超过扣除项目金额 100%的部分，税率为 40%。

增值额超过扣除项目金额 100%、未超过扣除项目金额 200%的部分，税率为 50%。

增值额超过扣除项目金额 200%的部分，税率为 60%。

例 4-5：某房地产开发公司 2007 年销售其新建商品房一幢，取得销售收入 1.2 亿元。该公司支付与商品房有关的土地使用费权及开发成本合计为 5000 万元；该公司没有按房地产项目计算分摊银行借款利息；该商品房所在地规定计征土地增值税时房地产开发费用扣除比例为 10%；销售商品房缴纳有关税金 600 万元，计算该公司销售该商品房应缴纳的土地增值税。

①扣除项目金额 = 5000 + 5000 × 10% + 600 + 5000 × 20% = 7100（万元）

②增值额 = 12000 − 7100 = 4900（万元）

③增值额与扣除项目金额之比

增值额与扣除项目金额之比 = 4900 ÷ 7100 = 69%

增值额超过扣除项目金额 50%，未超过 100%，分别适用 30%、40%两档税率。

④增值额未超过扣除项目金额 50%的增值额 = 7100 × 50% = 3550（万元）

应纳土地增值税税额 = 3550 × 30% = 1065（万元）

增值额超过扣除项目金额 50%，未超过 100%的增值额 = 4900 - 7100 × 50% = 1350（万元）

则这部分增值额应纳的土地增值税税额=1350×40%=540（万元）

则：土地增值税税额 = 1065 + 540 = 1605（万元）

2）速算扣除法。在实际工作中，超率累进税率法计算比较繁琐，较少采用，一般可以采用速算扣除法计算。即计算土地增值税税额，可按增值额乘以适用税率减去扣除项目金额乘以速算扣除系数的简便方法计算，具体公式如下：

①增值额未超过扣除项目金额 50%

土地增值税税额 = 增值额 × 税率 = 增值额 × 30%

②增值额超过扣除项目金额 50%，未超过 100%的

土地增值税税额 = 增值额 × 税率 - 扣除项目金额 × 速算扣除系数 = 增值额 × 40% - 扣除项目金额 × 5%

③增值额超过扣除项目金额 100%，未超过 200%的

土地增值税税额 = 增值额 × 税率 - 扣除项目金额 × 速算扣除系数 = 增值额 × 50% - 扣除项目金额 × 15%

④增值额超过扣除项目金额 200%

土地增值税税额 = 增值额 × 税率 - 扣除项目金额 × 速算扣除系数 = 增值额 × 60% - 扣除项目金额 × 35%

例 4-6：利用速算扣除法计算土地增值税应纳税额。

承例 4-5 的资料，计算如下：

①扣除项目金额 = 5000 + 5000 × 10% + 600 + 5000 × 20%
= 7100（万元）

②增值额 = 12000 - 7100 = 4900（万元）

③增值额与扣除项目金额之比 = 4900 ÷ 7100 = 69%

增值额超过扣除项目金额 50%，未超过 100%：

土地增值税税额 = 增值额 × 40% - 扣除项目金额 × 5% = 4900 × 40% - 7100 × 5% = 1605（万元）

23. 二手房土地增值税征收的两种方式的具体内容是什么？

答： 1）核定征收。按照转让二手房交易价格全额的1%征收率征收，这种模式类似于目前的个人所得税征收方式。假设成交价为60万元，则土地增值税应为6000元（600000×1%）。

2）减除法定扣除项目金额后，按四级超率累进税率征收。其中又分两种情况，一是能够提供购房发票，二是不能提供发票，但能提供房地产评估机构的评估报告。

①能够提供购房发票的，可减除以下项目金额：

A. 取得房地产时有效发票所载的金额。

B. 按发票所载金额从购买年度起至转让年度止每年加计5%的金额。

C. 按国家规定统一交纳的与转让房地产有关税金。

D. 取得房地产时所缴纳的契税。

②不能提供购房发票，但能提供房地产评估机构按照重置成本评估法，评定的房屋及建筑物价格评估报告的，扣除项目金额按以下标准确认：

A. 取得国有土地使用权时所支付的金额证明。

B. 中介机构评定的房屋及建筑物价格（不包括土地评估价值），需经地方主管税务机关对评定的房屋及建筑物价格进行确认。

C. 按国家规定统一交纳的与转让房地产有关的税金和价格评估费用。

例4-7： 假设钱先生于2004年以50万元购买了一套房产，2006年12月将以80万出售。

①钱先生不能提供购房发票证明，又不能提供房屋及建筑物价格评估报告的，其以核定方式来缴纳，则需要缴纳的土地增值税为8000元（800000×1%）。

②如果钱先生能够提供购房发票，发票所载金额为50万，那么可扣除：

原值：500000元；

加计金额：500000 × 5% + 500000 ×（1 + 5%）× 5% = 51250 元；

税金：契税为 7500（500000 × 1.5%）元，转让时缴纳的营业税为 44000（800000 × 5.5%）、个人所得税按核定方式缴纳为 8000（800000 × 1%）、印花税 400 元。

该套房屋的增值额为：800000 − 500000 − 51250 − 7500 − 44000 − 8000 − 400 = 188850 元，未超过扣除项目金额的 50%，应按照 30%的税率计算。

则：土地增值税为：188850 × 30% = 56655（元）。

24. 如果清算后再转让房地产应怎样进行处理？

答：在土地增值税清算时未转让的房地产，清算后销售或有偿转让的，纳税人应按规定进行土地增值税的纳税申报，扣除项目金额按清算时的单位建筑面积成本费用乘以销售或转让面积计算。即：

单位建筑面积成本费用 = 清算时的扣除项目总金额 ÷ 清算的总建筑面积

25. 地方政府要求房地产开发企业代收的费用应如何计征土地增值税？

答：对于县级及县级以上人民政府要求房地产开发企业在售房时代收的各项费用，如果代收费用是计入房价中向购买方一并收取的，可作为转让房地产所取得的收入计税；如果代收费用未计入房价中，而是在房价之外单独收取的，可以不作为转让房地产的收入。

对于代收费用作为转让收入计税的，在计算扣除项目金额时，可予以扣除，但不允许作为加计 20%扣除的基数；对于代收费用未作为转让房地产的收入计税的，在计算增值额时不允许扣除代收费用。

26. 转让旧房计算土地增值税应注意哪些问题?

答:(1)转让旧房准予扣除项目的确定

1）转让旧房能提供评估价格的。转让旧房可扣除的项目金额包括:

①旧房及建筑物的评估价格（旧房及建筑物的评估价格是指在转让已使用的房屋及建筑物时，由政府批准设立的房地产评估机构评定的重置成本价乘以成新度折扣率后的价格。评估价格需经当地税务机关确认)。

②取得土地使用权所支付的地价款和按国家统一规定缴纳的有关费用。

③在转让环节缴纳的税金。此外，纳税人支付的评估费用准予在计算土地增值税时扣除。

2）转让旧房不能提供评估价格但能提供购房发票的。纳税人转让旧房及建筑物，凡不能取得评估价格，但能提供购房发票的，经当地税务部门确认,《土地增值税暂行条例》第六条第（一)、(三）项规定的扣除项目的金额，可按发票所载金额并从购买年度起至转让年度止每年加计5%计算。对纳税人购房时缴纳的契税，凡能提供契税完税凭证的，准予作为“与转让房地产有关的税金”予以扣除，但不得作为加计5%的基数。即转让旧房不能提供评估价格但能提供购房发票的扣除项目金额包括:

①购房发票所载金额。

②加计扣除金额（加计扣除金额＝购房发票所载金额×5%×购买年度起至转让年度止的年数)。

③与转让房地产有关的税金（包括转让旧房时缴纳的营业税、城市维护建设税、印花税、契税以及教育费附加，上述税金及附加均须提供相应的完税凭证)。

3）转让旧房既没有评估价格又不能提供购房发票的。对于转让旧房及建筑物，既没有评估价格又不能提供购房发票的，地方税务机关可以根据《税收征管法》第三十五条的规定，实行核定征收。

(2) 转让旧房应纳土地增值税的计算方法

转让旧房应纳土地增值税的计算，按下列方法进行：

1）确定转让旧房的应税收入。

2）确定转让旧房准予扣除的项目金额。

3）计算转让旧房的土地增值额。

4）计算转让旧房的土地增值额与扣除项目金额之比，确定适用税率及速算扣除系数。

5）计算应纳土地增值税。

27. 评估费用可否在计算增值额时扣除？什么情况下按照房地产评估价格征收土地增值税？

答： 1）纳税人转让旧房及建筑物时因计算纳税的需要而对房地产进行评估，其支付的评估费用允许在计算增值额时予以扣除。对土地增值税暂行条例第九条规定的纳税人隐瞒、虚报房地产成交价格等情形而按房地产评估价格计算征收土地增值税所发生的评估费用，不允许在计算土地增值税时予以扣除。

2）纳税人有下列情形之一的，按照房地产评估价格计算征收：

①隐瞒、虚报房地产成交价格的。

②提供扣除项目金额不实的。

③转让房地产的成交价格低于房地产评估价格，又无正当理由的。

房地产评估价格，是指由政府批准设立的房地产评估机构根据相同地段、同类房地产进行综合评定的价格。评估价格须经当地税务机关确认。

隐瞒、虚报房地产成交价格，是指纳税人不报或有意低报转让土地使用权、地上建筑物及其附着物价款的行为。对隐瞒、虚报房地产成交价格，应由评估机构参照同类房地产的市场交易价格进行评估。税务机关根据评估价格确定转让房地产的收入。

提供扣除项目金额不实的，是指纳税人在纳税申报时不据实提供扣除项目金额的行为。对提供扣除项目金额不实的，应由评估机构按照房屋重置成本价乘以成新度折扣率计算的房屋成本价和取得土地使用权时的基准地价进行评估。税务机关根据评估价格确定扣除项目金额。

转让房地产的成交价格低于房地产评估价格，又无正当理由，是指纳税人申报的转让房地产的实际成交价低于房地产评估机构评定的交易价，纳税人又不能提供凭据或无正当理由的行为。对转让房地产的成交价格低于房地产评估价格，又无正当理由的，由税务机关参照房地产评估价格确定转让房地产的收入。

28. 土地增值税的账务处理是怎样的?

答：土地增值税在“应交税费——应交土地增值税”科目下进行核算。贷方核算企业依法应缴纳的土地增值税，借方核算企业已缴纳或允许抵扣的土地增值税；贷方余额反映企业应缴而未缴的土地增值税税额。

根据《企业会计准则应用指南》的规定，房地产按照其使用目的分为作为存货的房地产、投资性房地产、自用的房地产三种情况。

（1）作为存货的房地产企业账务处理

作为存货的房地产，在销售时，土地增值税是为了取得当期营业收入而支付的费用，因此，土地增值税应同营业税的会计处理相同。即

1）企业计算土地增值税时：

借：营业税金及附加

　　贷：应交税费——应交土地增值税

2）企业上缴土地增值税时：

借：应交税费——应交土地增值税

　　贷：银行存款

（2）投资性房地产的账务处理

投资性房地产是指为赚取租金或资本增值，或两者兼有而持有的房地产，包括已出租的土地使用权、持有并准备增值后转让的土地使

用权、已出租的建筑物。

对于转让投资性房地产的企业，与转让作为存货的房地产的企业在应纳土地增值税的账务处理方面略有不同的就是以“其他业务成本”账户与“应交税费——应交土地增值税”对应。即

1）企业计算土地增值税时：

借：其他业务成本（企业按规定计算应缴纳的土地增值税）

　　贷：应交税费——应交土地增值税

2）实际上缴时：

借：应交税费——应交土地增值税

　　贷：银行存款

例 4-8：甲公司 2005 年将自建楼房出租，每年收取租金 150 万元，2007 年将此楼房转让，取得转让收入为 4500 万元，2005 年取得时支付土地使用权 1000 万元，房地产开发成本 400 万元，该公司借款利息支出不能提供金融机构贷款证明。商品房所在地规定计征土地增值税时房地产费用扣除比例按国家规定允许的最高比例执行；该商品房转让的有关税金 120 万元。计算应缴纳的土地增值税，并做相应的会计分录。

1）应缴纳土地增值税：

①扣除项目金额 = 1000 + 400 +（1000 + 400）× 10% + 120 +（1000 + 400）× 20% = 1940（万元）

②增值额 = 4500 − 1940 = 2560（万元）

③增值额与扣除项目金额之比 = 2560 ÷ 1940 = 131.96%

增值额超过扣除项目金额 100%，未超过 200%。

④应缴纳土地增值税税额 = 2560 × 50% − 1940 × 15% = 989（万元）

2）账务处理

借：其他业务成本　　9890000

　　贷：应交税费——应交土地增值税　　9890000

借：应交税费——应交土地增值税　　9890000

　　贷：银行存款　　9890000

（3）自用房地产的账务处理

1）企业转让国有土地使用权连同地上已完工使用的建筑物与附属物的账务处理。

企业转让国有土地使用权连同地上已完工使用的建筑物与附着物时应通过“固定资产”、“累计折旧”、“固定资产清理”科目核算。

①企业转让房地产时：

借：固定资产清理

　　累计折旧

　　贷：固定资产

②企业收到转让收入时：

借：银行存款

　　贷：固定资产清理

③企业计算应缴纳土地增值税时：

借：固定资产清理

　　贷：应交税费——应交土地增值税

④实际上缴时：

借：应交税费——应交土地增值税

　　贷：银行存款

例 4–9：某企业转让一厂房的国有土地使用权及房产。该厂房购进时支付 200 万元，取得转让收入 600 万元，应交营业税 30 万元，应交城市维护建设税 2.1 万元，应交教育费附加 0.9 万元，其他税费忽略不计。转让时已计提折旧 20 万元。转让时经房地产评估部门评定，现在建造同样面积标准质量的房屋需要 300 万元，房子八成新。计算应缴纳的土地增值税并作出相关会计处理。

计算应缴纳的土地增值税

①扣除项目金额 = 300 × 80% + 30 + 2.1 + 0.9 = 273 （万元）

②增值额 = 600 – 273 = 327（万元）

③增值额与扣除项目金额之比 = 327 ÷ 273 = 119.78%

增值额超过扣除项目金额 100%，未超过 200%。

④应缴纳土地增值税税额 = 327 × 50% – 273 × 15% = 122.55（万元）

账务处理：

①企业转让并清理房地产时：

借：固定资产清理　　1800000
　　累计折旧　　200000
　　贷：固定资产　　2000000

②企业收到转让收入时：

借：银行存款　　6000000
　　贷：固定资产清理　　6000000

③计提营业税等相关税金时：

借：固定资产清理　　330000
　　贷：应交税费——应交营业税　　300000
　　　　——应交城市建设维护税　　21000
　　　　——应交教育费附加　　9000

④企业计算应缴纳土地增值税时：

借：固定资产清理　　1225500
　　贷：应交税费——应交土地增值税　　1225500

⑤实际上缴时：

借：应交税费——应交土地增值税　　1225500
　　应交税费——应交营业税　　300000
　　　　——应交城市建设维护税　21000
　　　　——应交教育费附加　　9000
　　贷：银行存款　　1555500

2）企业转让国有土地使用权连同地上尚未竣工的建筑物与附着物的账务处理。企业转让国有土地使用权连同地上尚未竣工的建筑物与附着物的账务处理时，应缴纳的土地增值税应通过“在建工程”科目核算。

①企业计算应缴纳土地增值税时：

借：在建工程
　　贷：应交税费——应交土地增值税

②实际缴纳时：

借：应交税费——应交土地增值税

　　贷：银行存款

3）企业转让以行政划拨方式取得的国有土地使用权的账务处理。

①企业如果只转让土地使用权的：

A. 处置该土地使用权时：

应按实际收到的金额等，借记“银行存款”等科目，按已计提的累计摊销，借记“累计摊销”科目，按应支付的相关税费及其他费用，贷记“应交税费”、“银行存款”等科目，按其账面余额，贷记“无形资产——土地使用权”，按其差额，贷记“营业外收入——处置非流动资产利得”科目或借记“营业外支出——处置非流动资产损失”科目。已计提无形资产减值准备的，还应同时结转无形资产减值准备。

B. 实际缴纳时：

借：应交税费——应交土地增值税

　　贷：银行存款

②企业如果转让土地使用权连同地上建筑物一并转让的：

借：固定资产清理

　　贷：应交税费——应交土地增值税

实际上缴时：

借：应交税费——应交土地增值税

　　贷：银行存款

29. 房地产开发企业和非房地产开发企业土地增值税的缴纳方式有何区别?

答：（1）房地产开发企业

房地产开发企业转让房地产按月按规定期限申报纳税。即纳税人转让房地产并取得收入，应在次月纳税申报期限内向房地产项目所在地的主管税务机关申报缴纳土地增值税。

税务机关对房地产开发企业采取“先预征、后清算、多退少补”的办法征收土地增值税。对纳税人在项目全部竣工结算前转计房地产所取得的收入，税务机关按如下两种预征率征收土地增值税：

一是对转让别墅、度假村、酒店式公寓取得的收入按1%预征。

二是除别墅、度假村、酒店式公寓外，对转让其他房地产取得的收入按0.5%预征。

（2）非房地产开发企业

非房地产开发企业和个人转让自建房地产向房地产所在地主管税务机关申报缴纳土地增值税。

单位和个人将购买的房地产再转让的，由国土房管产权登记单位代征税款，纳税义务发生时间为国土房管产权登记单位受理产权过户申请资料的时间。

30. 税法对土地增值税的征收管理有哪些具体规定？

答：（1）纳税义务发生时间

1）以一次交割、付清价款方式转让房地产的。主管税务机关可在纳税人办理纳税申报后，根据其应纳税额的大小及向有关部门办理过户、登记手续的期限等，规定其在办理过户、登记手续前数日内一次性缴纳全部土地增值税。

2）以分期收款方式转让房地产的。主管税务机关可根据合同规定的收款日期来确定具体的纳税期限。即首先计算出应缴纳的全部土地增值税税额，再按总税额除以转让房地产的总收入，计算出应纳税额占总收入的比例；然后在每次收到价款时，按收到价款的数额乘以求得的比例数来确定每次应纳的税额，并规定其应在每次收款后数日内缴纳土地增值税。

3）项目全部竣工结算前转让房地产的。纳税人在项目全部竣工结算前转让房地产取得的收入，由于无法确定成本的实际支出，无法据实计算土地增值税的，可以对该税进行预征，待该项目全部竣工，办理结算后再进行结算，多退少补。实际工作中，转移涉及以下两种情况：

①纳税人以预售方式转让房地产的，对在办理计算和转交手续前

就取得的收入，税务机关可预征土地增值税。具体办法由省级地方税务局根据当地情况制定。

②纳税人进行小区开发建设的，其中一部分房地产项目因先行开发并已转让出去，但小区内的部分配套设施往往在转让后才建成。在这种情况下，税务机关可以对先行转让的项目，在取得收入时预征土地增值税。

凡采用预征方法征收土地增值税的，在该项目全部竣工办理清算时，都需要对土地增值税进行清算，根据征税额进行结算，多退少补。

（2）纳税时间

纳税人应当自转让房地产合同签订之日起 7 日内向房地产所在地主管税务机关办理纳税申报，并在税务机关核定的期限内缴纳土地增值税。

1）纳税人应在转让房地产合同签订后的 7 日内，到房地产所在地主管税务机关办理纳税申报，并向税务机关提交房屋及建筑物产权、土地使用权证书，土地转让、房产买卖合同，房地产评估报告及其他与转让房地产有关的资料。

纳税人因经常发生房地产转让而难以在每次转让后申报的，经税务机关审核同意后，可以定期进行纳税申报，具体期限由税务机关根据情况确定。

2）纳税人按照税务机关核定的税额及规定的期限缴纳土地增值税。

（3）纳税地点

土地增值税的纳税地点为房地产所在地。这里所说的“房地产所在地”，是指房地产的坐落地。

1）如果纳税人是法人，其转让的房地产坐落地与其机构所在地或经营地不一致时，则应在房地产坐落地所管辖的税务机关申报纳税。

2）如果纳税人是自然人，其转让的房地产坐落地与其居住所在地不一致时，在办理过户手续所在地的税务机关申报纳税。纳税人转让的房地产坐落在两个或两个以上地区的，应按房地产所在地分别申报纳税。

31. 什么是烟叶税？

答： 烟叶税是国家对收购烟叶的单位，按照收购金额的一定比例征收的一种税。

32. 制定《中华人民共和国烟叶税暂行条例》的指导思想和基本原则是什么？其意义体现在哪里？

答：（1）指导思想

制定《烟叶税暂行条例》的指导思想是：按照国家农村税费改革和税制建设的总体要求，通过征收烟叶税取代原烟叶特产农业税，实现烟叶税制的转变，完善烟草税制体系，保证地方财政收入稳定，引导烟叶种植和烟草行业健康发展。

（2）基本原则

制定《烟叶税暂行条例》的基本原则：

1）税制平稳过渡：烟叶税税制要素的确定基本上沿用原烟叶特产农业税的规定。

2）统筹兼顾：既要兼顾烟草行业和地方政府的利益，也要兼顾税法的规范化要求。

3）统一和公平税负：既要有利于公平税负、规范烟叶收购行为和维护烟叶收购秩序，同时也要有利于税收政策的统一，有利于国家和宏观调控。

《烟叶税暂行条例》的出台，有利于解决烟叶特产农业税停止征收后产生的一系列问题，有利于实现改革的平稳过渡，有利于保持我国烟叶税制的完整和对烟草行业的宏观调控。

烟叶作为一种特殊产品，国家历来对其实行专卖政策，与之相适应，对烟叶也一直征收较高的税收和实行比较严格的税收管理。1994年税制改革以前征收产品税和工商统一税，1994 年以后改为对烟叶征收烟叶特产农业税，与对卷烟等烟草制品征收的增值税、消费税一起，构成对烟叶和烟草制品的完整的税收调控体系。这次停止征收烟叶特产农业税后，以烟叶税替代，不仅使原有政策得以延续，在税收制度上也保持了烟草税制的完整。这不仅有利于国家取得必要的财政收入，而且也有利于通过税收手段对烟叶种植和收购以及烟草行业的生产和经营实施必要的宏观调控。

33. 烟叶税与原烟叶特产农业税有何区别与联系？

答： 烟叶税是原烟叶特产农业税的替代税种。《烟叶税暂行条例》基本保持了原烟叶农业特产税的做法。课税范围、税率、纳税义务发生时间、纳税环节、纳税地点、纳税期限的规定与原烟叶农业特产税的规定基本相同；只是对纳税人、计税依据进行了微调；同时，明确地方税务局是征收机关，征收管理依照《中华人民共和国征收管理法》执行，并取消了原烟叶农业特产税征收附加的规定（我省原按10%征收附加），规定对烟叶收购方支付给烟叶销售方的价外补贴统一按收购价款的10%计入烟叶收购金额征税。

34. 烟叶税的纳税人、征税范围如何确定？

答：（1）纳税人

烟叶税的纳税人是境内收购烟叶的单位。因烟草专卖，烟叶税的纳税人具有特定性，一般是有权收购烟叶的烟草公司或者受其委托收购烟叶的单位。

（2）征税范围

烟叶税的征税范围包括晾晒烟叶、烤烟叶。晾晒烟叶包括列入名晾晒烟名录的晾晒烟叶和未列入名晾晒烟名录的其他晾晒烟叶。

烟叶是指生产烟草制品所需的烤烟和名晾晒烟，名晾晒烟的名录由国务院烟草专卖行政主管部门规定。未列入名晾晒烟名录的其他晾晒烟可以在集市贸易市场出售。

晾晒烟分名晾晒烟和非名晾晒烟。烟叶税对只要是烟叶公司或者受其委托的单位收购的烟叶一律按规定征税，不论其收购的是烤烟还是晾晒烟，晾晒烟不管是名晾晒烟还是非名晾晒烟。但是对于烟草专卖法允许在集市贸易市场出售的非名晾晒烟，不论是出售还是购买均不征税。

35. 烟叶税的计税依据、税率及应纳税额的计算是如何规定的?

答:（1）计税依据

烟叶税的计税依据是纳税人收购烟叶的收购金额，具体包括纳税人支付给烟叶销售者的烟叶收购价款和价外补贴。

（2）购进烟叶的增值税抵扣

对购进烟叶的增值税抵扣按下列规定执行:

对烟叶税纳税人按规定缴纳的烟叶税，准予并入烟叶产品的买价计算增值税的进项税额，并在计算缴纳增值税时予以抵扣。即，购进烟叶准予抵扣的增值税进项税额，按照《烟叶税暂行条例》及《财政部、国家税务总局印发〈关于烟叶税若干具体问题的规定〉的通知》规定的烟叶收购金额和烟叶税及法定扣除率计算。

这里烟叶收购金额，包括纳税人支付给烟叶销售者的烟叶收购价款和价外补贴。按照简化手续、方便征收的原则，对价外补贴统一暂按烟叶收购价款的10%计入收购金额征税。即

烟叶收购金额 = 烟叶收购价款 ×（1 + 10%）

（3）税率

烟叶税实行比例税率，税率为20%。

（4）应纳税额的计算

烟叶税的应纳税额按照纳税人收购烟叶的收购金额和规定的比例税率计算。应纳税额以人民币计算。应纳税额的计算公式为:

应纳税额 = 烟叶收购金额 × 税率

对查处没收的违法收购的烟叶，由收购罚没烟叶的单位按照购买金额计算缴纳烟叶税。

36. 烟叶税在什么环节征收？有减免税政策吗？

答： 烟叶税在烟叶收购环节征收。纳税人收购烟叶就发生纳税义务。

目前烟叶税没有减免税政策规定。

37. 对烟叶税征收管理的规定有哪些？

答：（1）烟叶税的征收机关

烟叶税由地方税务机关负责征收。

（2）纳税义务时间

烟叶税的纳税义务发生时间为纳税人收购烟叶的当天，具体指纳税人向烟叶销售者付讫收购烟叶款项或者开具收购烟叶凭证的当天。

（3）烟叶税的申报期限和纳税期限

纳税人应当自纳税义务发生之日起 30 日内申报纳税。具体纳税期限由主管税务机关核定。

（4）纳税地点

纳税人收购烟叶，应当向烟叶收购地的主管税务机关（指县级地方税务局或者其所指定的税务分局、所）申报纳税。